依托母语和中介语的外语教学法

Русский как иностранный: преподавание с опорой на родной язык и язык-посредник

王金玲
（俄罗斯）雅·莫·科尔克尔
（俄罗斯）叶·谢·乌斯季诺娃　　著
（俄罗斯）叶·列·玛利亚诺夫斯卡娅

外语教学与研究出版社
北京

图书在版编目（CIP）数据

依托母语和中介语的外语教学法：汉、俄、英／王金玲等著. -- 北京：外语教学
与研究出版社，2020.10（2021.2 重印）
ISBN 978-7-5213-2112-8

Ⅰ. ①依… Ⅱ. ①王… Ⅲ. ①外语教学－教学法－研究－汉、俄、英 Ⅳ. ①H09

中国版本图书馆 CIP 数据核字 (2020) 第 202137 号

出 版 人　徐建忠
项目策划　周朝虹
责任编辑　叶晓奕
责任校对　周小成
封面设计　锋尚设计
出版发行　外语教学与研究出版社
社　　址　北京市西三环北路 19 号（100089）
网　　址　http://www.fltrp.com
印　　刷　北京盛通印刷股份有限公司
开　　本　650×980　1/16
印　　张　24.5
版　　次　2020 年 11 月第 1 版 2021 年 2 月第 2 次印刷
书　　号　ISBN 978-7-5213-2112-8
定　　价　68.00 元

购书咨询：(010) 88819926　电子邮箱：club@fltrp.com
外研书店：https://waiyants.tmall.com
凡印刷、装订质量问题，请联系我社印制部
联系电话：(010) 61207896　电子邮箱：zhijian@fltrp.com
凡侵权、盗版书籍线索，请联系我社法律事务部
举报电话：(010) 88817519　电子邮箱：banquan@fltrp.com
物料号：321120001

记载人类文明
沟通世界文化
www.fltrp.com

本专著获俄罗斯世界基金会研究项目《Методикапрепо-давания русского языка как иностранного с опорой на родной язык и язык-посредник》（№ 1793Гр/Ⅱ-100-17）经费和吉林省长白山学者"特聘教授"奖励计划基金支持。

前言

　　本书是由长春大学外国语学院和俄罗斯梁赞国立大学外国语学院多年从事高校外语教学实践与研究的学者团队合作完成的外语教学法学术研究成果。本书是对高校外语教学的理论和实践成果的总结与创新，并为具体教学环境下制定不同的外语实践教学法提供了理论依据。

　　本书以对外俄语教学为例，探讨为提高教学效果而使用母语和中介语的外语教学方法。外语教学中引入母语和中介语的依据在于，学生所学外语和自身的母语经常属于不同的语族，而直接对比不同语族的语言会产生很大困难，因而，中介语的引入会减少因语言差异而产生的学习困难，这一点对于外语专业人才的培养，特别是外语教师和翻译人才的培养尤为重要。

　　因此，本书提出的外语教学法的概念基础是对母语和中介语的依赖，具体是指在高校外语专业的外语教学中，把学生的多语言学习背景作为核心的辅助手段，以交际-认知教学法和全球化外语教育思想为理念，以整合性教育为形成完整语言世界图景的根本途径，分阶段、分步骤地培养学生的外语能力。

　　本书的研究重点是在关注学生语言能力、交际能力和跨文化交际能力培养的同时，特别强调对教师教学能力的培养，即如何建立一堂课之内各个练习之间的衔接关系和不同课堂教学之间的衔接关系。

本书的理论价值在于，它为当代外语教学法中出现的各种问题提供了广泛思考的空间并提出解决方案，包括练习和课程类型的不同分类方法、能力培养的不同途径，能力形成与其复杂的构成成分之间的关系和能力提高与某一具体专长之间的关系等。

本书中列举了很多教学示例，但这些示例的目的并不是为教师们提供样板，而是为了促使教师对教学过程深入思考。本书作者不对任何教学理论和方法加以驳斥，只是列举出证明自己学术观点的论据，以期与读者展开共同的探讨。

作为一本学术研究类著作，本书的主要理论观点如下：

高校外语教学的理论基础是多语言辅助教学背景下的交际-认知教学法。多语言辅助教学的优势是能够兼顾所教授外语的各个方面。在外语教学过程中兼顾学生的母语和中介语（即学生以前学习过的外语）的特点至关重要，因为它们能够提供语言学习和外语交际经验，能够帮助学生克服外语学习难点、提高外语教学效率。这种外语学习经验能使我们根据外语人才培养的具体方向（师范方向和翻译方向）而改变教学手段。也正是学生的外语学习经验和掌握外语的程度才奠定了外语教学的交际认知基础。另外一个极为重要的方面是：在中学阶段学过的中介语（经常是英语）通常会变成学生的第二外语，在这种情况下，学生所学外语和中介语之间就可以进行角色转换，也就是说，学生所学的第一外语也可以成为学习第二外语的中介语。这种所学外语与中介语之间的角色转换不是不切实际的空想，而是一种经过实践检验的辅助教学手段。语言能否具有中介功能的关键在于学生对它的掌握程度。当然，只学过一年之后的俄语还不能成为解释词汇语义或外国文化习俗的可靠语言工具。但是专业化外语的学习过程、对语言系统和语言世界图景的认知过程本身就可以成功地复制到第二外语的学习中。因此，本书中的很多例子以英语形式给出。

基于上述观点，本书分为四个部分，每个部分都体现出已获得的外语教学经验和正在探讨之中的外语教学经验的结合。四个部分的内容如下：

第一部分，未来教育：本科院校外语专业教学的概念基础；

第二部分，本科院校外语专业语言能力培养的阶段性和渐进性；

第三部分，本科院校外语专业语言实践类课程的课堂教学设计；

第四部分，课堂教学的几个具体问题。

本书由中俄高校具有多年外语教学经验和合作经验的研究团队完成，是作者出版的多部合作研究成果之一。真心希望各位同行不吝赐教，提出宝贵意见。来信可发送至邮箱 elizaveta@163.com。

目录

第三部分
本科院校外语专业语言实践类课程的课堂教学设计　241

第四部分
课堂教学的几个具体问题　317

第一部分

未来教育：本科院校外语专业教学的概念基础

第一章 交际-认知教学法及其与"全球化"教育思想的关系

> 如果我们今天仍然按照昨天的方式教学,我们将使孩子失去未来。
>
> ——美国哲学家、教育家约翰·杜威(John Dewey)

当今世界前所未有的发展速度预示着未来将是一个与时俱进的时代。因此,在现阶段的本科专业外语教学之中,如何"授之以渔",也就是如何教会学生学习已成为外语教学中迫切需要解决的问题。这是外语教学中最核心的问题,这不仅是因为一个人可能会因为社会需求的变化而改变职业,更重要的是,一个人无论从事哪个职业,大学里所获取的知识都不可能是一劳永逸的,这些知识不能永远满足他的职业需求。随着知识的不断更新,我们对微观世界、宇宙、自然现象和社会生活的认识也在日新月异。此外,我们获取知识的方法本身也在不断地发生变化。因此,要实行终身教育。这绝不是一句口号,而是当代教育发展的趋势和教育实践向我们提出的必然要求。正因为如此,在当代外语教学法中,以认知能力和学习能力为培养目标的交际-认知(或认知-交际)原则才具有了前所未有的现实意义。

俄罗斯学者关于外语教学交际-认知原则的概念内涵和具体实施方法的研究虽然还处于发展和完善的阶段,但是关于外语教学要同时培养认知和交际两方面能力的观点上早已达成广泛共识。

在当代外语教学论中,各类研究项目所提出的新观点都与所谓的"传统教学法"相对立。近几十年来,学界通常把外语交际教学法、外语强化教学法与传统外语教学法对立起来，把非传统的考核方式与传统考核方式对立起来。尽管如此，对于"传统教学法"究竟是一种什么样的教学法的问题至今仍没有定论。但是在"交际与传统""强化与传统"这两组对立关系中，"传统"却被赋予贬义色彩。或许，问题的关键在于，"传统"这一概念首先让人联想到的是对语言规则的死记硬背和形式化语言练习的操练，也就是说，"传统外语教学法"被理解为只是教会"关于一门语言"的知识，而不是教会"使用这门语言进行交际"的能力。

毋庸置疑，传统教学法存在一些缺点，主要表现在：

● 缺少灵活性，比较古板，也就是说，要按照严格的语言规则去操作；

● 与最新的教学研究成果相脱节；

● 强调教学经验的代代相传，从已知的语言经验出发，形成了根深蒂固的"按照别人的经验去做"的教学理念。

但是，传统教学法也有其不可替代的价值，主要表现在：

● 传统教学方法以语言的系统性为基础；

● 传统教学法能够抵御教育体系发生急剧变化的风险。

● 传统教学法并不反对循序渐进方式的改革，而正相反，传统教学法接受循序渐进的改革模式，因为每一个经过实践检验的传统方法都可以被视为一种创新过程。

例如，由 L.V. 谢尔巴（Л.В. Щерба）、Z.M. 茨维特科娃（З.М. Цветкова）提出的传统的自觉习得外语教学法逐渐发展，直至 P.B. 古尔维奇（П.Б. Гурвич）、B.A. 拉皮杜斯（Б.А. Лапидус）、A.A. 米罗柳博夫（А.А. Миролюбов）、I.L. 彼姆（И.Л. Бим）等学者提出自觉交际教学法，而在现阶段，据 E.N. 索罗沃娃（Е.Н.Соловова）的观点，这一教学法又演变为认知-交际教学法，有时也被称为交际-认知教学法，即更强调认知活动的重要性。

本书依据的另一个理论基础是 20 世纪 70 年代产生的全球化教育理论和实践的观点（R. 翰威 <R. Hanvey>，J. 贝克 <J. Becker>，L. 安德森 <L. Anderson>，J. 塔克尔 <J. Tucker>，K. 泰厄 <K. Tye>，W. 尼

叶普 <W. Kniep>，T.F. 柯克伍德 - 塔克尔 <T.F. Kirkwood-Tucker> 等学者提出的）。"全球化教育"这一术语并不是很贴切，因为它没有体现出这一概念的实质，而且会产生一些虚假的联想。这个术语更会引起那些担心这种教育理念会使本民族文化及其价值观受到弱化的反对者的强烈质疑。

实际上，全球化教育是一种以实现自身和社会价值为目标的发展个性化能力的哲学理念。在俄罗斯这种教育理念获得了新的发展，[1] 这种理念具体理解为，"在教育发展过程中教育对象范围的变化趋势和前景，这一过程不仅包括教育对象范围上覆盖全球的特征，还包括教育内容层面上现实的和未来的演变趋势"。[2]

全球化教育理念强调培养学生的下列能力：

● 在不断变化的现实世界中生存的能力和了解现实世界中存在的本质性问题及其因果关系的能力；

● 做出决策和为决策承担责任的能力；

● 做出客观评判的能力和拒绝偏见的能力；

● 熟悉本民族文化，正确评价本民族文化和尊重他民族文化的能力。

这种理念强调以整体论的观点认识世界，这里指的不是数量上的整体认识，而是指内涵上的整体把握，即重要的不是掌握信息量的多少，而是能确定各种事物之间的关系，并对这些关系进行创造性的再加工。[3]

---

1 Теория и практика глобального образования. Коллективная монография（Колкер Я.М., Лиферов А.П., Лысенко В.С., Устинова Е.С. и др.）. Рязань : изд-во РГПУ, 1994. – С.188; Глобальное образование: идеи, концепции, перспективы : [Сборник] / С.-Петерб. гос. ун-т пед. мастерства, С.-Петерб. фил. Центра педагогики мира; Авт.-сост. Алексашина И.Ю. СПб. : Крисмас+, 1995. - 104 с.; Колкер Я.М., Лиферов А.П., Устинова Е.С. Teaching with a Global Perspective: Basic Assumptions（p.7-157). In :. A Global Perspective as a Vehicle for Education. М.: ООО: Издательский центр «Азбуковник», 2005. С. 364.

2 Ильин И.В., Урсул А.Д. Эволюционный подход к глобальным исследованиям и образованию: теоретико-методологические проблемы // Век глобализации. Научно-теоретический журнал. Издается при содействии Российской экологической академии (РЭА), Российского философского общества (РФО) , факультета глобальных процессов МГУ им. М. В. Ломоносова. М.: 2 (5). 2010. С. 3-17.

3 Hanvey, R. An attainable global perspective. Хенви, Роберт. Достижимая глобальная перспектива. Пер. с англ. Колкера Я.М., Устиновой Е.С., Долгинцевой С.А., Шеиной И.М. Рязань : РГУ им. С.А. Есенина, 1994. С. 92.

在西方国家，这种教育理念首先是针对社会科学提出来的，并确定了两个基本任务：一是培养学生发现历史、经济和社会发展中的变化及其相互关系的能力，二是培养学生的创新精神、包容态度、对其他文化和不同观点的尊重态度、集体协作能力和责任意识。[1] 正是基于这种教育理念，20世纪80—90年代才出现了学年论文/学年设计、学生小组学习、学生真实交际活动评价、同学互评（按照客观的评价指标和标准）等创新性概念。当时，持全球化教育理念的学者们提出，首先，教育要以全人类的智力共性特征，即人类共有的认知能力（也就是现阶段被称为创新事物的"普遍性教学活动"）为基础；其次，教育要以概念间的关系（包括冲突、对等、平衡等）为基础，也就是要以贯穿于人类认识活动各个领域，并能帮助人类发现不同事物之间所具有的类似特征的那些概念之间的关系为基础。

但是，全球化教育中最重要的内容或许是它的道德伦理层面的目标——那就是要防止各种形式的沙文主义，包括种族主义、民族主义、宗教主义、阶级主义、性别歧视等等。这里需要补充的一点是，如果因外语与学习者母语规则上的差异导致学习者出现愤怒和抵制情绪时，还要防止出现阻碍外语学习的语言沙文主义。同时，"全球化外语教育"的实践者还要规避各种理论说教，正如《荀子·儒效篇》里中国古代思想家所倡导的："不闻不若闻之，闻之不若见之；见之不若知之，知之不若行之；学至于行之而止矣"。也就是说，外语教育要使全体学生参与到教学的全过程之中。

全球化教育方法能够提高学生的独立思维能力，同时也能教会学生倾听别人意见并最终与别人协商一致的能力。全球化教育方法能够教会学生在对比不同意见、传统、习俗的基础上找出共性和差异。此外，全球化教育方法还要让学生明白，差异不会导致人与人之间关系的疏远，恰恰相反，差异会把人与人之间联合起来。因为不同民族、不同

1　Becker, J. Goals for global education. Theory into Practice, 1982. 21 (3). pp.228-233; Case, R. Key elements of a global perspective. Social Education, 1993. 57 (6). pp.318-325; Visions in Global Education. Edited by T.-F.Kirkwood-Tucker. New York : Peter Lang Publishing, Inc., 2009. p. 352.

群体和不同国家之间不仅对彼此之间的共性感兴趣，更对彼此的文化个性感兴趣！

交际-认知教学法促进了全球化教育思想的发展，同时也因这种教育理念在外语教学中的应用使交际-认知教学法自身得到了发展。也就是说，这两个学科方向的研究彼此促进、相得益彰。因此，本书中阐述的外语专业教学理论与实践方法准确地说应该称之为"以全球化教育为目标的交际-认知教学法"。

因此，未来的外语教师或未来的翻译人员获得的教育应该是一种性质上系统的、理念上整体的、结构上全覆盖的、以整合性教育原则为战略基础的、以现代化教育技术为手段的教育。

外语专业教育目标的内涵由于增加了"全球化"这一要素而得以扩展，归纳起来包括如下几个具体的目标：

● 实践技能目标（即与掌握语言能力相关的目标）；

● 文化知识目标（即与扩展学生各领域知识视野、发展语言文化能力和社会文化能力相关的目标）；

● 发展性目标（即与发展思维的各方面能力相关的目标，包括逻辑能力、联想能力、形象思维能力、推理能力以及记忆、想象、猜测、预判等能力）。在能力层面，发展性目标最核心的是逻辑推理能力的培养，也就是说，根据语言表达的各种原则，包括生动性、得体性、逻辑性、经济性等进行有效口头和书面交际的能力。此外，发展性目标还要求培养学生自我获取知识的能力；

● 思想及道德目标（见上文关于道德伦理目标的描述）；

● 职业能力目标（是指培养翻译或外语教师的职业化目标），因为本书关注的是外语教学法的问题，所以关于职业化目标我们只在职业能力培养与外语交际能力培养相结合的层面上探讨。[1]

每一堂实践课都要设定具体的实践技能目标，这些目标要与其他几个目标（不一定要包括所有目标）相结合。同理，每一个练习通常

---

1 Соловова Е.Н. О компонентах коммуникативной компетенции. Методика обучения иностранным языкам. Базовый курс лекций. Пособие для студентов пед. вузов и учителей. М.: Просвещение, 2002. С. 239.

都要有一个主要目标，但也可以兼有几个其他目标。而且，如果一个练习同时伴有逻辑重心转移、分类、预测或其他任何一个语义层面的任务，那么就不能再加大其语言材料的难度。这种语言难度低的练习恰好能激发学生的学习动机，提高其学习兴趣，从而也促进其记忆力的提高。

请比较下列两种生词初次讲解的方式：

第一种：不看生词表把下列生词从汉语翻译成俄语：提问题，写，发音，翻译……

第二种：按照下列要求列举出你们在俄语课堂上完成的所有活动：从最简单的到最复杂的；从你们最喜欢的到最不喜欢的。

第一种是纯粹的言语技能练习。第二种的言语技能任务与上一个练习相同——都是列举出生词和词组，但是这个练习已经增加了判断言语活动难度的任务，因而调动了学生主动参与教学过程的积极性。

任何一种教学方法，一方面，是基于一种教学理念总体原则的具体实施方案；另一方面，教学方法可以看作是贯彻各种教学原则的总和。同一个教学原则可以体现在不同的教学方法之中，但是不同教学方法的相互结合和补充也构成了教学法概念的统一体。因此，在以下各章节中我们将详细探讨以全球化教育为目标的交际-认知教学法基本原则的本质问题，并将整合性教育原则作为一种全新的、多维度的教学原则进行单独探讨。这里我们需要强调的是，任何一个真理（即每一个假设为真理的教学原则）都不应该被绝对化，因为它一旦被绝对化，就会走向谬论。美国作家舍伍德·安德生（Sherwood Anderson）的一篇寓言故事里讲到，"真理分为贞洁的真理、欲望的真理、奢华和基本需要的真理、节俭和浪费的真理……真理有成百上千个，它们都是美好的……但是人类一旦抓住了一个真理，并宣布它为自己的真理，并使它为自己所用的时候，那么这个曾被人类所赞许的真理就会变成谎言"。[1]

1　Шервуд Андерсон. Рассказы. (пер. М. Колпакчи). Москва-Ленинград: ГИХЛ, 1959. С. 19-22.

知识的获取需要系统化。这是完全正确的说法，我们应该从某个记忆细胞里调取知识，也就是要从我们保存知识的地方调取知识。然而知识所具有的严密体系要求我们要按照一定的次序学习：例如，我们要先学习名词的语法，要按照一定的次序学习名词的各格等。但是，如果学生只掌握了名词的变格，那么他们什么时候才能用外语进行交际呢？难道要把外语交际能力培养拖延到高年级阶段再进行吗？这些问题让我们明白，一向被看作是不可动摇的真理已经开始动摇了。

举一个例子：绝大多数西方教学法专家关于学校教育（包括中小学的外语教育）的普遍观点是：Education should be fun. 即应该让学生在课堂上有兴趣。这一观点很难驳斥。但是如果把 fun 一词的意义解释为"娱乐"的话，那么这一真理就变成了错误。有些教师经常认为，学习语法知识和书写规则是一件极其枯燥的事儿。诚然，如果教师不会调动学生不断地去主动发现规律，不会引导学生独立总结语言规则，通过不断验证自己发现规律的正确性而获得学习满足感的话，语言教学的确是枯燥无味的。

因此，任何一种教学原则，对一个教师来说，既是一个可靠的导航仪，又是不断进行批判性思考的工具，不能把一个教学原则看作是一成不变的真理。

在阐释教学原则之前，我们要先弄清两个基本概念："技能"和"能力"以及它们之间的相互关系。尽管现在通常用"能力"这个术语来评价学生的成就，因为"能力"这个词的覆盖面更广阔，不仅涵盖了知识、技能，能力，还包括价值观念和各种关系体系。

技能是指能够自如、准确、熟练地理解和运用语法形式、句法结构、词汇以及用正确的发音和语调朗读句子的能力。也就是说，技能是指对语言材料的自动习得使用，能够保证语言使用者集中精力输入和输出信息的能力。有些技能甚至用母语也难以达到自动习得的程度。正因为如此，才会出现一些书写规则上的错误，复合句由于只有开头、没有逻辑结尾而导致的违背语法规范的错误等。也正因为如此，才会出现许多操母语者在复合数词（如 *с 450 рублями в кармане*）或者一些固定词组（如 *сделать акцент на... – сделать упор на...*）的搭配关系上经常出现错误和混淆的现象。

能力是指实现言语交际行为或认知行为的能力。一些最基本的言语交际能力（如问候、告别、请求原谅、祝贺节日等）实质上与技能类似。[1] 与技能不同的是，能力具有言语交际任务。与技能相同的是，它们也经常靠自动习得过程来形成，因为能力也要依赖于很多现成句式的使用。在一些更为复杂的能力之中，其交际要素与认知要素处于同等重要的地位（如说明理由的能力、解释概念本质的能力、对事物进行分类的能力、划分课文段落的能力、找出概括性结论的能力等）。

技能和能力之间的相互关系是非常灵活的。也就是说，同一种言语技能可以为一系列言语能力提供"服务"。例如，掌握俄语名词第二格用法这一技能可以用于：

- 表示事物之间的所属关系（*кабинет директора, территория школы*）或者亲属关系（*муж тети*）；

- 表示事物的数量，用于数词2、3、4之后或在表示整体之中部分意义的词语后面使用（*четверть часа, доза лекарства*）；

- 表示某事物数量上的充足、不足或者完全缺失（*много проблем, мало времени, нет помощников*）；

- 表示一个物体相对于另一个物体的位置（*слева /справа от..., напротив, впереди, позади, в начале/конце/середине, поблизости/неподалёку от...*）；

- 确认事物的过程或结果，例如确认身体某部位健康方面的问题等等（*перелом ноги, воспаление легких*）。

当然，没有必要一下子学完第二格的所有意义。在开始阶段只需要给出与已掌握语言材料相关的和实现交际功能所需要的那些意义。例如，在 *У меня есть учебник, но нет словаря* 这一句式中，只需要给出事物的所属意义和缺失意义，而其他意义则要根据交际的实际需要逐步给出。

另一方面，同一种能力在交际中也可以通过几种不同的技能来实

---

[1] Лапидус Б.А. Проблемы содержания обучения языку в языковом вузе. М.: Высшая школа, 1986, С. 21.

现，也就是说，同一种言语交际意图可以通过不同的方式来表达。例如，在提出合作建议这一交际意图时，可以借助于一系列句式来表达。"*Давайте пойдем…*" 或者 "*Я хочу, чтобы мы пошли…*" 这样的句式，由于使用了动词过去时和将来时形式，对于俄语初级阶段的学生来说可能会产生困难，因此初学者完全可以借助动词的不定式形式来表达这样的交际意图：如 "*Советую/предлагаю/ можно+ пойти…*" "*Я знаю, что делать: нам надо пойти…*" "*Почему бы нам не пойти…?*" 等句式。

这种技能和能力相互关系的灵活性从外语教学法上来说是非常重要的。一方面，如果技能经常被使用，且还带有各种言语交际任务的话，那么技能就会掌握得更牢固；另一方面，如果学生不怕忘记某个词或某个句式的话，他会变得更加自信，因为他知道他总是可以换其他方式来表达思想。这样他就可以避免语言表达的单调性。除此之外，表达方式的多样性也可以帮助学生快速理解，更牢固地记住语料信息，因为我们所关注的不是语言使用的形式，而是正确表达交际意图。

技能和能力的辩证关系表明，技能不可能在脱离交际情景的条件下形成。任何一种原始结构的变化都要结合具体的交际任务来进行。毋庸置疑，我们也要给学生讲解句法结构的建构规则。语言形式上的（语言规则训练的）练习对语言知识的掌握可能有用，也可能没用，但有时这种练习却有很大的负面作用。V.S. 菲利波夫（В.С. Филиппов）指出，"在下列类型的句子结构变形练习之中，除了增加了对句子的疑惑不解之外，经过变形的句子 '*The book was read by him.*' 没有任何用处: *He read the book — The book was read by him.* 但是像 '*He sold the book quickly — The book was sold quickly — The book sold well — The books went like hot cakes…*' 这样的变形练习则完全是另外一回事儿了"。[1] 这样的句子变形表达在语用学层面上可以叫作替换表达。根据菲利波夫的观点，还可以更加深入分析每个句子意义的细微差别。

---

1 Филиппов В.С. Факторы формирования индивидуальной речевой организации и некоторые принципы их координации [Текст]//Иностранные языки в высшей школе, № 4, 2006. С. 14-19.

作者完全从语言学的视角对同一种意思表达的不同方式做了解读。[1] 但是还可以从社会语言学的视角来解读上面例子的表达方式。例如：*He sold the book quickly — The book was sold quickly.* 这两个句子如果脱离了上下文，那么它们的意思就不清楚了，不知道是关于一本书还是一次出版的所有书。那么我们再看另外两个句子，它们除了在使用的修辞手段和表现力色彩上有区别之外，还明确指出了大量销售这一信息，尽管在最后一个句子中需要给出扩展的上下文才能理解句子强调的是过程（抢着购买）还是结果（一大批书被瞬间卖空）。

因此，做语言结构对比分析这样的练习是非常有趣的，其趣味性（其实质也是交际性）不亚于让学生借助给出的对话按角色独立拓展并演练的练习。

因此，建立在交际原则和认知原则基础上的交际 - 认知教学法首先阐释了这两个原则之间的密切关系，其次，也建立了语言形式上的练习和交际性的练习之间的辩证统一关系。本书提出的教学法在强调言语训练之前要先在讲述语言规则的狭义认知教学法和把语言作为社会文化符号系统的认知方法之间架起桥梁。

1　Филиппов В.С. Факторы формирования индивидуальной речевой организации и некоторые принципы их координации [Текст]//Иностранные языки в высшей школе, № 4, 2006. С. 14-19.

第二章　整合性教学原则作为形成完整世界图景的途径

不要用现成的公式欺蒙孩子们，公式是空洞的东西；
要以看得见的形象和图片丰富它们。
不要让孩子们背负上沉重的事实包裹；
要教会他们理解事实的方式和方法。

——法国作家安东尼·德·圣·埃克苏佩里 (Antoine de Saint-Exupéry)

经常会发生这样的事情：
真正的成功是在
貌似没有关系的现象之间
不断地进行类比的结果。

——犹太裔物理学家阿尔伯特·爱因斯坦（Albert Einstein）

在这一章我们将阐述认知过程的整合性原则作为外语教学和学习过程中实现个性发展的根本条件问题。个性发展——是指在原因和结果、局部和整体、恒定和变化、过去和现在、微观和宏观等相关联的逻辑和联想知识体系中接受新事物、不断总结经验的个性化能力。换言之，对世界认识的完整性不是指在认识世界过程中积累的经验数量，而是质量。由此可以看出，在外语教学中，学生对每个新知识点的认知过程就像识别一大块马赛克画的一个小块儿一样，必须要保证认知过程的系统性和整体性。

　　教育的整合性原则通常被联想为对跨学科之间关系的相互依赖。其实不然，这是一个更大范围的概念。

　　第一，教育的整合性是指认识世界的知识本身的完整性，与知识在狭义学科上的划分不同。早在 20 世纪 90 年代中期，英国心理学家凯斯（R. Case）就提出了整合种类或整合形式这一概念（modes of integration），其中包括把两门或更多的课程整合（fusion）为一门课程的模式或者把一门课程中的知识模块插入（insertion）到另一门课程之中的模式（如果教师会利用类推方法的话，有时甚至可以插入到非同类学科的课程之中）。例如，我们在给学生讲解义素作为词汇意义的最小单位这一概念或者一个词语意义作为一个语篇意义的最小单位概念时，可以利用类推的方法：义素和意义之间的关系类似于原子和分子之间的关系。有的分子是由一个原子构成的，相当于一个词中只有唯一的一个义素意义的情况。义素与意义的区别在于它不能独立存在，但是一个义素可以彻底改变一个词的意思，就像一个附加的原子可以彻底改变分子乃至物质的性能一样。

　　第二，教育的整合性是指在世界文化视阈下对本国文化和异国文化的认知过程。

　　第三，教育的整合性是指理论和实践应用的统一。在外语教学实践中这种统一表现为语言规则和语言单位在言语活动应用上的统一。例如，如何解释从未被意识到的、具有完全不同意义的同根词语的概念亲缘关系，如：*ворота, поворот, воротник, вращаться, возврат, отвратительный...*

　　第四，教育的整合性是指学生个性发展中理性教育和精神教育的不可分割性。（但是要避免使用直接的强制性说教，因为人的道德教育要以情感共鸣为基础。）

　　第五，教育的整合性是意味着人的个性化经验和全人类经验的整合。

　　第六，教育整合的实质是指对人类智力经验的整合，也就是说，把获取的知识和技能从已被认知的领域有意识地向正在被认知的领域转移，这里指的是在两门或两门以上课程的教学中对学生的知识技能或推理能力的协同培养。这一点与凯斯提出的不同课程之间的整合模式相得益彰，即不同课程之间要"相互关联"，这种整合是一种"协同一致"的整合。在培养未来外语教师或未来翻译人员的过程中，如果能够同步培养学生的简要概括、替换表达、按某种方法对现象进行分类等能力，那么即使在培养方案中把外语能力分解为不同专项能力的情况下（如听、说、读、写等），关联性教学也可以把教学过程变成一个统一的整体。在这种情况下，学生在从一门课程转入另一门课程、从一个老师的课堂转向另一个老师的课堂时，就会感觉到每一堂课在完成某种特定教学目标的同时，也是其他已上过课程的合理延续。例如，在对学生的语言知识进行系统化的同时，要教会他们按照区别性特征对比语言现象的能力，即通过列出对比关系（比例关系）的方法建立区别性特征的系统。具体方法如下：

● 利用母语和所学外语音位之间的对比，发现塞音和摩擦音的区别性特征：т : с = к : х, t : s = т : с；

● 利用逻辑对比词语之间的关系：局部与整体关系（*роза : цветок = суп : еда*）或行为本身与行为替代之间的关系（*to kill : a murderer = to steal : a thief*）；

●利用句法结构对比同义表达：*Вы не дадите мне ручку? : Дайте мне, пожалуйста, ручку. = Как насчет небольшого отдыха? : Давайте немного отдохнём.*

因此，我们可以说，不同层次上的整合是未来教育的基本原则。在这种情况下，每一个被整合的部分在不失去其内部独立性的同时，其内容因与整体各部分之间构成的紧密关系而得到进一步深化和扩展。

教育的整合性原则具有重要的现实意义，其原因包括以下几个方面：

首先，教育的整合性原则教会学生把世界看成一个因果相连的链条，这会使学生预见到今天所实施行为的未来远期结果。

其次，整合的过程能够促使学生把在一个活动领域获取的能力转移到其他领域，从而减少不必要的重复，节省时间和精力（这对于当前课时量普遍减少情况下的外语教学尤为重要）。

此外，在学习者看来，整合性教学原则能够提高课堂信息的价值，因为在一个领域获取的能力可以用于解决其他领域的问题，众所周知，对于个人更重要的信息会更加牢固地保存在个人的长时记忆里。

对于语言文学专业的外语教学来说，还可以补充其他几个方面的整合（这些方面也可以应用于其他学科），这些需要整合的内容几乎不需要做出解释，例如：

- 所学外语之间的相同、相似和差异点的对比（从同根词到语篇建构所遵循的文化规约上的对比）；
- 通识类课程和专业类课程的整合。

如果同一门通识课程在不同的系和专业开设，且要考虑学生的专业特点，那么就要对这些课程进行"关联性整合"。如果一门通识课程需要用外语讲授，且与母语讲授课程在扩大学生视野和提高外语交际能力方面的要求相同，那么就要对这门课程进行"整合"。

对于外国语言文学专业的教学来说，整合性教学还有下列问题需要作进一步的探讨。

第一，形式与内容的辩证统一问题。对于语言文学专业的学生来说，形式与内容的辩证统一问题不是一个抽象的哲学概念，而是一把通向意义分析的钥匙。针对一个分析层面上是形式的问题，针对另一个分析层面可能就是内容的问题。例如，小说的结构对于故事情节来说属于形式层面的问题，而对于保障小说结构完整的修辞手段来说则属于内容层面的问题。如果从辩证法的角度看，任何一种统一都具有矛盾的斗争性。所以，在描写中看上去词汇使用贫乏、冗余、重复可能是建立言外之意、强调人物生活枯燥单调的有效手段。再比如只有几行字的诗歌，乍一看只是简单地罗列几个现实生活中的细节，实际上却可以表达出深刻的哲理和情感内涵。同样一部小说（如契科夫的短篇小说《心肝儿》）关于女主人公形象及作者对她的态度可以给出完全相反的解读。正因为如此，关于语言形式和内容的辩证关系的教学最好是通过文学作品来进行，因为这样就可以看出，作者选择的一个词语在上下文中是如何准确地表达出补充含义的。

第二，整合性原则是指对教学过程的任一阶段的不同目标的整合，具体包括：专业知识目标（即语言学知识目标）、总体知识目标（即发展目标）、职业化目标（教师或翻译职业）以及道德修养目标（即人格形成目标）。

各种教学目标的综合考量证明了教学过程的"全息术"性质。因此，如果一门课程教学所使用的教学法正确，那么它的基本目标不仅要在这门课程的总体结构中体现出来，而且还要在每节课和每个练习的结构中体现出来，甚至还要在不同课节之间的关系中体现出来。此外，课堂教学还要与课外独立作业协调一致，以保证学生自主学习过程取得相应的结果，并以此达到终身学习的目标。

但即使在一个独立练习的（即反映教学过程实质内容的一个最小的完整单位）内部，也可以实现不同目标的相互整合。

对一堂课框架内各种教学目标的整合一般要在具有复杂的综合特征的**言语实践阶段**的练习中进行。而在**言语训练阶段**，练习的多功能设计通常要与识别性练习和要求同时正确使用几个语言结构的练习结合起来。[1] 根据我们的教育理念，练习的整体性体现在各种教学目标的整合（一门课程内部的教学目标或不同课程之间的教学目标），即每个练习的语言知识目标与其发展目标、道德修养目标和（或）职业化目标的相互结合。

因此，外语专业语言实践课程练习的整合性设计要满足下列标准：[2]

第一，言语训练性目标要区别于认知性目标。

第二，要把各种思维过程结合起来（概括、分类、变形、辨别、对比、综合、类推等）。

第三，要把言语实践目标与培养学生的某种思维能力（推理、想

1　Карпова Л.И. Формирование коммуникативной грамматической компетенции в неязыковом вузе (на материале английского языка). Автореф. дис. ....канд.пед.наук. [Текст]. Волгоград, 2005. С. 14.

2　Устинова Е.С. Конвергенция дидактических целей в структуре задания как сочетание интегративности и доступности // Иностранные языки в высшей школе. № 4(27), 2013. С. 84-89.

象、注意力等）结合起来，或者与扩大学生的总体文化视野结合起来，或者同时与这两种能力的培养结合起来。

第四，要考虑辅助性手段的功能（它们是否能规避语言错误或者是否能帮助学生说出想要表达的话语内容？是否给出了学生必须使用或可能会使用的词语？它们用母语给出？用所学外语给出？还是用中介语给出？）。

第五，要考虑学生未来的就业方向是外语教师还是翻译。对于学生未来的职业方向特征从教学的初始阶段就要考虑，尽管外语专业教学的很多特征对于教师和翻译两个培养方向来说同等重要。比如说，未来的教师应该知道在外语实践课教学中应该如何使用教学翻译法，应该如何借助于翻译的方法来讲授同一个词语在不同上下文中的意义差别，应该如何在授课过程中使用同义替换手段，即如何使用心理语言特征与跨语言间类似表达的"同一语言内部的翻译方法"。对于翻译方向的学生来说也同样需要上述两种能力的培养，尽管二者的侧重点有所不同，因为翻译方向的学生应该具有自主学习的能力，包括教会学生自学其专业培养方案里没有开设的其他外语的能力。

第六，需要对形成的各种能力进行整合（包括语言文化能力、推理能力等），其中，语言能力是各种能力的核心。这里所说的语言能力是指广义上的语言能力，包括：掌握"语言作为符号系统知识的总和"相关理论的能力、快速理解和表达的能力（即使用语言材料的熟练程度）、保证话语表达有效性的能力（表达是否准确、简练、富有情感表现力等）、语言猜测能力、对比能力、找出语言内部和不同语言之间词语单位亲缘关系的能力等。换句话说，语言能力与其他交际能力之间不是并列的关系，而是像毛细血管一样穿梭在其他交际能力之中。因此，语言教学不能在学生的推理能力或社会文化能力培养之外进行。也就是说，即使在看似纯语言的知识性练习中也要体现出推理能力和社会文化能力的培养。比如，在回答英语中如何表达俄语的 пожалуйста 一词这个问题时，几乎每个人都会不假思索地回答 please。事实上没有具体情境是不可能正确回答这一问题的，英语中 please 这个词只有在俄语中 пожалуйста 这个词表达请求意义时才可以对等，而在其表示把什么东西交给对方而对方做出回应或者回复说话人的请求用语时，英语中对应的表达是 here you are；пожалуйста 在表达"允许"的意义时，英语中要用 you are welcome 或 by all means；而在回复感谢用语时，英语中要用到 don't mention it 或 you are welcome 这两个短语。因此，外语教学不是要简单地记住某个词义的对应关系，而是要习惯于不按照逐字对应的字面意思去看待语言，要全方位地把握每个系统内各个部分的系统性特征，从而整体上把握语言符号的真实含义。

我们首先来阐述练习设计的第一个类型化标准——首先要看练习设计的主要目标是训练语言现象的用法（即某些语言现象在言语中的习得过程），还是讲解新知识。下面我们来分析以下整合性练习的设计应该如何兼顾其他标准。

由于技能训练和认知过程的区别，在训练类型的练习中被整合的教学目标要同步完成，同时还要有一个中心目标，即练习的组织要围绕一个核心目标来进行。参见下图：

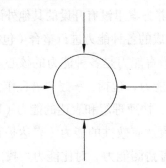

多年的外语师范专业和翻译专业的教学实践表明，目标的整合——即两种或两种以上不同类型的目标在一个点上的重合不会增加练习的语言难度，也就是说，不会违背通俗易懂原则。[1] 交际能力构成要素的形成一直被认为是练习的基本语言难点，即交际能力始终处于现实认知能力的中心，但是在这种情况下，交际能力这一难点只有

1　Устинова Е.С. Конвергенция дидактических целей в структуре задания как сочетание интегративности и доступности // Иностранные языки в высшей школе, № 4(27), 2013. С. 86.

在真实的交际条件下才能被克服，因为需要在技能目标、能力目标和额外的交际任务之间分散注意力。早在 20 世纪七十年代，拉皮杜斯就提出，语言技能只有在真实交际的语境下才能得到真正意义上的掌握。众所周知，在真实的言语交际条件下，说话人通常不可能把注意力集中到语言的形式上。因此，保证练习简单易懂的先决条件就是让学生事先了解交际任务和交际条件，为它们提供辅助性的材料支撑。

整体性训练类的练习可以理解为对一些练习类型的整合。

1. 不同层面技能的实践目标的整合。

1）句子理解技能（如对列举语调的理解）与集合数词使用技能的整合（以对外俄语教学为例）。

指令：听取说话人的活动计划，回答您是否准备参加这一活动，并说明需要购买几张票。

例如：

Мы идём в кино – со мной пойдёт Мария, моя сестра, и два друга. Пойдешь с нами?

学生应该根据列举性或解释性语调确定玛丽亚的身份是说话人的姐姐还是另外一个女人，同时估算出这一伙人的总数。接下来他要决定是否接受邀请，并得出需要购买几张票的结论。

答句示例：

Вас будет пятеро. Я тоже с удовольствием пойду. Могу купить шесть билетов.

Или: Вас будет четверо. Жаль, что я занят и не могу пойти. Купи четыре билета.

2）运用不同人称和单复数的动词过去时形式说出人的出生年份和计算年龄的整合性训练，要求同时兼顾逻辑思维过程的训练——在真实交际条件下训练正确使用数词的技能。

指令：根据下表说出这些人都是在哪一年出生的，算一算他们今年多大年纪。用文字的形式写出具体的数。

Джон родился в 1993 году. Маша родилась в 2002 году. Папа и мама родились в 1970 году. Моя дочь родилась в 2009 году. Мой сын родился в 1998 году. Мои друзья и я родились в 2001 году.	В этом году	ему ей нам им	будет	... лет. ... год. ... года.

2. 语言技能和推理能力实践目标的整合。练习的整体性特征在下列情况下表现得特别明显：在两种不同类型且相互之间没有关联的练习完成之后把它们各自得出的结果整合在一起的训练。例如语言技能练习（如下面例子中把命令式变为不定式的练习）和增加修辞要求或者与做出证据充分、令人信服的表达这一现实交际性任务的整合：

指令：请阅读下列建议，说出你们应该做什么、不必做什么或不应该做什么，并说明理由。

Чаще бывайте на открытом воздухе. Больше двигайтесь. Реже ездите на работу в транспорте и чаще ходите пешком. Ешьте меньше конфет и больше фруктов и овощей. Меньше курите, – а лучше совсем не курите. Пейте больше воды и меньше кофе...

3. 实践目标（此处指词汇目标）和教育目标的整合。

指令：请找出下列句子中与其他句子不同的。

1) И зрение из-за компьютера портится.

2) А уж эти компьютерные игры! Какие они все глупые!

3) В Интернете представлена объективная информация.

4) Интернет начинает раздражать людей вседозволенностью.

4. 实践目标（此处指比较级的用法）、知识目标（计算不同系统的长度和重量单位）和发展目标（逻辑推理能力）的整合（以对外俄语教学为例，训练逻辑推理能力的示例用英语中介语形式给出，目的是对逻辑推理模式给出提示，但不直接给出推理结论和表达方式）。

Что лучше (выгоднее, дороже, дешевле), – купить яблоки по 80 рублей за килограмм или по 50 рублей за фунт?

可以给出如下的推理示例：

One pound is 450 grams. If the apples are fifty rubles a pound, we have to pay five hundred rubles for ten pounds. Ten pounds make... kilograms. If we buy... kilograms of apples at 80 rubles a kilogram, we must pay... rubles. So it is cheaper (more expensive) to buy apples at the price of...

上述这三种类型的目标可以整合在一起应用于下面的课堂教学之中。这里整合了实践技能性目标（巩固已学过的语法知识——基数词和序数词的用法和 *было что-л. – не было чего-л.* 句型的用法）、知识性目标（把历史时间与某种事物发现和发明的时间对应起来）和发展性目标（对某个世界名人在世时的技术发展状况做出总结）。

1）阅读下列短文，在空白处填写缺失的信息，并说出文中人物的身份（诗人、剧作家、小说家）。

Ду Фу и Ли Бай жили в восьмом веке. Один из них (**кто?**) был на _____ (**сколько лет?**) старше, чем _____ (**кто?**). Шекспир родился в 16-ом веке, а умер в 17-ом. Он родился в _____ году, а умер в _____ . (Сами найдите точные даты среди цифр, предложенных для прочтения вслух в первом задании урока.) Толстой родился в 1828 году, а умер в 1910-ом, когда ему было _____ (**сколько лет?**).

2）利用下列结构说出某个著名人物生活的时代特征。

Тогда уже было (были).., тогда еще не было.., люди еще не могли пользоваться... (чем?)

Но уже был изобретён.., и люди могли...

Например, мог ли Ду Фу писать на бумаге? Мог ли он носить одежду из шелка? Было ли в то время электричество в домах? Мог ли Шекспир писать ручкой? Как в то время люди ездили из одного места в другое? Мог ли Толстой ездить на поезде? А летать на самолёте? Была ли во времена Толстого фотография? А телевизор он мог смотреть? Можно ли было тогда позвонить своим друзьям? А написать СМС? Толстой умер от пневмонии (肺炎). А антибиоти-

ки тогда были? Люди тогда жили дольше, чем сейчас?

与技能训练性练习所不同的是，认知性练习的整合主要用于语言材料或者翻译理论的讲解，或者用于言语实践阶段的交际过程，例如，如果在课文阅读的过程中学生遇到民俗词语、文化典故和其他类型的民族文化难点时，可以运用整合的认知性练习。认知性练习不要求快速完成，与认知能力的自动习得无关，可以让全班同学共同完成。这些练习能够调动学生的智力因素，能够培养学生的观察能力、对比能力、抽象概括能力、语言猜测能力、好奇心和在已知信息中发现未知信息、在未知信息中寻找已知信息的能力。

以认知能力培养为目标的整合性练习，像环环相扣的链条一样连接在一起，且具有离心的特点，也就是说，核心成分依次释放出一个接一个的、具有跨文本（符号学术语）联想意义的"螺旋线圈"。认知性练习的离心特征可以用下图表示：

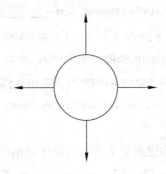

例如，在对外俄语教学《修辞学》这门课程的教学中，在给学生讲解古词语和诗体词语时（如 очи〈眼睛〉，перст〈手指〉，длань〈手掌〉等词语），我们可以帮助学生发现一些"语言学现象"，提示学生已经学过的现代俄语词汇并让他们解释这些词汇与其古语对应形式的关系：очки, перчатки, ладонь。然后，在下一组螺旋式关联的练习中，学生们就可以根据一些导向性的、不完整的上下文猜测出一些生词的意义。例如：

Когда шьёшь, удобно пользоваться напёрстком.

Она любит украшения. Подари ей перстень.

– Вы – очевидец несчастного случая? – Нет, я только слышал крики людей.

再比如，在对外英语教学中，教师在讲解 circumstances 这个新词时，不应只给出这个词的俄文翻译 обстоятельства，而应该帮助学生弄清这个词的英语和俄语各个词素语义之间的对应关系：这里俄语的前缀 об- 表示 вокруг（周围）（ср.：«обруч»+ корень «стоять»，意思为：周围 +"站立"的词根意义），因此，обстоятельства 这个词的字面意思就是"站在周围的人或物"，所以其英语对应词 circumstances 也就表示这个意思。不同语言中语义对等词语的内部构词形式上的吻合对于语言学习者来说具有极为重要的意义，因为可以让我们深入思考：这种语义内部结构上的吻合究竟是仿拟的结果还是两种或几种语言文化中世界图景的偶合现象？如果说词的来源依托于逻辑关系的一致而不是意象一致的话，那么不同语言的复合词语在内部结构上的吻合现象也是很常见的。例如：英语词 manuscript 和俄语词 рукопись。而对于翻译专业的学生来说，除了要了解这两个词所包含的两个词素（рука + писать）的所指意义完全吻合之外，还要了解这个词在俄语中具有的补充词素意义，所以在英译俄时需要在 рукопись 和 манускрипт 之间做出选择：后者经常应用于"古希腊或中世纪时期主要是西欧国家的手抄书稿"。[1]

在下一组螺旋式关联练习中，这两个词语的内部结构分析可以帮助学生发现同根词语之间的词源亲缘关系（манускрипт – мануальный, мануфактура, circumstance – distance），并由此找出与 distance 这个词在概念上完全对等的俄语对应词：distance – расстояние，其字面意思为：стояние в отдалении（站在远处）。

Circum- 这个成分的意义可以帮助我们继续探索这个词语的深层次内涵。在语言层面学生现在就可以回答出带有明显不认识词语 circumnavigate 的问题，因为这个词的词素 navigate – навигация（航行）是所有学生都知道的，比如回答这样的问题：Who was the first to

---

1 Большой энциклопедический словарь, 2012. [Электронный ресурс]. URL: https://slovar. cc/enc/bolshoy/2099495.html (Дата обращения 09.04.2019)

circumnavigate the Globe?（Кто первым совершил кругосветное плавание?）在共同词根的帮助下，circum- 这个词素意义完全可以通过猜测获知，而这个问题本身也能考察出学生是否具有通识性知识。

与此同时，circumnavigate 这个词语所具有的显性构词方式也可以帮助学生借助上下文猜测出名词 circumference 的词汇意义——окружность，如这样的上下文：Eratosthenes was the first to calculate the circumference of the earth. 在猜出这个词意义的同时，也可以顺便回忆起地球的周长是多少。因此，语言分析过程成功与否与学生对其他领域知识的掌握程度密切相关。

我们还可以通过两种语言的词汇对比来培养学生的认知能力。对比性练习的目的是向学生展示两种语言的词汇意义经常只是部分对等的情况，这是学生在翻译中不可回避的问题。如俄语中的 велосипед，汉语中的"自行车"，英语中的 bicycle。这三个语言中同一个所指物的内部构成方式各不相同：英语词的字面意思为"两个圆圈"，汉语词的词素构词方式为"自己＋移动＋车"，俄语的 велосипед 属于外来词，与其他语言不同的是，俄语中只给出了"具有脚踏板"这个义素单位。在翻译时，俄语词组 трехколесный велосипед（三轮自行车）要用一个词汇单位 tricycle 来译成英语。如果要求学生把大家都熟知的英语构词知识进行扩展运用的话，即词素 t 表示走过的路程，而词素 v 表示扩大、增加之意，那么学生即使不知道英语词 velocity 的情况下，仍然可以弄清俄语词语 велосипед 的内部构成词素的意义。

在这种情况下，哪怕是不正确的猜测也不能算失败，而是一种创造性的探索。比如，一个五年级的小学生不承认俄语词汇 стол 和столица 之间的亲缘关系，提出自己的词源分析假设（尽管不正确，但很有趣）：一个国家的主要城市被称作 столица（首都），是因为那里有许多人，字面意思为他有 сто лиц（一百个人）。

应该承认的是，整合性教学法在词汇教学中的应用需要投入大量的时间来准备。但是语言教学的实践目标和教育目标的整合恰恰能够培养学生的语言研究能力，能够满足学生不断揭秘语言世界图景和文化世界图景的需求，所以，在课堂教学中哪怕是每一次只教会学生分析几个词的词源关系，那么，随着时间的推移，自然会积少成多，形成学生整体世界图景中的一部分。

我们认为，以不同视角（立场、观点）交叉的方法来看待同一种语言现象也是一种非常有效的整合性教学法。罗伯特·汉威（Robert Hanvey）首次在 1976 年出版并成为未来教育思想主要参考文献的著作《一个可实现的全球化教育规划》（*An Attainable Global Perspective*）中提出要以不同的视角看待世界的观点。以不同视角看待我们周围的现象——这是一个全方位看待问题的工具，它能促进学生形成客观判断能力，参与讨论新思想、兼顾不同意见的能力。看待同一语言现象的多样性视角主要与语言教学的内容层面相关，多角度看待问题能够促进学生产生内部学习动机，调动其想象力，促使学生从已知的信息里发现不寻常的意义。

首先，对于同一社会道德问题的不同情感评价或不同伦理观点表达的练习可以整合在一起。例如，在讨论未来使用电子教科书的好处这一问题时，眼科医生会持明确的反对意见，而脊柱科医生当然会支持使用电子教科书这一倡议；再如，一个教师可能会完全鼓励学生使用网络来获取更广泛的知识，而另一个教师则担心学生不去获取知识、而痴迷于网络游戏。这种同时兼顾不同立场表达的练习类型可以帮助学生学会选择支撑自己观点的理由，猜测反方可能使用的论据，总结已阐述的观点，这些练习类型对于参与讨论、辩论或写辩论提纲的能力培养都至关重要。

其次，在发展阐述理由的逻辑思维能力的同时，对同一问题的个人观点的类似表达方式的训练也可以整合在一起。学生们可以从给出的选项中选择与自己类似的观点并说明理由，也可以提出自己的类似观点。例如在讨论"婚姻与家庭"这两个概念时的类似观点表达的示例：

- Семья – твой шедевр, который ты создаешь собственными руками.

- Брак напоминает ножницы – половинки могут двигаться в противоположных направлениях, но проучат всякого, кто попытается

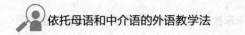

встать между ними.[1]

- Two masters and two slaves – and, all in all, two.[2]

仿拟是用简洁和概括的方式描述客体众多特征的一种手段。所以解释仿拟就像推导一个验证其真实性的数学公式一样，而建立事物之间的象似性——这是一种"以少表多"的准确表达能力。

如果一首诗或者一首诗的一个片段被应用于解释或质疑某个科学问题，那么诗歌的世界图景与科学的世界图景的整合也同样具有准确和概括表达的功能。例如，А.А. 塔尔科夫斯基（А.А. Тарковский）的诗歌《在宇宙之中》（*Посредине мира*）就概括了人类智慧认知宇宙的伟大和我们对世界认知的微不足道以及宇宙和微小的事物一样，都具有不可认知的复杂结构：

> Я человек, я посредине мира,
>
> За мною – мириады инфузорий,
>
> Передо мною мириады звезд.
>
> Я между ними лег во весь свой рост –
>
> Два берега связующее море,
>
> Два космоса соединивший мост.
>
>
> (...)
>
> Я больше мертвецов о смерти знаю,
>
> Я из живого самое живое.
>
> И – Боже мой! – какой-то мотылек,
>
> Как девочка, смеется надо мною,
>
> Как золотого шелка лоскуток.

> 我是一个生活在宇宙之中的人，
> 在我身下有无数只纤毛虫，

1　Моя семья – мое богатство. Подборка статусов, цитат и афоризмов о семье. [Электронный ресурс]. https://frazy.su/25385-moya-semya-moe-bogatstvo-podborka/#i (Дата обращения 09.04.2019)

2　Ambrose Bierce. The Devil's Dictionary. New York: Dover Publications. INC, 1993. p. 80.

在我面前有无数个星斗。
我笔直地躺在它们之间，
宛若链接两面海水的岸，
宛若通往两个世界的桥。

（......）

我比死人更了解死亡，
比活人更了解活着的世界。
噢，上帝啊！—— 有一只小螟蛾，
像个小女孩儿，像一小块儿金丝一样
飞过我的头顶，嘲笑着我。

（王金玲译）

此外，对待事物的严肃和幽默态度也可以整合在一起，其中幽默是对严肃的补充和深化。另外，具有科学性质的前景规划、科学的和神话的世界图景等都可以在外语教学中得到整合性应用。

例如，在以"天气、气候、天气现象"为主题的词汇技能训练课堂上，教师可以提前给出一个富有幽默感的节律诗作为这堂课的导言，引出学生关于喜欢自己的天气的话题以及今天的天气是否与该季节相符的讨论：

Man is a fool:
When it's hot, he wants it cool,
When it's cool, he wants it hot.
He always wants what he has not.

Никакой мы погоде не рады!
Если жарко, мы жаждем прохлады,
Посвежело – по солнцу тоскуем:
Homo Sapiens непредсказуем!

（E. 乌斯季诺娃译）

任何天气我们都不满意！
热的时候我们渴望冷气，
冷的时候我们思念阳光：

27

人的需求让人无法想象！

（王金玲译）

这首小诗为我们讨论人的积极或消极态度奠定了基础，也就是说，可以从不同的情感评价态度出发来讨论同一种天气。

此外，神话故事也可以促进各种科学（语言学）知识的扩展。例如，关于巴比伦塔的传说，在地图的帮助下可以作为课堂教学中讲述不同语族和语系知识的课堂导入。下面举例说明课堂教学中如何设计与语言分布和语言世界图景导入相关的练习链：

1. 请说出地图上的欧洲国家名称。请在地图上找出下列国家：俄罗斯、拉脱维亚、立陶宛、白俄罗斯、乌克兰、波兰、捷克、罗马尼亚、保加利亚、希腊、意大利、奥地利、德国、法国、西班牙、英国、丹麦、瑞士、挪威。

2. 在拉脱维亚讲拉脱维亚语，在罗马尼亚讲罗马尼亚语，在奥地利讲德语。（要记住世界上没有奥地利语！）请运用下列辅助表格举三个例子，说出哪个国家讲哪种语言：

Индоевропейская языковая семья（印欧语系）

Языковая группа 语族	Языки языковой группы 同一语族内包含的不同语言类型
Германская	Немецкий, голландский, шведский, норвежский, датский, английский и др.
Славянская	Русский, украинский, белорусский, чешский, польский, болгарский и др.
Романская	Итальянский, испанский, французский, португальский и др.
Балтийская	Латышский и литовский
Греческая	Греческий
Армянская	Армянский
Иранская	Персидский (фарси – на нём говорят в Иране), таджикский, и др.

注：汉语属于汉藏语系。

3. 你认为哪些语言之间具有相近关系？按下列示例说出你的观

点。请举出两三个例子。

示例：Я думаю, что латышский язык похож на литовский. Ониоба – из группы балтийских языков.

4. 接下来我们来探讨每种语言建立的世界图景问题。请阅读下列短文，转述其内容，并对每个短文的内容作出补充。

1) Когда русский человек стреляет（射击，开枪）то буквально он использует «стрелу»（箭）. А по-английски "to shoot"– очень быстро и резко что-то бросить (мяч, камень,...). Поэтому англичане говорят не только «Don't shoot! – Не стреляйте!», но также " to shoot the winning goal" – забить решающий гол. А как по-китайски «стрелять»?

2) Когда мы говорим «ручные часы»（手表）, это понятно: они на руке. И понятно, когда мы говорим «Это ручная работа»: сделана руками (hand-made). Но мы также говорим: «ручной медведь»（驯熟的熊）или «Я могу приручить (сделать ручным) любое животное!» А как в других языках?

3) Русское слово «огромный» значит «очень большой». Мы можем сказать «огромный дом», «огромная страна». А в английском языке огромный – huge, если объект имеет и длину, и ширину, и высоту. А если предмет плоский (имеет только длину и ширину), надо сказать "vast". Значит, на английском языке «огромная гора» – "a... mountain", «огромная пустыня» – "a... desert". А на китайском языке?

5. 请给出几个不同民族不同语言世界图景的例子。

整合性教学也可以理解为超越一个符号系统范围的教学，也就是真实语言信息或潜在语言信息的口头和非口头编码的整合。

这里所指的是，第一，在言语交际中要引入非口头表达的意义符号作为交际中实现相互理解的工具（如物理数学公式、化学反应式、等式等通用性符号）。在我们解释俄语中 вода 这个词语的语义时，可以用 H_2O 来表示，也就是说，我们可以用 A = B 这样的关系来表达事物之间的关系。

第二，可以依据不同知识领域和活动范畴符号系统之间的相似性，包括不同艺术形态为了达到某种艺术效果所使用的表现力手段的相似性。这里是指我们可以利用"A 类似于 B""A 的功能与 B 相同"等形式来表达事物之间的关系。在外语教学中，非常重要的是教会学生把语篇中的情感表达系统看作是语音、韵律、书写、词汇、句法和段落等因素的统一体，这样才能使学生所做的语言分析（包括译前分析）不局限于那些显性的修辞格或重叠手段。每一种表现力手段的使用都是为了建立与读者的某种情感共鸣。相似和对立、一致和冲突、平衡与失衡、空间和／或时间视角、节奏和韵律是任何艺术形态创作都要使用的艺术手段。在文学作品中是指语音上的韵律、停顿、音节编排上的规律等，在电影艺术作品中是指镜头更替的频率，在绘画艺术上是指色调的搭配规律、画面布景的结构等等。所以在语篇的语言文学分析（也包括译前分析）过程中使用相关艺术形式的术语是完全可行的，如"色彩表现手法""从大到小的布局转换""从高处或低处着眼""诗歌的节奏"等术语。

我们不强迫教师在分析文艺作品时一定要使用跨符号系统的联想词语，但是这种联想词语的使用的确是非常有效果的。例如，如果一个作者用一个哲学性的概括来结束文章的话，那么这种概括就类似于电影中使用的"从鸟飞的高度"拍摄的镜头一样，好像要把整个世界都尽收眼底。在作品的谋篇布局中，这种效果有时要通过由具体化的"他"转向抽象化的"我们"来实现，但在通常情况下，这种抽象化的过程既有句法手段的参与，也有节奏技巧的使用。

下面我们以 M.A. 布尔加科夫（М.А. Булгаков）的长篇小说《白色近卫军》(белая гвардия) 的结尾为例，来分析作者如何通过词汇手段（поднимался, в... высь, звезды）和段落的节奏安排来实现"由大到小"和"由低到高"的谋篇布局的变化的：

... Над Днепром с грешной и окровавленной и снежной земли поднимался в черную, мрачную высь полночный крест Владимира. Издали казалось, что поперечная перекладина исчезла – слилась с вертикалью, и от этого крест превратился в угрожающий острый меч.

Но он не страшен. Все пройдет. Страдания, муки, кровь, голод и мор. Меч исчезнет, а вот звезды останутся, когда и тени наших тел и дел не останется на земле. Нет ни одного человека, который бы этого не знал. Так почему же мы не хотим обратить свой взгляд на них? Почему?

在这两段之前，作者的"脚灯"在黑暗处亮起，从一个大的背景开始移动，一会儿聚焦在小说的一个人物上，一会儿又聚焦在逐渐进入梦乡的另一个人物上。然后"镜头"突然上移，于是十字架变成了一把危险的剑。但是我们的目光却跟着镜头继续向上移动，直到永恒的星空：最后一段作者建构了空间和时间上的永恒，谴责人类要经历的痛苦和人类所带来的致使其无法实现真正生存意义的痛苦。与此同时，小说最后一段的节奏，借助于停顿、列举、句子长短的交替等手法预示着未来的安宁。所有这些手段都类似于电影拍摄中"逐渐拉远镜头"的手法。

第三，不同符号系统的整合也经常出现在艺术作品的创作上，如器乐作品及其名称、绘画作品及其名称，文学作品及其插画、话剧剧本及演出的整合等都属于不同符号系统的整合类型。如果说作品名称有时受到信息真实性限制的话，那么在文学作品中针对主要角色的插画设计则经常采用夸张、突出关键部位、制造紧张氛围等手法。但是作品非语言部分表现力最强的位置是作品的封面插图设计，它既可以起到预先引发情感共鸣的效果，也可以突出作品中具有象征意义的某个细节或者重塑作品中具有中心思想地位的关键情节。因此，这种语言与非语言形式的整合可以描述为"A 是 B 的意义压缩形式"。

由此可以给学生布置一个跨符号系统的作业：在阅读短篇小说（中篇小说、长篇小说、剧本）之后，从互联网上选择一个符合作品内容的封面设计，或者自己根据作品内容独立设计一个封面，但标准是能借助封面阐述作品的主题思想。这个练习比较复杂，同时包括叙述、描写和阐释的成分（只适用于高年级的学生）。这种练习可以成为文学作品分析最后阶段的练习。这种练习类型最好要求学生以书面的形式完成，因为它需要认真细致的思考。而且在布置给学生之前，要给出示例告诉学生如何完成。

例如，在 F.M. 陀思妥耶夫斯基（Ф.М. Достоевский）长篇小说《罪与罚》（*Преступление и наказание*）的众多封面中我们找到下面这幅插图，题目叫《在十字架与斧子之间》。

Э. Неизвестный «Между крестом и топором»

下面的表述可以作为描写性解释的示例，用以揭示小说及其哲学象征意义之间的跨符号关系：«На иллюстрации "Между крестом и топором" изображены два состояния Родиона Раскольникова – до (слева) и после убийства. Через оба лица проходят линии, которые сходятся на голове убитой старухи (посередине). Старуха является мостом из одного духовного мира в другой. Решив проверить свою теорию, Раскольников вступил на этот мост. Однако он совершил ошибку и перешёл в другой мир. Но после смерти старушки этот мост разрушился, и дорога назад исчезла. На протяжении всего романа он ищет дорогу назад. Преступление состарило его: на правом лице - морщины. (...)У левого лица вместо глаз впадины. Это значит, что Раскольников вступал на этот путь как бы слепым. (...) ».[1]

（参考译文:《在十字架和斧子之间》这幅画描述了主人公罗季翁·拉斯科尔尼科夫在死之前（左面）和死之后的两种状态。这两个脸庞之间勾画出一个被杀的老太太形象（在画面中央）。老太太形象是连接一个精神世界和另一个精神世界的桥梁。拉斯科尔尼科夫在做出检验自己的理论之后迈上了这个桥梁。但是他犯了错误，因而进入了另一个世界。但在老太太死了之后这座桥塌了，紧接着回来的道路消失了。在整个小说之中他一直在寻找着回来的路。他的罪行使他变得衰老了：在右侧这张脸上已经出现了皱纹……而左侧脸上眼睛的部位却没有眼珠，只有眼窝。这就表示拉斯科尔尼科夫曾经像个盲人一样踏上了这条路……）

或许在现成的解释和独立完成画面描述之间还需要一个中间环节，那就是根据画面回答问题，以及设计一个主观表述的结尾，如，作者通过这种手段想要强调的是：

1. ......; 2. ......; 3. ......

本章所阐述的整合性教学原则既是外语教学与外语学习的原则，也是教学过程组织的方法，包括课堂教学和练习的综合性组织方法，但不限于此。从综合性角度来看，整合性教学原则可以把看似不可整合的因素——系统性和交际性协调一致。如果把教学过程中某个具体阶段的某个方面看作核心轴的话，那么其他因素就可以围绕这一中心轴重新进行组合。

教学过程的整合性原则可以在不同层面进行（包括练习设计、课堂教学、模块设计、某门课程大纲或整体教学计划）根据聚合关系、逻辑关系、联想关系、语言内、跨语言、学科内和跨学科间的关系对练习进行整合性设计。

整合性教学原则从教师的角度看，其目的是激发学生的学习动机，促使学生形成获取知识和经验的系统性，节省教学时间，提高能力培

---

1 Достоевский Ф.М. Преступление и наказание. Иллюстрации Эрнста Неизвестного. Издание подготовили Опульская Л.Д., Коган Г.Ф. Серия: Литературные памятники. М.: Наука, 1970. С. 808.

养的效率。从学生角度来看，整合性教学原则让学生明白教学过程不能分解成各自独立的组成部分，而是一个协调统一的整体，在这一整体中，不同的课程就像面向同一个世界打开的不同窗口一样，证明了它们属于同一个世界，属于同一个整体。

与语言世界图景认知相关的练习类型，以及与引进其他学科知识相关的练习类型不是徒劳地浪费宝贵的课堂教学时间（与讲解词汇和翻译练习相比），这些练习对未来的教育具有至关重要的作用，因为它们能够教会学生独立提高外语学习能力和独立学习其他外语的能力，促进学生创新思维能力和猜测能力的培养，从而促进他们养成从语言研究者的角度审视语言的习惯和不断扩展背景知识的能力。

第三章 本科院校外语专业的教学原则

> 您可以改变见解，但要坚持您的原则；
> 您可以改变叶子，但要坚守树根。
>
> ——法国作家维克多·雨果（Victor Hugo）
>
> 最危险的谎言是稍作改变的真理。
>
> ——德国作家格奥尔格·利希滕贝格（Georg Lichtenberg）

　　从教学过程的组织原则出发来探讨外语教学是因为原则是决定教师和学生活动的基础。人们对教学原则的态度不尽相同。有些人通常只是简单地提到教学原则，认为教师和学生应该知道教学原则，但完全没有必要去阐释。很少有人把教学原则看作外语教学的核心，把教学原则看作教学的哲学基础的人更是少之又少。因此，我们应该弄清什么是教学原则，为什么每个原则既需要独立探讨，又需要综合考量。

　　教学原则是"确定教育教学过程的方法论基础"，[1] 也是"反映教学过程客观发展规律和确定学生个性发展方向的教学论基础"。[2]因此，教学原则是经过实践检验的、被看作公理一样的准则，它决定教学活动的特点和结构，且与确定该教学活动特征的其他原则不构成对立和矛盾。教学原则的确定取决于具体讲授的课程及其特点，取决于教学

1　Миролюбов А.А. Принципы и методы обучения иностранным языкам // Методика обучения иностранным языкам: традиции и современность. Обнинск: Титул, 2010. С. 50-62.

2　Сластенин В.А. Педагогика Учеб. пособие для студ. высш. пед. учеб. заведений / В. А. Сластенин, И. Ф. Исаев, Е. Н. Шиянов; Под ред. В.А. Сластенина. М.: Издательский центр «Академия», 2013. С. 576.

目的和条件以及要达到的预期效果（在术语上也称为能力）。

任何一种教学方法，或者说任何一种教育理念，都是围绕一个核心建立起来的。同一种教学原则可以应用于不同课程的教学之中或者同一门课程的不同教学方法之中。但是不同教学原则的整合以及不同教学原则之间的相互关系是一种教学方法建立的基础。也正因为如此，才产生了"教学原则是教学的基础"[1] 这样的观点。这种观点旨在证明，不能不考虑具体的教学内容而不假思索地、生搬硬套一些自己喜欢的教学方法。[2] 对于那些看似光鲜的教学方法采取不加分析的拿来主义的做法的危害性巨大，关于这一点苏联教育家 Z.M. 茨维特科娃、B.A. 拉皮杜斯、N.I. 盖兹（Н.И. Гез）等都曾在自己的教学法讲座上强调过。罗马尼亚学者 G.S. 马特伊（Г.С. Матеи）也对此提出了同样的警告。她认为，每个师范专业参加教学实习的学生都应该开展独立自主的教学研究，而不能局限于观察和模仿他所在教学实习班级的中学教师的教学方法和手段。[3]

因此，现行的教学方法应该从它们的目的、在课堂结构中的地位以及它们与教学原则是否相符的角度来思考，而不同的教学原则应该从互为条件的关系角度来探讨，对教学原则的分类可以帮助我们看清它们之间的相互依存关系。例如，H.D. 布朗（H.D. Brown）把教学原则分为三种类型：认知原则（即与人的认知过程相关的）、情感原则（即与人的情感范畴相关的）和语言学原则。[4]

根据他的观点，认知原则包括自然习得原则和有意获取原则，他同时强调人的内部动机的重要性，他认为内部动机与外部因素的区别在于，内部动机与对意外收获的期待无关，而与从外语学习活动本身获得兴趣和满足感相关。

布朗把语言个性的培养、自信心的培养、对语言与文化关系的遵循等原则都划归到了情感原则，与此同时，他引入了一个让人意外的

1　Brown H.D. Teaching by Principles: An Interactive Approach to Language Pedagogy. Upper Saddle River, New Jersey : Prentice Hall Regents, 1994. p. 467.

2　Ibid. p. 15-16.

3　Ibid. p. 24.

4　Ibid. p. 16-32.

原则——即冒险精神的培养，作者把这一原则界定为借助于语言猜测手段来建构和解释句子的一种尝试精神。[1]

对于语言学原则的分类，作者对母语影响的关注引起了学界广泛的兴趣。作者一方面承认母语对外语学习具有强烈的干扰，但同时又指出，母语对掌握外语来说至少具有同等程度的正面影响，尽管这种影响没有得到应有的关注。[2] 关于语言助手在外语教学中的作用问题本书中单独在第一部分第五章中做了单独的阐述。

下面我们只探讨外语教学的基本原则，即指导本书提出的外语教学方法的原则：

一、认知教学原则

这种原则是传统意义上的自觉性教学原则的发展，包括自觉性教学原则的基本准则，具体如下：

（一）先讲授规则，再训练规则的用法

在这种情况下，规则不总是以现成的形式给出，可以让学生从例句中推导出来。例如，刚开始学习汉语的学生，可以自己根据例子总结出一般疑问句"你有……？"和选择疑问句"你有没有……"的结构特点：

Ni yǒu jiějie ma?

Ni yǒu méiyǒu jiějie？

（如果是选择疑问句，是否需要使用语气词"吗"？是否需要使用区分连接词"还是"？——这些使用规则都由学生自己总结出来，但是在训练之前要给学生时间来总结规则。）

（二）用言语行为术语表述教学目标

这里就产生了认知原则和交际原则的交叉。众所周知，技能只有在它已经形成的条件下才可能得到自如的应用。语言形式类的练习（如

1　Brown H.D. Teaching by Principles: An Interactive Approach to Language Pedagogy. Upper Saddle River, New Jersey : Prentice Hall Regents, 1994. p. 24.

2　Ibid. p. 26.

"把括号里的词语变成适当形式""把肯定句变成疑问句"等）能够帮助学生弄清所学语言现象的形式，但是这些练习也只是语言技能形成的一个条件而已。所以学生应该弄清通常在什么交际情景下使用这一语言现象，它具有哪些交际功能。例如，在讲解外语数词时，教师应该（用学生的母语或中介语）这样介绍本课的教学目标：你们将学会听记电话号码，说出一个人的年龄；你们将会听懂买多种东西时一共应支付多少钱等等。而在讲授"надо /нужно + 动词不定式"这一语法结构时，我们要告诉学生，他们将学会如何给朋友提建议，学会解释为什么他们明天不能见面（如需要做某些重要的事情）等等。这时，语言材料的掌握就不会被学生看作是学习的最终目标，而会把语言材料看作是进行交际的工具。

（三）学生在每堂课的结尾要进行总结

建议在教材的每个部分（或每一课）的结尾都列举出学生已经掌握的言语能力，如：现在你们已经能够表达……你们已经学会解释……等等。[1] 但是因为教材的一个部分一般都需要用几节课的时间来完成，因此拓展学生言语能力的具体任务要么由教师来完成，要么需要在教师的指导下由学生自己来完成。这种反思性总结（如：我们今天学会了表达什么，为了实现正确表达我们需要遵守哪些规则等）能够促进学生的自我校正、自我评价以及提高学生对自主学习的理性认识，即提高其自我学习的主动性并帮助他们确定正确的学习方法。

（四）学生要清楚每个练习的目标

对于翻译专业的学生来说，这些练习可以帮助他们将来独立学习其他外语，而对于师范专业的学生来说，这些练习还能促进其职业化能力的提升。例如"听下列观点并表达自己同意与否"这样的练习可以解决下列语言难点：

1. 格的变化难点：Были *трудности* или не было *трудностей*?

2. 动词变位难点：– Вы ведь *ездите* ... в университет на автобу-

---

1 Учебник китайского языка для русскоязычных взрослых. Начальный этап /под ред. Ван Цзиньлин, Я.М. Колкера и Е.С.Устиновой [Текст]. СПб. : Алеф-Пресс, 2017. С. 470.

ce? – Нет, я *езжу* в маршрутке.

3. 动词体的变化难点：– Надо туда *пойти*. – Нет, не надо туда *ходить*.

甚至还可以考虑设计依托第二外语的练习类型：是否需要用第二外语给出相似的练习指令，类似的指令是否会增加练习的价值？

（五）学生要清楚每个练习的完成要求

例如：读对话，说出谁的行为频率更高：第一个说话人，还是第二个说话人？

– Я хожу в кино по воскресеньям. – А я хожу в кино два раза в месяц.

– I go home two times a month. – And I go home six times a year.

该练习是训练学生快速理解当事人的行为频率状况并能快速解决交际任务，解决问题的方式是计算每周几次，每月几次，每年几次。

因此，外语教学的认知原则就意味着对学生思维能力的培养。

（六）学生要清楚言语和非言语行为的约定俗成

从最基本的言语礼节——对"你"和"您"的称谓选择开始，在正式书信中对上级的称呼需要选择 «Как тебя зовут?» 还是 «Как вас зовут?» 等等。要知道，低俗的文化错误比语法错误更可怕。

（七）学生要意识到有效言语交际对语言的要求

包括逻辑的正确、选择的理由要符合逻辑、选择的词语要得体等等。

（八）学生要学会在不同交际情景中选择适当的表达方式

例如，学习汉语的俄罗斯学生需要弄清楚对待什么事物和什么人可以使用"喜欢"这个动词，而不能用这个动词替换俄语中所有使用动词 любить 的情况。

二、交际原则

（一）言语训练性练习一般要具有真实交际目的

语言形式类的练习，也就是非交际性的练习形式同样也需要交际目的，例如语音练习或者分析句子结构的练习以及根据上下文猜测生词意义的练习等。但是在言语训练的过程中，以语言形式为主的练习类型不是练习的目标，而只是解决言语交际任务的工具。

请比较具有同一难度的语言形式类练习和交际类练习的区别（内容都是把肯定句变成疑问句）：

1. 请对句子的补语或状语提问。

– He lives in Peace Street. – Where does he live?

– They came back at eleven. – When did they come back?

这样的提问没有任何交际价值，因为答案已经给出了。因此，要想使问句具有交际价值，需要替换问题的指令并对示例进行修改。这样，练习就会变成虚拟交际性的，也就是变成了角色演练游戏。例如，请提出进一步确认的问题，并把逻辑重音放在疑问词上：

● А где именно? А когда именно? А что именно?

– He lives quite near. – Where does he live?

– They came back very late. – When did they come back?

2. 请把括号里的动词不定式变成完成体将来时形式。

● В понедельник он (пойти) к врачу.

● Завтра в пять часов я (встретить) вас на вокзале.

这种把动词不定式替换成将来时形式的练习也可以做类似于上个练习的改动，使其获得交际价值，如：请做出一定完成某件事情的承诺。

– Ты кашляешь. Тебе надо пойти к врачу. – Хорошо, в понедельник я пойду к врачу.

– Кто-нибудь сможет завтра встретить меня на вокзале? У меня будут тяжелые сумки. – Хорошо, я встречу тебя/вас на вокзале.

（二）言语应该具有交际对象

任何一个句子都要具有"交际情景"，即要明确我们的话语是面向谁、什么目的、交际对象对问题了解多少、对参与问题的讨论有多大兴趣。无论是在现实交际情景中，还是在分角色演练的虚拟交际情景中都没有必要对听话人说出那些尽人皆知的信息（如一年有四季、秋季天变短、夜晚变长这样的信息）。但是，这个尽人皆知的事实用于有些场合却是有特殊含义的，如一个人在讲述自己心情的忧郁时，或者在讲述这个季节在南美洲或者澳洲有哪些自然现象的变化时。因此，每一本外语教材中涉及的各种标准化"题材"对于交际来说，不过是一种"原材料"而已。

说到交际习惯，那么大多数欧洲文化的言语礼节都要求说话时直视交际对象的眼睛。学生们却经常把这个要求看作是不让其看课文和根据记忆复述课文的需要。经常是学生在尝试回忆课文内容时，把眼睛转移到一个空旷的空间，而不是注视交际对象的眼睛。当然，在现实生活中也存在一些人在交际过程中不看对方眼睛的情况，因为他在说话的同时可能正在忙其他的事情，但是不管怎样都要教会学生眼神上的交流，因为眼神可以让学生养成从交际意图出发的习惯（无论是现实交际还是虚拟的分角色表演）。

（三）言语表达要真实自然，反映说话人情绪特点

话语不一定非要具有情感表现力，它甚至可能是没有任何激情的，如果现实交际情景要求说话人持这种态度的话。但是说出来的话语不应该像机器人说出的语言一样。听话人应该感受到说话人的心情是平静的还是激动的、是高兴的还是忧伤的、是友善的还是愤怒的。心情因素可以在练习指令中做出规定（单一明确的或可以选择的），也可以由学生根据话语内容自己做出判断。

譬如，在对比动词未完成体和完成体过去时的区别时，在要求把动词变成需要形式并复述句子内容的练习中可以给出这样的指令：抱怨一个人今天的表现与平时不同，并表达出气愤和忧伤的情绪。

- Всегда приходил, а сегодня не пришёл!

- Всегда звонил, а вчера не ...!

- Всегда прощал меня, а в последний раз не ...!

- Всегда улыбался мне, а сегодня прошел мимо и не ...!

在可能的情况下，在言语训练性的练习中应该提出现实问题，调动学生的通识性知识、实践经验或者智力因素。这时，练习虽然在完成方式上具有形式化的特点，但在内容上却获得了交际性特征。这种练习使学生在解决问题的同时，能够运用自己的背景知识或猜测能力。

如：请说出两个客体之中哪一个具有历史更悠久、寿命更长、更贵重的特征。

- New York, London (old) – London is older than New York.

- Велосипед, мотоцикл (дорогой) – Мотоцикл дороже, чем велосипед.

- Шекспир жил (рано/поздно), чем Ду Фу. – Шекспир жил позже, чем Ду Фу.

三、积极参与原则

课堂教学过程中每个学生都应最大限度地参与到言语训练之中。

积极参与原则是指在训练说的技能时，需要以两个人一组或三四个人一组的方式合作完成。学生可以小声交流（但不是用耳语），而教师要按顺序聆听每个小组的讨论。而读和听的技能训练可以全班学生共同完成的方式进行。在做听力练习时，教师要让学生默写出正确答案，不能提示其他同学，只有在完成听的全部内容之后才能让全班同学一起来检查听力练习的结果是否正确。如果听力练习被拷贝在电子设备上，且教室里具备耳机设备，那么，所有学生可以同时完成说的练习，这样彼此互不妨碍。

（一）新知识的讲解阶段

如果时间允许，在讲解新材料时最好不直接给出现成的语言规则，而是请学生在例句分析的基础上自己归纳总结出规则（即归纳法）。如果时间不允许，那么可以直接给出规则，但是学生要马上检验规则在言语交际中是否有效（即演绎法）。

例如：用下列动词的适当形式填空。

	Всегда, часто, каждый день	Сейчас
To go on foot, to walk	Хожу, ходит, ходим ...	Иду, идёшь, идёте ...
To go by some transport	Езжу, ездишь, ездят ...	Еду, едешь, едут ...

– Алло, ты где? – Я в машине, я _____ на работу. А ты где? – А я на улице, я _____ в магазин.

Она _____ гулять по воскресеньям, а в рабочие дни на работу и домой на трамвае.

（二）纠错过程

在纠错过程中，如果学生有能力自纠错误的话，不建议直接给出正确答案。但是如果学生自己发现不了错误，那么还是需要指出学生错误的类型，可以借助提示性问题、使用学生母语、图示等手段来提示错误。譬如，对于学习汉语的俄罗斯学生来说，在选择汉语的量词时会遇到很多困难，于是他们会用一个万能的量词"个"来替换：我需要一个领带。Wǒ xūyào yī gè lǐngdài.（Мне нужен галстук.）在这种情况下，教师可以用俄语来提示"领带是一种长型的东西"，或者用手势示意领带的形状，这两种方法都可以让学生发现自己的修辞错误，从而把量词换成正确的"条"：我需要一条领带。

如果学生所犯的错误是不理解所致，那么就需要对错误进行改正或者给出补充性的解释。譬如，中国学生常常会把 ворота 这个词看作单数阴性的名词形式（如 работа）。首先这个词经常出现在对足球或冰球比赛的描写中，所以学生们不明白"球门"这个词为什么是复数形式。为了使这样的错误不再发生，需要给学生讲解，过去每个院子都有一个面向街道的门。也就是说，这个门是由两扇对开的门组成（请比较 ворота – поворот）。由于外形上的相似，ворота 一词还有"窗户"的意思。

四、通俗易懂和循序渐进原则

每个练习中都应该只设计一个基本难点（其他难点与已经学过的材料或者已经掌握的言语行为相关，但已经不需要投入更多的精力）。其中，上一个练习的目标应该成为实现下一个练习目标的条件。换句话说，每个练习的设计都应该遵循下一个比上一个"加一个难点"的原则，就像我们沿着台阶一个一个地向上走一样。例如：

1. 请说出楼的门牌号：улица Мира, дом 47.

（这里的基本难点是快速地说出俄语基数词。）

2. 请说出一个人的年龄：Петру 43 ... Анне 18 ... Отцу 51 ...

（这里的难点在原来的基础上增加了一个：在 год, года, лет 三种形式之间做出选择。）

3. 朗读下列句子，说出今年这个人的年龄：Нина родилась в 1993 году. В этом году ей будет ...год/года/лет.

（这里的新难点是需要计算出年龄。）

需要注意的是，即使是同一个练习中的不同例句也可能具有不同的难度，如：请比较下列对肯定句的提问。

– Я сплю очень мало. – А сколько ...?

– Мы живём недалеко . – А где ...?

– Я встаю очень рано. – А когда ...?

– Он работает в больнице. – А в какой больнице ...?

在这几个提问之中最简单的是最后一个，因为不需要更改动词的形式。而其他几个句子中难度更大的是带人称代词"我"的句子，因为在俄语中学生需要决定是用代词"你"还是"您"提问。而在英语中这个练习的每一句的难度都相同，因为所有句子都需要改变句子结构。

如果用第三人称形式转述课文《关于自己》时，汉语中是最简单的，只需要替换代词即可。而英语和俄语中却还需要改变动词的形式（живу–живёт, live–lives）。

对于教学材料的组织，特别是初级阶段的教学，不应该是线型的，而应该是同心圆型的。

这个意思是说，对于新出现的句型、词汇单位、主题和交际情景，要保证它们在已学过的语言材料中的复现率，也要把学过的言语行为不断地应用到新的情景。例如，在讲解俄语数词时，应该与一年四季的名称、词汇单位 уже, еще (не), рано, поздно, пора 以及不定人称句的言语行为结合起来，这样就能保证用最少的语言材料训练学生的反应能力、把各个句子串成线的流利表达能力以及根据句型分角色演练对话的能力。

例如：

– Уже поздно. Пора ужинать(спать, завтракать, обедать).

– Нет, еще рано. Еще восемь часов!

– Нет, не восемь! Уже девять!

– Девять? Да, пора ужинать.

如果发现学生完成练习有难度，那么就要把它分解成几个部分，告诉学生应该怎样正确完成练习的每个部分，然后再把这些部分重新组合起来。

例如：仿示例，根据情景做简单的交流：您找不到自己的东西了，请表达自己沮丧的心情。

– Возьми мою <u>ракетку</u>. – Твоя мне не <u>нужна</u>. Я хочу найти свою ракетку.	Не нужен, не нужн*ы*. Часы, телефон, мяч, клюшка, зонтик, коньки, сумка, шарф, перчатки, куртка.

这里有三个难点：

难点一：选择物主代词的性和数的形式：мой / моя / мои.

难点二：选择第四格的形式。

难点三：选择适当的形容词短尾形式：нужна / нужен / нужны.

因此，在对话交流之前首先要练习 нужен, нужна, нужны 的重音变化，也可以让学生根据上述表格把右侧所有名词与该形容词的短尾形式和物主代词形式做搭配练习，如 нужны – коньки, перчатки, свою

– клюшку, сумку, куртку 等。

五、科学性原则

（一）规则是正确决策的基础

例如，汉语中的状语是否总是放在动词之前？任何状语都要放在动词之前吗？英语中在首次提到客体时需要使用不定冠词，那就是说后面再出现该客体时一定要用定冠词吗？

（二）不同语言反映的世界图景不同

对于同一种意义，每一种语言都有自己独特的表达方式。学生们应该看到，一个句子的意思要切分成更小的成分，而这些更小的成分又按照不同的方式组合成句子。例如，同样一句话在不同的语言中表达的方式不同：

俄语：В этом году мне будет 35 лет.

英语：I will be 35 this year.（字面意思为：我将要 35 岁了。）

汉语：今年我三十五岁。

与此同时，如果说英语和俄语的差别只是语法结构上的差异（如俄语中不能说 Я буду тридцать пять），那么汉语和这两种语言的差异则不仅在时间范畴上，还有概念范畴上——汉语中的时间范畴完全是另外一种图景。当然，汉语中也可以借助副词"将"来表达生日还没有到。但是在很多情况下中国人都认为副词"将"是没有必要的。由此得出下一条原则。

（三）语言的区别在于表达方式的差异

譬如，英语中如果不指明轮子的数量（bicycle 或 tricycle）就不能表达"自行车"这个概念。俄语中却没有 I go 这样的表达，因为必须要明确是步行还是乘坐交通工具。在 В руке она держала сумочку 这句话中用英语必须要明确"在谁的手里"（... in her hand）。在俄语中，如果不明确教师的性别，就不能说 My schoolteacher。汉语中对于许多有亲属关系的人不能简单地对应俄语中的 брат, дедушка, тетя 等词语，而是必须要明确是父系还是母系的亲属以及比说话人年长或年少等因素，而俄语和英语中这一信息只有在必要时才会明确。

教学中不仅要给学生讲授词语的独立语义，而且要在可能的条件下讲授词语的个别意义所依存的类概念。例如，俄语中的根词 *след*（footprint, отпечаток ноги）是很多具有其他意义词汇的词根，但这些词汇的意义都与这个词根最原始的意义有关，如：*следуй за мной – иди по следам*, *следующий* (идущий за кем-то *след-в-след*), *причина и следствие* (*следствие* идет за причиной), *последний* (в конце линии идущих по *следу*), *следователь* – идущий по следу преступника 等。

由于汉语具有孤立语特征，其词语的亲缘关系借助于汉字的词形结构比俄语更明显。例如，俄语中形容词 отвратительный 与 ворота, воротник 的亲缘关系不是马上就能发现，它们在 поворачиваться, отворачиваться（转弯）这个义素上属于同根词。汉语中复合词语的语义在很大程度上都是有构词依据的，这一点有利于汉字的记忆，如"电"这个词就与很多概念相关，如电脑、电视、电影（院）。

这种词汇认知方法源于对共同概念的理解，这种方法首先可以帮助学生看到相对完整的世界图景的一个部分，其次能够促进学生记忆更多的词汇，再次，可以拓展学生的潜在词汇量。这就是说，在学生不认识单词时，他可以自己根据最小的词汇构成的周围特征来推测词的意义——这里说的周围特征不是指上下文，而是词语本身的构成要素。词汇单位概念意义上的亲缘关系把科学性原则与下文要探讨的系统性原则紧密联系在一起。

六、系统性原则

系统化能够促进语言材料的深入理解和牢固记忆。被系统化的客体之间彼此关联，经常从记忆里共同浮现出来，也就是说，它们之间的彼此联想是通过相邻关系实现的。系统化能够帮助我们通过语言世界图景的片段来发现相对完整的结构。

（一）语言层面的系统化

1. 语音层面：例如，汉语中所有（已经学过的）成对的送气音和非送气音：b-p, d-t, g-k 等，俄语中所有成对的硬辅音和软辅音等都可以被系统化。

2. 拼写法规则层面：例如，英语中哪些字母组合可以读 [k] 音或者 [iː] 音；俄语中在清辅音和浊辅音前的前缀应该如何拼写等。

3. 阅读规则层面：例如，对外汉语中的变调规律，英语中的四种音节类型，俄语中的非重读音节的元音弱化规律等。

4. 词汇层面：同一主题的词汇（如家具、宠物、课堂上教师和学生完成的行为等），同一个词汇在不同上下文中的不同意义，母语中多义词的不同意义与外语词汇意义的对等翻译，具有派生功能的、与原始概念意义相关的同根词等。

5. 语法层面：疑问词，疑问句类型，情态动词及其意义，汉语中的量词，俄语中的命令式构成方式等。

6. 言语功能层面：所有表达问候、请求原谅、遗憾等的用语。这种系统关系能够培养学生的替换表达能力，帮助学生变换句子形式，避免句子的枯燥单调，降低学生担心忘记单词和句子结构的恐惧感，培养学生的自信心，让他们相信，思想一定会通过某种适当的方式表达出来。

（二）系统化在语言现象理解和应用中的作用

语言现象的系统化可以通过两种途径来完成：

• 从形式到内容（如何理解我们所读或者所听的内容？）。

• 从内容到形式（如何用外语表达母语中的多义概念？）。

系统化既是对已学知识的概括，也是对未来的预知性概括。乍看起来，概括未学过的内容似乎是有些荒谬的。但预知性概括是一个很重要的策略。学生们在了解还未学过的语言单位的意义时，虽然还不了解词的形式，但是在记忆中却为后续的填充事先开了一个"筛孔"。

比如，一个学习汉语和英语的俄罗斯学生，他需要弄清俄语中一个多义词的全部内涵，以选择一个适当的外语词汇，使它与一个比俄语词意义更窄的词汇相对应。例如：

***Узнать* =**

получить сведения	得知 dézhī, 知道 zhīdao	(learn)
выяснить, разузнать	打听 dǎtīng	(find out)
опознать, признать	认出 rènchū, 认得 rènde	(recognize)

这是一种从内容到形式的系统化过程，这种系统化方法要从学生学习这门外语的一开始就要开始应用。应该指出的是，一个外语单词不可能在学生的母语中找到完全对等的词语。例如，在讲解汉语中"知道"这一动词时，教师要马上说明，这个词在哪个意义上与俄语中的词义相符，并通过所谓的"虚拟情景翻译法"（根据茨维特科娃的术语）来检测学生是否理解，如：

请判断在把下列俄语句子翻译成汉语时是否可以使用汉语动词"知道"，并说出为什么。

● Она не дала мне свой номер телефона, но я его непременно узнаю!

● Он так изменился, что его трудно узнать.

从形式到内容的系统化过程涉的基本是所学外语的多义词，所以这一过程中使用的基本上属于概括性的系统化过程，即根据所获得的外语学习经验进行推理概括的过程。例如，一个学习英语的俄罗斯或中国学生，可以根据学过的例子来概括出动词 get 的意义：

***To get* =**

получать	收到 shōudào
стать	成为 chéngwéi
добираться	勉强地走到 miǎnqiǎngde zǒudào
заставить, добиться от кого-то	迫使 pòshǐ

再举一个例子——俄语中的词语 пожалуйста 在不同的上下文中有多个含义：

礼貌请求的伴随词语；

表达允许；

应用于对感谢话语的回应。

这个词一般在开始的时候只给出与第一个含义对应的外语词语：please，请 qǐng，然后再逐渐给出这个词的其他言语功能。

如果给出这个词的系统化含义，那么，首先，俄罗斯学生在使用 пожалуйста 对应外语相关词语时要考虑它的不同交际含义，其次，пожалуйста 这个词的其他含义也会被逐渐接受。这种系统化的方法也将被应用于语法现象的讲解（参见本书第二部分第二章《语法教学》章节）。

七、互动性原则

不是每个交际性的练习都是互动性的。互动性是指根据练习设计的条件而共同实现练习目标的一种活动，需要各参与方互相倾听彼此，并要考虑其他人说过的信息。互动性练习可以全班一起完成，也可以由几个人或两个人的小组完成。

如果交际对方做出的反应取决于是否要完成说话人的请求的话，那么互动性练习也可以通过有辅助性词语的对话来完成，这里我们将探讨两个具有辅助性词语的对话。第一个练习的目标是训练 слишком (прилагательное), чтобы... – too old to play tennis 这一句型的用法，而第二个是训练特殊疑问句的用法。

- – Why doesn't A. get a pension? (*work, go to school, etc.*)

  – He (She) is too young to get a pension. (*busy, lazy, old, etc.*)

- – How old is A.?

  – He (She) is .... years old.

  – What does he (she) do?

  – He (she) is a teacher. (*an agronomist, an engineer, etc.*)

  – Where does he (she) live?

  – At 27 Tolstoi Street, flat 6.(*any numeral, any name*)[1]

---

1 Лапидус Б.А., Неусихина М.М., Шейдина И.Л. English Through Practice. Москва: Высшая школа, 1975. С. 158.

在第一个对话之中，答话人应该瞬间做出决策，是什么因素（年轻、年老、懒惰、忙碌等）影响人完成上述行为。在这里预测的策略应该起到积极的作用，就像在真实情景下的对话交际一样。而在第二个练习中，所有的答话都可以事先准备，而学生只需要确定，他的交际对方谈到的是男人还是女人。所以第二个对话就没有满足互动性原则，而且也不能提高学生的现实交际能力。

一种特别有效的互动性练习是追问补充信息。一般情况下是学生对老师的追问。老师先介绍自己的相关信息，然后让学生询问某个主题中缺失的信息，然后再对他们新了解的信息进行总结。例如：

I am afraid I am not much of a traveler. In fact, I am a stay-at-home kind of person. (Опытным путешественником меня не назовешь. Скорее, я домосед.)

学生可能提出的互动性问题：

● Почему? Is it a question of time? ...of money? Do you think traveling is a waste of time?

● Где вы побывали? Have you ever been abroad? Did you go there on business or for pleasure?

● Как вы проводите отпуск? Do you stay at home on vacation?

提出互动性问题的条件是不能重复已经提过的问题，也不能从一个主题突然过渡到另一个主题。所以每个提前准备好的问题都可能在提问题的过程中发生改变，这是保证交际对象之间互动的需要，更是保证教师和学生之间互动的需要。

八、不同言语活动类型之间的相互关系

一百多年来，外语教学中得到的一个共识性原则是 Teach to speak by speaking, teach to read by reading（即"要教会学生在说的过程中学会表达，在读的过程中学会理解"）。这个观点在某种程度上来说是正确的，因为不能通过死记硬背和只做形式上练习的方式来教会一门外语。

但是，我们教学生用外语说话不仅要通过说的练习，还要通过听、

读和写的练习。同样道理，我们教学生听懂也不仅仅是通过听的练习，还要通过读和说的练习。

每一个听力训练任务最好要以读的形式先训练，因为读的时候可以不慌不忙地思考并能找到解决语义任务的方法。因此，阅读是培养听力技能的有效手段。

例如下列巩固与行为频次相关的单词和句子的练习：

请说出哪个说话人更经常做这件事情：第一个人还是第二个人。

● – Я хожу в кино по воскресеньям. – А я хожу в кино два раза в неделю.

(– I go to the cinema on Sundays. – And I go to the cinema two times a week.)

● – Я плаваю в бассейне каждый вечер. – А я плаваю в бассейне по понедельникам и средам.

(– I swim in the swimming pool every evening. – And I go swimming on Monday and Wednesday.)

● – Я хожу в театр (один) раз в месяц. – А я хожу в театр пять раз в год.

(– I go to the theatre once a month. – And I go to the theatre five times a year.)

解决上述语义任务的方法（在阅读的过程中所做的分析过程）：

每周日一次，那么一个月有几次？（4次，有时是5次）一个星期两次，那么一个月有几次？（8次或者9次）

每个晚上，那么一周一共去几次？每逢周一和周三，那么一周一共几次？

与此同时，听力练习也可以帮助学生提高说的能力。例如，在上一个练习完成之后，学生会很容易地回答«Как часто ты ...(ходишь в кино)?» 这样的真实语境的交际性问题。

因此，外语初级阶段的教学组织应该具有综合性质，要让读、听、说的练习相得益彰。关于这一问题的阐述详见第二部分第二章。

综上所述，教学原则是教学过程的指导原则，而不是生硬的教条。

无论使用哪种教学方法，都要遵循严格的教学程序，教师要始终把教学过程当作一个静态的整体来把握。在这个大前提下，教师应该遵循练习设计的循序渐进原则。如果能遵照这些教学原则，那么教学法理论所倡导的课堂教学思路设计或者课堂教学学案设计（详见第三部分）对于教师来说就不是一件难事儿，而会让教师感觉自己是教学法理论的合作者和实践者。

第四章 本科院校外语专业的教学技术

> 教别人，相当于学习了两遍。
>
> ——法国道德家约瑟夫·儒贝尔（Joseph Joubert）

在探讨外语教学技术发展趋势这一问题之前，应该先确定"教学技术"这一概念的内涵并在交际认知外语教学法视阈下来解释这一术语。"教学技术"的多义性导致这个术语在使用上容易发生混淆。其含义包括：教师所使用的各种教学技巧的总和；现代化的教育技术手段，包括电脑、网络及当下非常流行的各类教学软件。

在任何情况下，外语教学技术都是指组织和优化教育过程的方法和手段，正是因为有这些手段，才能保障教学过程具有交际性，才能对获取的能力进行概括和总结，并能在课内的教学语境和课外真实交际语境下运用各种能力。

教学技术的应用也使大多数具有虚拟教学特征的不同阶段的教学收到了良好效果。此外，教学技术也能为实现学生之间以及学生与教师之间的互动奠定良好基础。同时，教学技术还能够节约教学时间、加快教学进度，缓解学生的紧张和压力，并使课堂教学的不同阶段（知识讲解、言语训练和言语实践）表现出多样化特征。教学技术能够不断监控学生的技能和能力在形成过程中的掌握程度。教学技术包括教师展示发音动作和发音特点的手势语、为训练学生记忆而使用的拓展性句子和组织的鱼贯式练习、为保证学生之间交流而调换学生的座位等手段。

在这一章我们将集中探讨教学技术的第一个含义——不依赖于各种现代化技术手段的教学技巧。同时，教师应该具有的教学技巧又可以分为教学材料的加工技巧（如编写学案）和授课技巧，而授课技巧是这一章要探讨的主要方面。

一、外语专业教学技术示例

（一）发音教学技巧

外语院校从事师范专业和翻译专业外语教学的教师，应该关注自身的语音教学能力，应该培养学生认识发音器官，并根据以下观点确定发音技能训练的教学技巧：

1. 发音动作和发音是相互依赖的过程，但不是等同的过程。在发音动作的练习设计上对于培养师范专业和翻译专业的学生来说要有所区别。对于师范专业的学生来说，发音动作练习是展示发音动作是否正确的一种方式。对于未来将从事教师职业的学生来说，发音训练时应稍微夸大一下发音器官的发音动作，并要求学生在发音技能形成之后在保留发音动作的同时消除练习过程中的夸大动作、回归到正常发音动作。而对于未来将从事翻译的学生来说，也应该训练其非常清晰的发音能力，但要采用不出声跟读的方法（即只用具有伴读和伴听作用的外部口型跟踪的方法）这种方法能够帮助别人理解翻译人员的话，哪怕在听不清他的声音的情况下。

2. 语音教学技巧取决于语音教学的原则：先教辅音，再教元音，元音教学应该借助于学过的辅音和元音组成的各种音组来进行。

3. 在训练外语发音之前，要先进行母语音和外语音的成对儿听辨对比练习，只有这样才能形成学生良好的发音基础。

此外，还需要做一些分辨外语内部的近似音的对比练习（如：o和y，б和п以及硬辅音和软辅音之间的对比练习）。对于所学外语中成对儿音的选择要考虑到学生母语的音位系统。例如，对于大多数以欧洲语言为母语的学生来说，不需要训练以辅音开头的俄语清辅音和浊辅音的听辨，因为语言之间的正迁移使这种技能自然而然地形成。而对于学习俄语的中国学生来说，这种听辨训练要持续几周甚至几个月的时间，因为在汉语的辅音（声母）系统中，[b] 和 [p], [g] 和 [k], [d] 和 [t] 之间不是按照浊音和清音的关系来分辨的，而是按照是否存在送气的动作，所以，这个区别无论是对于学习俄语的中国学生，还是对于学习汉语的俄罗斯学生来说，都是难点。

4. 在讲授俄语语调时，因其与汉语的声调特征具有明显的差异，所以最好要借助于英语中介语来讲授俄语肯定句和疑问句、一般疑问句和特殊疑问句以及反问句的语调。例如：– Today? – Today. – Whose? – Whose? Mine, of course!

（二）语法教学技巧

在语法教学中（与词汇教学一样），学生对语法规则的掌握程度不仅取决于练习的语言功能和交际价值，更取决于教师如何去组织练习的具体实施过程。例如，在引入一个新的练习类型之前，学生应该清楚为什么要给出这个练习，它能让学生学会什么。这一点不仅对于师范专业的学生重要，对于翻译专业的学生也很重要，因为翻译专业的学生可能面临着自学其他外语的任务。这一点对于营造合作的课堂氛围也是极为重要的，因为学生不是简单地服从于教师的指令，而是要主观意识到做此类练习的重要性。此外，给出如何做练习的示例也是非常重要的。

即使是大家都熟悉的诸如把括号中的词语变成需要形式或者根据辅助性表格造句子这样的练习类型也需要教师使用一定的教学技巧。教师还要想到，练习中除了具有基本难点之外，可能还有导致学生出错的其他难点。所以，一个练习在做之前要先进行难点的排除，然后才进入到技能训练阶段。我们以下面这个具有辅助性表格的练习为例做教学技巧的详细分析：请运用下列句型向父母说明你需要买哪些新东西。

Я больше не могу носить...	этот эту это эти	платье. свитер. шарф. брюки. пальто. куртку. перчатки. сумку. рубашку. ботинки. туфли.	Этому Этой Этим	платью свитеру брюкам шарфу пальто куртке перчаткам сумке рубашке ботинкам туфлям	... три года. ... четыре года. ... пять лет. ... много лет.

对待错误我们总是要防患于未然，这远比出了错误之后再纠正要好得多。所以，首先要对第三列的所有词语进行单独的性数格搭配关系训练，如：«носить эту.., носить эти...» 等，也就是说，先训练学生使用正确的语法搭配。我们以同样的方法来规避表格右侧的第二部分可能出现的第三格错误。只有在这之后我们才能进入到言语训练环节，学生要说出一句独白——抱怨自己的东西已经陈旧到不能用的程度。接下来可以对练习的完成方式稍做改动，让两个学生一组完成对话练习，让听话人对说话人的话提出一个表示怀疑的问题。例如：

– Я не могу больше носить эти перчатки!

– Разве этим перчаткам уже много лет?

这样，在改变练习形式的同时，我们不仅规避了练习的单调枯燥性，也在完成条件上稍增了一点儿难度：听话人事先不知道说话人要抱怨什么，所以他必须瞬间选择正确的格的形式。这样的练习使我们向真实的交际迈进了一步，所以我们有理由相信，只要对每个难点做到精心细致的排除，在现实交际中学生的语法错误才能够得到成功的规避。

（三）言语交际教学技巧

教学技巧上比较复杂的是要求学生使用正确话语称谓的练习类型，这种练习需要学生在表达的过程中对注意力作出分配。在学生关注的焦点不再是语法难点或词汇难点，而是交际任务时，学生就可能出现紧张慌乱，从而导致出错。言语交际的正确称谓涉及的不仅是交际是否自然得体的问题，还涉及交际表达是否符合逻辑以及如何避免话语重复的问题。譬如，全班学生向老师就某一问题提出追问性问题的练习就是一种非常有效的同时兼顾言语技能训练和言语交际能力提高的练习类型。老师在向学生介绍某一信息时，要包含引起学生追问的语句，而学生的任务就是获取更多的信息。例如：

教师：Я – человек постоянный, и за всю жизнь у меня было только одно хобби. Постарайтесь догадаться, какое.

学生：Наверное, вы что-нибудь собираете, да?

接下来如果教师的回答是肯定的，那么学生要猜测教师具体收藏什么。如果教师的回答是否定的，那么就扩大了学生猜测的区域，学生就可以做出进一步的追问：*Ваше хобби связано со спортом? Вы играете на каком-нибудь музыкальном инструменте?...*

这种特殊游戏方式的言语训练最后要以全班学生对得到的信息做出总结和教师对学生所述内容进行评价来结束，如：Странно, что вы ничего никогда не собирали. Я рад, что вы увлекаетесь лыжами. Это прекрасный вид спорта.

因此，大多数涉及教师的教学技巧都集中在几个普遍存在和彼此相关的问题上：一是要保证教学过程中及时了解学生的反馈；二是要有利于规避学生错误；三是对课堂教学内容要起到强化作用。

二、具体条件下的外语教学技巧

下面我们来探讨具体条件下的外语教学技巧问题：首先是对各种类别的学生（中小学生、大学生、培训班学员等）都适用的教学技巧；其次是与教学机构的技术保障无关的、完全取决于教师本身的教学技巧，最后是与课堂教学设计、各种授课模式（个性化、全班、小组）以及不同的互动模式相关（学生与学生之间、学生与小组之间、学生与全班之间、教师与全班之间、小组与小组之间等）的教学技巧。

（一）课堂讲解

在新知识讲解阶段，最难的莫过于掌握学生是否理解的反馈信息。

因此，著名的教学法专家茨维特科娃在提出教师职业技能形成的不同阶段特征时，所强调的正是如何了解学生的反馈：

- 教师开始发现学生听不懂他讲授的内容；
- 教师发现学生不懂的是哪些具体内容；
- 教师意识到学生为什么听不懂他的讲授；
- 教师发现应该怎么做，并采取措施让学生听懂他的讲授；
- 教师能够用最短的时间达到学生的理解；
- 教师能用最短的时间达到学生理解的同时，发展学生的创新能力。

从茨维特科娃上述的观点中我们可以看出，对于教师来说，最主要的难点不是对教学材料的清晰讲授，而是在语言材料的每一小块内容讲解之后能够设计出过渡性的练习，并确保所有学生的积极参与，以检验学生是否理解。而且这里需要特别强调的是，无论是教材里给出的讲解性内容还是发给学生的课程学案里给出的解释，都无法替代教师的口头讲授。学案或教材里给出的信息和练习与教师课堂上的口头讲授之间不应该重复，而是要采取不同的讲解方式，使教材、学案和教师讲授的内容之间相互交叉。

例如：请用俄语完成体或未完成体动词的适当形式翻译下列句子。

- I did not break the window. (It was broken by someone else).
- I haven't broken the window! The glass is all right!

在第一个句子中，窗玻璃很可能已经被打碎了，但不是说话人打碎的，而是另外的一个人。翻译成俄语时要把否定句结构翻译：Я не разбивал окно! 而在第二个句子中，窗户在被击中之后仍然是完好无损的，表达说话人的喜悦心情，可以翻译成：Смотри – я не разбил окно! Стекло целое!

第一句话中否定的是说话人的参与行为，俄语中的否定通常要用动词的未完成体形式，即"我没做过"。而第二句话中我们关注的是行为的结果：玻璃被打碎了还是没有被打碎，强调某种行为是否完成。这种情况下俄语中要使用动词的完成体形式。

再如：把括号中的词语变成需要的形式。

● Я не (брать/взять) деньги! Оставил их на столе. Давай вернёмся – еще не поздно.

● Я не (брать/взять) деньги. Я их даже не видел. Я никогда не беру чужое!

在转入学案中的这个练习之前，教师要先检测学生对教学指令是否理解。可以这样操作：请听下列没有（或者几乎没有）上下文的俄语句子。如果听到表示行为已经被完成的句子，请举红色卡片。如果听到表示行为还没有被完成的句子，请举蓝色卡片。

● А вот торт я не купила!

● Цветы я не покупала – мне их подарили.

这种练习属于信息输入性质的、基于对外语句型理解的消极性练习。

还可以采用另一种方式：现在请听英语中的类似句子，如果它们对应俄语中需要使用完成体动词的，请举起红色卡片，如果对应俄语中需要使用未完成体动词的，请举起蓝色卡片。

这种练习属于借助于中介语完成的、信息输入性质的消极性练习形式。

课堂讲解不总是对语言材料的讲解。有时还要讲解如何完成那些参与交际活动、但不具有独立交际功能的教学行为，例如，应该如何区分观点和事实、如何用其他话语表达思想、如何选择事物的充分性和必要性特征来解释客体的单一含义等。我们把这些对于真实交际活动起到辅助作用的教学行为称为"虚拟性交际因子"。

在所有情况下，课堂教学上的讲解都不应该重复学案中的解释。有时教师要设计一个在学案里没有涉及的简短对话。这样的小对话对于文学作品阅读和解析的课堂教学尤为重要。这种对话的目的是检测学生是否已经清楚作品是由第几人称叙述的，讲故事的主体是否有变化，学生对于小说情节的最初猜测是什么样的，学生的最初猜测在多大程度上与他的假设相符。教师可以通过下列问题勾勒出作品主人公的行为主线，如：作品主人公的意图是什么？他在做什么？他的目的是什么？他的日常生活是怎样度过的？他是否努力引起别人的关注等等。在这种交流的过程中，会给出一些暗示性的信号，通过它们可以发现主人公的某些隐性特征、作者对不同主人公的态度，也能根据实例分析出作者使用了哪些修辞手段以引起读者的共鸣，从而推断出作者的思想意图。这种对话的目的是"邀请学生参与到作品的解析过程之中"。而学案之中的练习一般要从总结上述对话的结果开始，与此同时，学案中的这个起始练习中要对接下来更加深入的作品分析做出预测。因此建议在学案里第一个练习的指令中对课文实质性内容给出预测性概述，而不是简单的信息复述，哪怕是针对大学一年级的学生。建议要求学生对课文信息做出某种形式的局部改变，如稍加扩展、缩写、多项选择、根据信息的重要程度对作品段落进行重新排序等。

（二）练习设计

下面我们以 I.S. 屠格涅夫（И.С. Тугенев）小说作品中的诗歌《狗》（Собака）为例分析学案中第一个练习的设计（针对俄语专业第四学期的教学）：

请复述下列短文的大意，并根据小说内容从括号中选择你认为正确的答案。有些地方可以给出两个以上的正确选项。

«Собака» – стихотворение в прозе Ивана Тургенева. Оно описывает реакцию человека и животного на бурю за окном. Дождь, ветер, гром заставляют собаку (*в отличие от человека / как и человека*), почувствовать (*страх / удивление / восхищение*). Автор показывает, что в минуту опасности живые существа ...(*понимают, что каждый сам за себя; чувствуют, что вдвоём не так страшно; понимают, как одинок каждый зверь и человек; готовы пожертвовать собой ради другого.*)

教师的一个基本职责就是指导学生完成练习。在练习完成之前，教师应做的事情包括：

● 提示学生可能出现的错误，既包括语言上的错误，也包括逻辑上的错误；

● 确定本练习和前面练习之间的关系，指出后一个练习比前面几个练习难在哪里，并说明前一个练习的完成对后一个练习有多大的帮助作用；

● 确定本练习在主题和所涉及的问题上与前几个练习之间的关系以及与前面学习过的教学内容之间的关系；

● 给出练习完成的示例。

在练习完成的过程中教师必须要做的事情包括：

● 改正学生犯的错误（包括语言的和逻辑的错误）；

● 给出补充性解释（包括明确语言单位的使用规则、根据言语交际需要增加一些巩固性的新语言单位、给出多种同义表达的示例）；

● 参与到学生的讨论之中，并以追加问题的方式改变学生的表达思路，包括向学生展示如何使用言语礼节实现对交际对象的影响；

● 以一个平等的交际参与者身份表达自己的观点。

在练习完成之后，教师应该做的事情包括：

● 概括所有学生的发言，并对练习完成的质量做出评价；

● 概括所有学生的发言，并总结发言学生在观点上的相同点和不同点。

在课堂教学结束前，给学生机会评价本次课的教学，包括对本堂课的结构设计、学生们得到了哪些收获等方面进行总结。

为了预防学生出错，在做练习之前还要再次提醒学生应该注意的事项。下面我们举个简单的例子来解释如何操作。例如，这堂课我们将学习疑问词及特殊疑问句的语调，要求两个人一组完成练习。

请同学们注意：特殊疑问句的语调要逐渐下降。请根据逻辑需要，按照下列对话内容用适当的疑问词进行提问。

Где	... вы поживаете? – Спасибо, неплохо. А вы?
Когда	... вы работаете? – В фирме.
Куда	... вы больше не работаете преподавателем? – У меня теперь семья.
Почему	... у вас детей? – Двое: сын и дочь.
Сколько	... им лет? – Сыну три года, а дочери один год.
Как	... зовут ваших детей? – Сына зовут Ваня, а имя дочери – Света.

这里要向学生做出解释的是，живёте 和 поживаете 是两个语义相近的动词，但是它们表示的交际意义却不同，所以，俄语中不可能有 где вы поживаете 这样的搭配关系。同时，живёте 这个动词形式具有更宽泛的搭配关系：«Где вы живёте?» 和 «Как вы живёте?» 这两种说法都是正确的，具体要根据给出的答案来确定具体使用哪一个疑问词。

在言语实践阶段，还要预防另外一种类型的错误，即言语礼节错误。每一种文化都有自己特有的交际习惯。比如，在中国询问女性的年龄不会被认为是不礼貌的，而在欧洲文化中这个问题是极其不礼貌的。在与任何一种文化打交道时，都应该像在别人家做客一样，不能公开宣称"我家的房子比你家的宽敞多了"。

在做练习之前经常要特别提醒学生在此情景下可以说哪些内容。例如，具有对立意义的两个语法结构 что-то было – чего-то не было 特别重要，其中第二个语法结构中的否定成分要使用第二格，而第一个则需要把 быть 变成相应的形式。至于这两个句法结构使用的内容层面，那么下列题材可能会引起学生的兴趣：1. 关于童年的回忆，这对于提高学生的学习动机是极其重要的情感因素（Когда я был маленьким, у меня был велосипед, но не было компьютера ... ）；2. 可以展示学生本族文化或所学外语的文化，例如：Мог ли Пушкин ездить на поезде или в то время еще не было поездов / железных дорог? Существуют ли фотографии Лермонтова? А фотографии Толстого? Почему двести лет назад люди с таким опозданием узнавали, что происходит в других странах? Электронная почта тогда была? А телефон? А телеграф? 3. 教师在课堂教学的过程中可以发现在某一关键结构中因使用不同的语法结构而发生交际情景变化的情况。例如：В каком времени (В какой эпохе) вы хотели бы или не хотели бы жить? Почему?

能够有效促进练习正确完成的因素是示例。如果从广义上来解读示例的含义的话，那么教师在课堂教学结束时讲述课堂教学目标如何在交际中实施的教学总结也是一种特殊的示例。这种示范性教学总结与课堂教学开始时所做的教学导入的功能类似，但因为这种总结通常要在技能训练、而非能力训练的课堂上进行，所以它的目的不是引导学生表达观点，而是展示某种语言现象在一个连贯性句子中如何应用以及如何与已学过的语言现象结合应用的问题。因此，这种教师示范能够帮助学生规避错误，提示如何正确使用逻辑知识和话语内容，而且不强迫学生完全按照示例去做，因为没有必要让学生完全照搬照抄老师的做法。

在能力形成的过程中，即便是编写一个小短文对于学生来说也是非常困难的。在这种情况下，建议至少给出两个示例，以规避学生的完全模仿。例如，在讲授"现代城市生活与城市交通"这一主题时，词汇技能的训练可以与正方和反方理由的对比和主观观点的表达训练很好地结合起来。在言语实践阶段，也建议给出不同的示例，一方面，可以展示出每个观点的逻辑关系，另一方面，也可以杜绝学生对一个示例的模仿。或者给出几个不同的观点供学生选择，让学生选择其中一个观点并说明理由。

从某种程度上来说，确定教学短文里的逻辑关系的练习也可以起到丰富示例的作用，例如：逻辑关系训练。选择合适的连接词或关联词填空，使话语具有正确的逻辑关系。

(но, а, и, кроме того, поэтому, потому что, во-первых, во-вторых, хотя, с одной стороны, но с другой стороны)

Я живу в большом городе. (_____)
это удобно. (_____) здесь есть всё: магазины, кино,музеи. (_____) на улицах много машин. (_____) трудно дышать. (_____) до работы очень далеко. (_____) в автобусе всегда много людей. Мне хочется жить в маленьком городе, (_____) там трудно найти хорошую работу.

还有一种示例类型是借助于中介语的接续句子练习。对于高年级的学生来说，这种示例不过是一种展示语篇构建的方法，而对于刚刚迈入门槛的初学者来说，这几乎是一种可以完全模仿的示例，学生稍做改动即可，因为它的基本任务是把句子从中介语翻译成所学外语。

例如，在以动词现在时和过去时对比为内容的课堂教学中可以使用连贯性的句子做总结。下面介绍一个教师如何结束这堂课教学的示例。

课堂教学结束前的倒数第二个练习——语法结构变形：仿示例，两个人一组做电话交流，不允许接续答句的学生看学案。

– Отдохнул(а)?	– Нет, всё еще отдыхаю.
– Сделала (обед)?	– Нет, всё еще делаю.
– Приехал(а)?	– Нет, всё еще еду... и т.п.

课堂教学结束前的最后一个练习：请用 3—4 个句子解释你们还没有完成某项工作，但依然竭尽全力地在做。

例如：Hello! Have you already translated the text? And I am still translating it. It is long and difficult. And I want to understand it well. I am tired, but I have no time to relax ...

（三）反向翻译法

一个非常有效的培养学生思维能力的方法是"反向翻译"法，这种方法对于翻译专业和师范专业的学生同等重要。这种方法训练之前要分两列并排给出同一个语言材料的母语（或中介语）和外语文本。学生们可以依赖母语或中介语的提示用外语复述句子，但是做这个练习时需要把外语译文那一列用手遮盖起来。这是一种非常有效的词汇、语法、成语、固定修辞性用法、固定句型等技能的训练方法，因为这种练习可以完全规避学生的错误，可以提高言语输出速度，可以保证学生在使用正确称呼语的情况下使用正确的语调进行交际。

使用反向翻译法的基本条件：

1. 翻译单位。在大多数情况下，翻译单位不是一个词语单位，也不是一个词组或成语（尽管这样的反向翻译我们也用于排除口译难点的译前练习），甚至不是句子，因为在脱离上下文的情况下句子只是一种语言现象，而不是言语交际单位。我们认为，反向翻译的基本单位是一个拓展性的答句或者是由几个问答构成的对话统一体。这种句子，一方面，不会增加即时记忆的难度，另一方面，可以被看作一个相对完整的交际行为，具有交际目的和交际策略，兼顾交际的正式和非正式场景和交际对象的特征。

2. 反向翻译在课堂教学结构中的位置。反向翻译是一种从外语学习第一周开始一直持续到高级阶段的普遍性教学工具，只是语言材料的难度会逐渐加大，体裁和修辞手法的范围会逐渐扩大。至于如何把反向翻译融入课堂教学的框架之中，我们认为，反向翻译与其他练习类型相比，例如与按示例进行快速口头变形的练习相比，则既简单又复杂。说它简单是因为它不需要对句子的结构做任何改变，而只需要重新输出现成的语言材料。而说它复杂是因为在反向翻译过程中一定会出现一些主观性的干扰单位（例如，在英语的扩展性对话中，经常发生直接引语和间接引语交叉使用、过去式和现在进行时交叉使用、动词"不能"表示"没有可能"和"不可能、我不相信"等几种意义的情况）。因此，在课堂教学结构中，反向翻译的理想位置应该是从独立语言现象的虚拟性交际训练转向在干扰状态下检测刚刚形成的技能是否牢固的那个阶段。反向翻译向学生展示，在干扰性词素或句子结构同时并存时交际情景可能会发生的变化。

3. 原文意思的保留程度。反向翻译可能（也经常）是一篇文章的逐字逐句的翻译。这对于目标语法或词汇用法的自然习得过程、对于成语在相关上下文里的记忆、对于同步提高言语材料的记忆量和准确度来说都是常用的方法。如果反向翻译使用的材料是具有准确出处的文献（如哲学真理、科学假设或者小说中的诗歌片段等），那么这种逐字逐句的翻译方法是必要的。但是，从第二学期开始（包括在更高的阶段）不仅要使用逐字逐句的反向翻译法，更要鼓励学生使用从中介语到外语的意译法。（请比较：*Smoking is a harmful habit* 可以翻译成：*Курить вредно. Не надо (не следует) курить. От курения один вред. Привычка к табаку очень вредна.* 再如：*How about dropping in at a cafe?* 可以翻译成：*А не зайти ли нам в кафе? Может быть, зайдем в кафе? Как насчет того, чтобы посидеть в кафе? Почему бы не заглянуть в кафе?*）

对于意译的反向翻译法训练可以通过组织全班对不同的翻译结果

进行讨论或者组织各小组的翻译比赛来进行。讨论是非常有益的教学活动，如果众多的翻译结果中可能存在细微的语义差别的话，可以通过讨论来确定一个更好的翻译方案。反向翻译法产生的不同翻译方案是从完全按原文的逐字逐句翻译到富有个性化特点的意译结果之间的过渡环节。

（四）座位排列

　　课堂教学组织和授课技巧的另一个非常重要的方面是教室中学生位置的排列。一个非常有效的排座方式是"马掌"形状的排列，教师的桌子摆在马掌直线中间的位置。这样，学生之间可以看到彼此，有利于学生之间的言语交际。此外，教师可以单独倾听每个学生的回答，而不影响其他学生以两个人、一个小组或者独立小声地完成下一个练习。相应地，训练既可以全班一起的方式进行，也可以按顺序采取鱼贯式的方法进行。个体性训练在教学的初级阶段无论是对于小学、中学、大学还是成人培训班来说都极为重要，因为正是在初级阶段才需要大量的言语技能训练。在这种情况下，按照此阶段学生的不同学习程度均匀分配座位是非常重要的：这样学习差一些的学生就有机会多次听到正确的答案。按照"锁链"形状安排的座位顺序要经常变换，以满足每个学生都想"当头儿"的心理愿望。

　　综上，本章所推荐的教学技巧远不是全部的课堂教学技巧。我们只是尝试给出教学技巧的基本要素和帮助课堂教学组织的一些建议，同时，我们也做一个审视自我的旁观者，对自己和别人的经验做出一个总结。

第五章 母语和中介语的应用：多语种背景下辅助语言的功能

> 不懂外语的人，对自己的母语也是一无所知。
>
> ——德国思想家约翰·沃尔夫冈·冯·歌德
> （Johann Wolfgana von Goethe）
>
> 我的语言边界就是我的世界边界。
>
> ——奥地利哲学家路德维希·维特根斯坦（Ludwig Wittgenstein）
>
> 一门语言把我们带入生命的通道，
> 两种语言为我们打开了通道上所有的门。
>
> ——英国心理语言学家弗兰克·史密斯（Frank Smith）

一、借助于母语和中介语学习一门新外语：研究现状

当今时代，随着学生出国交流学习需求的日益增长，外语教学（包括对外俄语教学）中经常出现教师在不掌握学生母语的条件下从事外语教学的情况。更为复杂的情况是同一个教学班里同时有不同语言和文化背景的学生。

如果外语教师不掌握学生的母语，就不得不使用直接教学法或者引入中介语，大多数情况下充当中介语的都是英语。俄语也可能作为中介语使用，只要外国学生具备基础阶段的俄语水平，而选择的外国语是英语或者是其他西欧语言。

但是，母语或者另一门被引入外语学习的语言功能经常被界定为

一些狭义的实践性功能，包括词汇的语义阐释、课堂练习和指令的翻译、家庭作业的讲解、词汇和语法单位是否理解的检测等[1]。而我们所倡导的理念是中介语（也包括母语）的使用要贯穿于外语专业语言教学的各个阶段，尽管在不同的教学阶段中介语的功能会发生变化。首先，我们把中介语不仅看作是教学过程中参与者之间的媒介，而且要把它看作不同语言世界图景之间的媒介。所以，我们所提出的中介语，即使在老师和学生之间具有同一种母语的情况下仍然需要使用。把学生的前语言学习经验引入教学过程在欧盟的教学文件中被界定为促进学习者智力发展的因素（cognitive benefits which include the ability to learn, higher intellectual capabilities... ）。[2] 与此同时，母语和中介语作为辅助性语言，虽然具有很多共性，但是它们却不能完全替换彼此，因为母语经常被看作是一种"自然的"世界图景，学习者只有在跳出母语的条件下才能客观地看到它的世界图景。而中介语恰恰能让学习者从旁观者的角度审视自己的母语，并从旁观者的角度接受外语的特征，即不把所学外语看作是对正常话语逻辑结构的违反，而看作是母语中不存在的规则。正是这种视角才能警惕"语言沙文主义"，即把外语的所有特征都看作是不合逻辑的荒谬现象的一种观点。例如：

汉语中的"很高兴认识您"相当于俄语中的 *Очень рад познакомиться с вами*。这句话是中国人初次见面时的礼貌用语。请注意，汉语中是没有与前置词 *c* 的对应词语的。请比较该句子的英语说法：*Glad to meet you.* 英语中也是没有介词的。

再对比一下汉语和俄语中"星期"的构词方法：понедельник – "星期＋一"，вторник – "星期＋二"，以此类推。只有 воскресенье 是通过"星期＋太阳"的构成方法。请比较英语中的 Sunday。

在第一个例子中，英语能帮助学习汉语的俄罗斯学生记住汉语问

---

1 Фильцова М.С. Использование языка-посредника в обучении русскому языку студентов English Media // Образование: прошлое, настоящее и будущее: материалы II Междунар. науч. конф. (г. Краснодар, февраль 2017 г.). Краснодар: Новация, 2017. Препринт статьи. [Электронный ресурс]. URL: http://moluch.ru/conf/ped/archive/211/11712/ (Дата обращения – 10.09.2018).

2 Language teaching and learning in multilingual classrooms. Luxembourg: Publications Office of the European Union, 2015. p. 27.

候语与英语的相似，都是用直接补语。在第二个例子中，"星期"这个词语的构成模式能帮助俄罗斯学生记住"周日"这个口语词。

同理，在需要引入其他语言的情况下（如用于对比分析），我们也不必担心所学的外语会被"挤出"课堂。根据 K.-B. 贝克曼（K.-B. Boeckmann）及其合作者的观点："在德语课堂教学中也有其他多种语言的位置"。[1]

因此，在区分"母语"和"中介语"这两个概念时，我们认为，这两种语言的功能虽然有所不同，但它们的功能在大多数情况下是相吻合的，只有一部分功能存在差异。在教学过程中，所学外语（比如俄语）和中介语（比如英语）可以变换角色。哪怕是在中学获得的最基础的、少量的英语知识也能促进大学一年级学生对俄语的学习效率。而在一年之后开设的对外英语课堂教学上（包括翻译专业二年级阶段开设的第二外语），也可以把俄语作为中介语来使用。这一观点为多语种外语教学奠定了基础。

深入研究第一外语教学的俄罗斯学者 L.V. 莫尔恰诺娃（Л.В. Молчанова）也提出了类似的观点："在第二外语教学中既要深入挖掘第一外语的教学方法，又要探索中介语的使用方法"。[2] 但是在现有文献中，对外语教学中关于其他语言（母语和中介语）功能的论述还没有得到充分研究。

此外，这一问题的研究也主要限于教学论层面，而不是在语言教学法层面，而后者才是外语教学真正需要的、能够帮助外语教师借助辅助性语言、结合所学外语自身特点而实现外语教学的研究课题。

---

1 Boeckmann, K.-B., Aalto, E., Abel, A., Lamb, T. Promoting plurilingualism – Majority language in multilingual settings. European Centre for Modern Languages. Council of Europe Publishing. Printed in Austria, 2011. [Internet Resource]. URL: https://www.researchgate.net/publication/259507522_Promoting_plurilingualism__Majority_language_in_multilingual_settings (Дата обращения 10.09.2018)

2 Молчанова Л.В. Обучение второму иностранному языку в условиях формирования функционального многоязычия в языковом вузе (на примере японского языка). – Автореф.дис. канд.пед.наук. Рязань, 2009. С. 4.

二、中介语的功能

（一）服务于教学过程的教学交际功能

这种功能用于教师的指令、课堂教学过程中的提问、要求等，它很快就能用所学外语来实现。但是在有些情况下，中介语的表达比所学外语（俄语）的表达更准确、更简练。比如，俄语课堂教学中用俄语 *"Отрывайте глаза от текста, следите за обращенностью речи.*（不要看课文，根据言语交际对象选择正确的称呼语）"这一指令远不如用英语的 *"Read, look up and say. And say it to me!"* 简单明了。

在初级阶段的俄语教学中，英语中介语可以帮助学生归纳各个层面的俄语词汇，这对于俄语词汇的记忆和它们在不同场合的灵活运用很有作用。例如：

1. Read the words:

магазин, университет, больница, библиотека, цирк, общежитие, театр, аптека, кинотеатр

Where do you go almost every day?

2. Name the place (-s) where...

1) people go to have a good time.

2) people go to buy something.

3) people go to study.

4) people go when they are ill.

重要的是，在列举词汇的过程中每一次都要根据不同的逻辑任务对它们进行不同的归类。比如，关于学习的场所：可以说去大学学习、去图书馆学习；身体不舒服的人可以去医院，也可以去药店；买东西可以去商店，也可以去药店等。

如果说简单的、标准化的课堂用语在上过几次课之后就可以用所学外语给出的话，那么用于解释交际情境或导入性练习的非标准化课堂用语则需要使用中介语，而且至少要持续到学生已经熟练掌握了俄语口语的词汇语法理解技能之后。例如，在完成短时准确记忆和短时记忆量的练习（见练习3）之后，建议把该语料用于其他交际情景的练习（见练习4）。

3. 记忆训练：Read, look up and say!

(Запомните: утром = *in the morning*, с утра = *since the morning*)

Идёт дождь. Сегодня идёт дождь. Сегодня с утра идёт дождь. Сегодня с утра идёт дождь, и дует ветер. Сегодня с утра идёт дождь, и дует холодный ветер. Сегодня с утра идёт дождь, и дует холодный осенний ветер. Вчера *было* солнечно, а сегодня с утра идёт дождь, и дует холодный осенний ветер.

4. 在练习3说话人是一个消极分子 (a person who always sees the bad side of things)。请根据下列情景做出一个类似描述。

Make up a description of the same kind – compare yesterday and today). But try to sound more optimistic (= less pessimistic).

（二）词汇的语义解释功能

毋庸置疑，不通过翻译来解释词汇单位的手段应该是更主导的手段，因为这种手段能够促进学生外语思维的形成，包括直观展示法（实物展示、图片、手势、图解、表情等）和各种使用外语的解释手段：如使用反义词（*злой* = не добрый），近义词 (*трудиться* - работать)，简单易懂的外语释义（*ленивый* студент = тот, кто не любит учиться; *запретить* = сказать «нельзя!»,*позавчера* – два дня назад）以及不会造成歧义的上下文（«*Оннадежный* человек – всегда готов помочь и знает, что делать влюбой ситуации»）。

中介语对于词汇的语义解释经常用于外语教学的初级阶段，即在学生的外语词汇量还不足以对词汇的意义做出解释，教师又不掌握学生母语，而且直观展示法也不适合于该词汇单位的解释或不能准确解释其意义的情况下，使用中介语来解释词义就尤为重要。英语作为中介语在外语教学的初级阶段应用起来非常方便，是因为日常教学和日常交际中经常使用的词语和句子对于学生来说是非常熟悉的，即使对于英语水平不高的学生也是非常容易理解的。

如果一个班里的学生具有两种或两种以上的母语，那么可以采取个性化的方法。如果用中介语表达的词语哪怕只有一部分学生能听懂，那么他可以为本族语言的其他学生把这个词语翻译成母语。如果学生既不懂俄语，又不懂英语，但是懂另外一门欧洲语言，那么可以依据各种语言中具有共同词根的词汇，借助于这些共性词汇的"基本释义"来实现对所学外语词汇意义的猜测。例如，在讲解俄语中 погода（天气）一词的意义时，可以从讲解欧洲各语言中共有的同根词语 климат（气候）这个词开始（英语：*climate*，法语：*climat*，德语：*Klima*，西班牙语：*clima*）：*Вы знаете слово «климат»? А погода – это «климат сегодня».*

带有抽象意义的词语（如"赞赏""欺负"）或者带有具体种概念意义的词语（如树、鸟等事物的名称）都应尽可能地翻译成学习者的母语。这并不需要外语教师一定要掌握学习者的母语，教师完全可以事先通过电子词典查找到该词语的解释和例句，并把它们编入课堂教学的学案中。在翻译成学生的母语时，要给出一个短小的上下文或者用所学外语给出该词的反义词。例如，在讲解俄语完成体动词的构成方式时，在学生的母语为汉语和法语的情况下，可以给出如下练习：一些动词的完成体形式不是借助于前缀形式来构成，而是借助于词干的变化。请朗读并记住这些动词的形式，它们将帮助你们学习今天的语法知识。

| поступать | поступить | 1) ... в университет, на работу = 考入大学，entrer à qch |
| | | 2) ... хорошо, плохо, умно, глупо：她对待我很不好 = она плохо поступила со мной (faire mal à quelqu'un) |

（三）积累学生潜在词汇量的功能

如果谈到"国际通用词"这个概念，那么对于学习汉语的俄罗斯或欧洲学生来说，则很难依托同根性词语，因为汉语的主要构词方式是意合法。例如：компьютер – 电脑 diànnǎo（букв.«электрический мозг»）（逐字释义：电的 + 脑），волейбол – 排球 páiqiú，也就是«ряды (игроков) + мяч»（两排队员 + 球）。

但是在教授中国学生俄语时，英语则能够起到暗示俄语中许多外来词意义的作用。此外，依托于英语还可以帮助学生形成辨别语音的听力技能、建立对"俄语音位"的认知能力，从而促进对俄语特有语音现象的掌握（如辅音软化、浊辅音在词尾的清化等现象。）因此，在教授中国学生俄语时，对比英语词汇和俄语中相应的英语外来词是非常有效的方法，这种成对儿呈现英语和俄语对应词汇语音的方法可以训练学生听辨出哪个词是英语的，哪个词是俄语的。例如：*текст – text, теннис – tennis, basketball - баскетбол, ноутбук – notebook* 等等。

俄语作为外语本身所具有的复杂词缀系统以及由此产生的复杂词汇派生系统也是形成潜在词汇积累的重要来源。（也就是说，学生对没有学过的词语，借助于词的形式和短小的上下文就能够判断出其意义，如：*стол – столовая – настольный*）。与此同时，这种方法也能够培养学生的观察能力、猜测能力，最终能提高学生的语言思维能力。关于这一点我们将在其他章节中单独阐述。在此，我们只强调一点——那就是对词语的词源分析和进一步的同根词系统化方法能够帮助学生记住那些在初学阶段由于日常交际需要而出现的词型长、且难于拼读的俄语单词。例如，общежитие（宿舍）这个词可以通过如下词源分析法使学生理解和记忆：*Жить = to live; общий – значит «наш» (и твой, и мой, и их.)*（公共的——也就是既是你的，也是我的，还是他们的。）

（四）建立非母语语言和文化的环境

中介语可以帮助学生形成一种认识——那就是非母语词汇可能是各民族通用的词汇，也可能是正式或非正式情景中使用的具有一定修辞特征的词汇（如俄语中人名的指小形式，"你"和"您"的使用规则、英语中动词依据口语和书面语表达的简化或完整表达形式等）。例如：

俄语作为外语	ты	Вы (один)	вы (все)
英语作为中介语	you	you	you
汉语作为母语	你 nǐ	您 nín	你们 nǐmen, 您们 nínmen

同时，还必须了解这些词语在语言文化层面的补充含义——建议用学习者的母语来讲述俄语中称呼"你"和"您"的不同使用场景，因为俄语和汉语中这两个称呼语的使用规则不完全相同。比如说，在中国东北地区（与北京地区不同）代词"你"经常用于称呼日常交际情景下对陌生人的称呼，也就是相当于俄语中"您"的功能。下列图表中展示的这两个称呼语的俄汉语言文化特征也表现出两种语言在非正式场合和特殊强调礼貌的场合下两个词语在使用范围上的差异：俄语中正式场合和礼貌形式只用一种形式 вы（您，您们），而汉语中的"你"可以兼顾正式和非正式场合，只有在特别强调礼貌时才使用"您"这种称呼形式：

ты	Вы (один, одна)	вы (все)	
你 nǐ	您 nín	你们 nǐmen	您们 nínmén

（五）通过意义范畴对比规避词汇使用错误

中介语的这种功能可以帮助学生在对比母语、外语和中介语的基础上找出同一词汇在不同语言中客观现实在语义切分上的共性和差异。例如，在讲解词素 *жарко, жаркий* 的意义时，不仅要对比中国学生母语中"热"这个词的意义，还要对比中介语——英语中 *hot* 的词义。在这种对比的基础上我们会发现中介语——英语中的 *hot* 与学生母语汉语中的"热"表达的客观现实意义相同，而与俄语中 *жарко, жаркий* 所表达的意思则不同：俄语中表达"高温"的概念分别用 жаркий（一般指天气和周围环境）和 горячий（一般指被加热到高温的物体）两个词汇来表达。而在表达"低温"概念时，情况则有所不同：俄语中的概念与英语中的概念完全相符：холодный = cold。而汉语中表示低温可以用"冷""凉""冰"等词语表达：冷天、凉水、冰水等。

75

　　词汇教学中最大的难点是母语中的一个词汇单位对应着所学外语的两个、三个甚至更多词汇单位的情况。在这种情况下，如果中介语对应词语表达的语言世界图景与所学外语表达的语言世界图景相同或基本相同的话，那么，借助于中介语就可以帮助学生掌握所学外语词汇表达的真实语义，哪怕学生不完全掌握中介语中相关词语的所有意义。揭示每个词汇单位意义的词组和上下文也能起到助力作用，例如，俄罗斯学生在学习汉语"游泳"这一动词时，在给出"游泳"这一动词时要同时给出这个词的意义和使用范围，指出该动词的汉语意思不完全等同于俄语中对应动词的意义：俄语中 плавать 的意义包括"游泳""航行""乘船""漂流"等几个含义，英语词组的上下文恰好可以帮助学生理解俄语动词 плавать 的多个含义：

people *swim*（游泳 yóuyǒng），

ships *sail*（航行 hángxíng），

people *sail* on board a ship（乘船走 chéngchuán zǒu）

dead leaves or pieces of wood *float* on water（漂 piāo）.

　　对于该词空间意义的解释（如"借助于手或脚的力量在水的表面朝某个方向移动"）只需要加一个名词就可以给出上下文，就能帮助学生理解该词的这个含义：（люди / суда / сухие листья плавают）。在这种情况下，教师不一定要给出对应的所有汉语动词，而只给出中介语中已经对 плавать 这个词给出解释的、只需要找出汉语对应关系的那些含义即可，这样就可以杜绝"游泳"这一词语向不必要的非实质性的意义上拓展。

（六）中介语是形成外语认知能力的手段

　　如果中介语的句法结构与所学外语的句法结构存在类似关系的话，那么所学外语的句法特征就更容易理解和记忆。这一点能克服学生在接受母语里不存在语法现象时的心理障碍。例如，在大学俄语零起点教学的初级阶段，在引入否定句时（– Это Анна? – Нет, это не Анна. Это Нина.），中国学生会遇到俄语中的两个否定语气词 нет 和 не 对应汉语中一个否定词"不"的情况。而英语和俄语的用法类似，因此,英语否定语气词的使用规则可以提示中国学生如何在 нет 和"не" 之间进行选择：– Is it Anna? – No, it is not Anna. It is Nina.

有时俄语动词不同范畴的对立关系与词语的词汇意义改变有关, （如定向与不定向的对应形式：ехать – ездить, лететь – летать и др.) 在这种情况下，中介语的使用就可以清晰地解释这类动词之间的语义差别。如动词 плыть 与 плавать 的区别就在于它具有补充的表示一定方向的词素意义。英语中的这个词素含义是通过表达动词语义差别的上下文来表达的：

– What are you doing? – I'm swimming. – You are swimming too far out. Swim back!"	– Что ты делаешь? – Я плаваю. – Куда ты плывёшь? Плыви назад!

在俄语中表示定向意义的词素是穿插在动词 плыть 的语义结构之中的，而且要通过具体的词汇"去哪里"和"返回到哪里"来明确动作的具体方向。英语的上下文能帮助中国学生理解为什么要选择其中的一种动词形式：плыть 或 плавать。与此同时，英语句子 You are swimming too far out 和俄语句子 Куда ты плывёшь 不是字面意义上的对等，而是语用含义上的对等。如果用俄语准确表达英语中 too far out 这句话的对应含义的话，那就需要用俄语的另外一个动词 заплыл，但是在现阶段这个词学生还没有学过。

在解释俄语中 ехать – ездить, лететь – летать, идти – ходить 这类未完成体动词之间的意义差别时，也可以依托于英语中介语，但前提是学生已经清楚 Present Continuous 和 Present Simple 之间的语义区别：Where are you going? – To the library. – Do you always go to the library so late? 如果学生不知道这两个词组之间的区别，那么可以通过语言内部结构分析的方法来解决这个问题，也就是说，可以借助于下图给中国学生选择与汉语"去"（相当于英语的 go）对应俄语动词意义的方法：

去 qù (≈ go)

	现在	总是，经常
不乘交通工具	идти	ходить
乘坐交通工具	ехать	ездить

在基础阶段的俄语教学中，这种意义区分足以满足日常的交际需求，尽管汉语和英语词汇的意义之间也存在不完全对等的情况。所以，在下一步对比带前缀的一组动词 пойти – прийти 时，要根据"从这里出发"还是"来到这里"的词素意义来判断运动动词 пойти – прийти 用法上的区别。俄罗斯人或英国人在上班时邀请自己的同事一起去餐厅时，会选择"来"这个动词：приходите 和 come。但同样语境下汉语中却用"去"这个动词，而不用"来"，因为汉语中"去"表示在说话时刻说话人不在餐厅。

如果俄罗斯或中国学生所学的外语是英语，那么他会发现英语和他的母语还存在其他方面的差异：

Мы идем в кино. *Идёмте с нами!*	We are going to the cinema. *Come* with us!

这句话中英语之所以选择 come，而不是 go，是因为 go 这个词中不包含"一起去"这一语素概念。

另外一个语言教学的问题是针对一些动词的完成体和未完成体存在的语义差别的释义问题。一个明显的例子是 «сдавать» экзамены 和 «сдать» экзамены 之间的语义区别。英语作为中介语可以解释这两个体在语义上的差异，俄语中一个动词的两种体形式对应着英语中的两个不同词汇，请看下列语句的对比：

Расскажите о том, как вы сдавали сессию на первом курсе.

说一说你们在大一阶段的考试情况。

Я *сдавал/сдавала* три экзамена (I was to *take* three exams).

Я *сдал / сдала* все три экзамена (I *passed* all my exams).

Сколько экзаменов вы *сдавали* летом? По каким предметам?

Они были трудные или лёгкие? Как вы *сдали* экзамены?

因此，中介语起到了避免错误的提示作用，此外，中介语还能帮助学生理解一个词语的概念是由不同语素构成的，某一个语素意义根据语境的不同，要选择另一种语言中不同的词汇单位与其对应。

（七）借助中介语认知俄语词形变化与语义差异的关系

因为汉语动词没有性数格词尾的变化，所以在学习俄语屈折词尾的语义切分功能时在某种程度上需要通过英语来进行，因为英语中存在 *He, she, it likes – I, we, you, they like* 等对比形式。此外，英语作为中介语还可以帮助中国学生理解形容词和副词的区别，例如：*He is a good teacher – he teaches well. Он хороший преподаватель – он преподает хорошо.* 但是需要注意的是，这种情况下完全依赖于英语来理解俄语形容词和副词的区别是不可靠的，因为英语中用于谓语的词类是形容词，而俄语中副词也可以做谓语，如英语中的 *I am cold* = 俄语中的 *Мне холодно.* 所以，在言语训练的过程中要依赖于两个问题的对比：«какой?» 和 «как?»，同时，也要运用学习者母语中对应的概念性术语：副词 fùcí (нареч.) 和形容词 xíngróngcí (прил.).

（八）借助中介语对比分析语法词汇使用规则

例如在讲解俄语中的物主代词 свой 的用法时，可以利用与中介语对比的方法。汉语中有对应的形式——自己（的），但这个词与俄语中对应的物主代词 свой 在用法上有所区别。使用中介语的目的不是给出翻译，而且给出解释：*one's own*。但是中介语可以给出上下文，帮助学生理解"究竟是谁的"的具体回答和 свой 作为代词的概括意义之间的区别：Свой 就相当于英语中的 one's own。例如：

请比较下列英语和俄语句子，说一说，哪些情况下俄语中要用物主代词 свой, своя, своё, свои 形式：

They are proud of *their* son. *Their* son is a famous doctor.	Они гордятся *своим* сыном. *Их* сын - знаменитый врач.
Where is *your* umbrella? Did you leave *your* umbrella at home? Take mine.	Где *твой* зонтик? Ты оставил *свой* зонтик дома? Возьми мой.
Put *your* telephone into your bag.	Положи *свой* телефон в сумку.

用中介语对该词的用法进行总结：

Use the word «свой», if the thing or person belongs to the doer of the action: *Она помогает своей сестре*.

Use the word «свой» instead of «твой, ваш» in imperative sentences: *Убери свой телефон в сумку*.

（九）借助中介语的教学翻译是随堂检测的有效方法

这是指在完成练习的过程中所做的检查，练习检查的目标要远远大于对学生的评价目标，同时又让学生感觉不到是被检查的。[1] 中介语与学生的母语一样，可以起到提示话语内容的作用，但同时也为学生提供了供选择的表达形式。这样就使教师能够监督学生的言语技能掌握情况，并在必要时对课堂教学过程做出调整。

中介语这种功能的最有效方法是对外俄语教学中使用的教学翻译法，包括局部翻译或整体翻译、有辅助性词语或没有辅助性词语的翻译。例如，在概括物主代词的用法之后要求学生把下列词组翻译成俄语：*my notebook, your textbook, my things, your jacket, our friends, your coat, your telephones*.需要说明的是，这里要倾向于使用学生已经熟悉的名词，目的是让学生把注意力集中在代词的性和数的选择上。有些情况下还需要考虑选项是否符合交际逻辑，如：*your jacket* 可以对应俄语中的两种形式 *твоя* куртка 或 *ваша* куртка，但是像 *your telephones* 这样的词组则可能是面向所有在场人的。

教师检查和学生自我检查相结合的方法——是把由 2—4 个短句构成的短小语篇从中介语翻译成所学外语的"反向翻译法"。这种短小语篇应该是难度适中的常用句子，应该是自然交际的祈使句或答句。这些句子中所包含的各种言语行为之间要符合正常的逻辑（例如，询问和给出建议，请求和相互承诺做某事，反对某种行动计划和反对的理由等等。）建议学生用外语和中介语做出几个内容相同的平行语篇，例如：

---

1 Поляков О.Г. Контроль в обучении иностранным языкам. – В кн.: Методика обучения иностранным языкам: традиции и современность. М.: Титул, 2010. С. 385.

Ты всегда говоришь: «Не делай этого», «Не гуляй под дождем», «Не смотри телевизор до 11-ти». А мне нравится гулять под дождем, и я люблю смотреть телевизор!	You always say "Don't do it"! "Don't walk in the rain", "Don't watch TV till eleven". But I `like walking in the rain, and I `like watching TV!

在这个例子中练习的是对外俄语中的不定人称句和祈使句的对比。中介语（包括用于教学检查功能的母语）完全不需要口头说出来，它只是作为重新建立外语语篇的一种书面性辅助。一些短句让学生提前跟老师读（要特别关注朗读的流畅性和逻辑重音的准确性）。在这之后，盖住俄语短文，让学生看着英语"提示"再听一遍并重复每一个俄语句子，然后再让学生根据英语的范本说出对应的俄语句子，说的过程中要尽量表达出说话人对该情景的态度（例如上例中要求学生表达出自己的反对态度。）

外语教学中另一种教学翻译的方法——根据给出的句型进行翻译。例如，在对比 *у кого-то что-то было* 和 *у кого-то чего-то не было* 这两个结构的区别时，要告诉学生俄语中的肯定形式（第一格和谓语动词的性数变化）和否定形式（动词形式不取决于补语的性和数变化，而被否定的名词要用第二格形式。）在英语中对应的结构几乎不发生变化，但即便如此，英语的对应形式还是可以起到提示句子内容的作用。例如：

翻译下面的句子，对比它们的结构，并仿照句型造句：

У меня (у него, у неё, у нас, у вас, у них)...

... Был, была, были, было (кто, что?)...

... но не было (кого, чего?)

He had a family, but no house.

She had a husband, but no children.

He had a good job, but no car.

They had money, but no friends.

仿照句型翻译还可以用于肯定句中完成体和未完成体形式与否定句中未完成体形式的对比。

例如：

– I must take my umbrella. – You needn't take your umbrella. The weather will be fine!

（– Мне надо взять зонтик. – Не надо *брать* зонтик. Погода будет хорошая.）

也可以采用三语互译模式（可让学生独立完成，但要在教师的监督之下。）这种方式建议用中介语（英语）给出课文，学生先把课文翻译成母语（如果教学对象的母语相同，比如汉语）。然后让一个学生把译文写在黑板上，让其他学生检查该学生每句译文的正确性，如不正确要给出正确的修改，然后再把这些句子从学生的母语（汉语）翻译成俄语。在让每个学生以正常的俄语语速复述出整个课文的译文之前，全班学生要集体把汉语课文翻译成俄语，要在讨论的基础上允许有几种不同的翻译方案。在这里要特别强调的是，要向学生展示同一种言语行为在不改变原始交际意图的条件下可以使用不同的表达方式。例如：

We need a rest 可以翻译成 *нам нужно отдохнуть – пора отдохнуть – мы нуждаемся в отдыхе – мы очень устали* 等几种方式.

（十）中介语和外语对比是解释外语约定俗成用法的有效手段

中介语可以帮助学生理解所学外语中最复杂的、最难以理解的成语性句法搭配关系（这一点与上文中我们提到的语法规则不同，如俄语中动词体的区别：надо взять – не надо брать）这里指的不是语言系统层面的问题，而是修辞用法层面的问题。在这方面如果学生犯错，不会出现严重的语言错误，只会出现"俄罗斯人不这么说"的问题。弄清外语中约定俗成的用法既可以借助于母语，也可以借助于中介语。如果教师同时掌握学生的母语，则可以同时对比三种语言中相同意义的说法。如果能实现三种语言的对比，那么，对外俄语的教学翻译已经为未来的职业翻译培育了土壤。例如，通过俄语和英语的语篇对比，可以发现俄语中更倾向于使用肯定的谓语形式，而否定意义则主要通过其他句子成分的否定形式来表达（I *don't live... – живу не... doesn't take me more than... – отнимает только...)。例如 :*

My classes begin at ten a.m. I don't live very far from the university, and I often walk there. It doesn't take me more than twenty minutes.

有时需要把中介语的课文有意地译成俄语化的（即故意按照俄语的写作习惯），这种译文可以对学生从中介语翻译成俄语的过程起到提示作用。但是俄语化的应该只限于对一些信息的补充，而不应该造成英语句型的错误。例如 :

I don't like to stay（俄语化为 *to sit* ）at home on Sunday.

He won't return until（俄语化为 *He will return only at* ）half past nine.

（十一）中介语在外语教学中能提供正确逻辑句法关系范本

在这一功能上母语和中介语的作用是吻合的。中介语给出的示例展示了如何用外语表达话语内容和如何有效地从一种思想转换到另一种思想，但学生要独立用所学外语表达思想。而且这种示例给出的不是现成的翻译例句，而只是展示给学生表达观点的方式，学生没必要对其进行准确的模仿。例如，在下例中需要使用副词比较级和情态副词 *надо, не надо, можно не*：

Я студентка, но я не очень хорошо учусь. Я боюсь не сдать экзамены. Посоветуйте мне, что делать.

示例 : *If you don't study well, go to the library more often, and go to the cinema more seldom. Read more books. You needn't study till late at night, but you must study every day! You must go to bed earlier, and get up earlier, too. Plan your day. Then you will study better. Your life will be easier and more interesting.*

对于初级阶段的俄语专业学生来说，可以要求学生把上述短文翻译成俄语并加以少量的补充；而对于程度较好的学生来说，中介语短文只作为创造性地拓展和补充的范本。

（十二）用中介语提问可以检查学生的理解程度

对于有些练习类型来说，用中介语或者母语的表达比用所学外语的表述更为有效。特别是那些要求从语言形式简单的课文里挖掘出某种语言外信息并做出结论、而学生用所学外语还不能理解问题的练习。例如，用英语对下列课文提出问题，但不要涉及具体的事实描述，而只涉及与主人公的心理、她对生活和职业选择的态度，还有那些课文中没有直接表明但可以从主人公的独白中推断出来且能引起父母担心的有个性化特征的言外信息。因此，在给出这样一个语言结构极其简单的课文时，我们用中介语给学生提出的却是严肃的、需要做出认真思考和分析的问题。

Меня зовут Катя. У нас большая семья. Мы часто собираемся вместе, и каждый рассказывает о себе. Мой старший брат нашел работу. Работа ему нравится (.....)

Моя младшая сестра учится в пятом классе. У них теперь много учителей и много предметов. Она приходит домой и долго делает домашние задания. Ей нужно гулять, она еще ребёнок! А она сидит дома и всё время учится. Это вредно.

В этом году я закончу школу. Я еще не знаю, кем я хочу быть. Мои родители часто говорят со мной об этом. Мне нравятся профессии программиста, инженера и врача. Я думаю, что профессия врача – самая интересная. Но она самая трудная. Может быть, я буду программистом. Это очень современная профессия. Но программисту и инженеру надо хорошо знать математику. А я не люблю математику.

Are Kate's parents worried about her? Is it natural of them to feel worried about her future? Which of these words can best describe Kate: Optimistic? Light-minded? Selfish? Hard-working? Childish? Find all the facts which can prove that you are right.

三、中介语和母语的功能：简要对比

实际上，中介语和学生母语同时具有上述所提到的所有功能，尽管在非母语环境下使用学生母语进行教学的可能性极小。但即便从事对外俄语教学的老师所教授的对象是具有同一母语的学生，而且该教师又掌握学生母语的情况下，中介语也是极其重要的。首先，与母语不同的是，中介语对于掌握不同母语的学生班级来说，是所有学生的共同语言，也就是说，中介语把所有学生连接成一个教学活动集体。其次，使用中介语能够防止"语言沙文主义"现象（对外语语言规范的抗拒心理）。学生的母语只有在所有学生和老师掌握同一母语的条件下，且可以证明学生的母语体系在逻辑和规范性方面也存在不足的情况下才能完成中介语的这一功能。第三，在三种语言对比的条件下引入中介语可以提高学生的观察能力，培养其在语言体系的框架下审视语言现象的习惯。

从这个意义上来说，母语的功能或许更多，因为利用中介语教学会因为受到交际能力不足的限制很难使学生准确分析近义词之间的语义区别，例如 *равнодушный – безучастный, мешать – препятствовать* 之间的区别。此外，用中介语很难解释一些词汇或句法结构的修辞差异，也很难利用中介语在对外俄语教学中实现思维能力（释义、分类、模仿等能力）的培养和这些能力在后续学习过程中的提高。也就是说，使用中介语教学对于培养译前技能方面不如母语。[1]（尽管如此，我们仍然认为，应该充分发挥中介语在外语教学中的作用。）

多年的外语教学实践经验表明，所学外语也不可能不对母语的使用产生影响。这一点已经得到一些理论研究和实验观察结果的证实。尽管学界经常强调在语言技能方面外语对母语既形成干扰，又具有正向迁移。[2]但该文章中阐述的语言间多种功能的相互影响可以保证所学外语对学生母语的学习能力、思维能力和演说能力等方面具有正向迁移作用，这一点能够促进学生各领域知识的学习效果。

1　Колкер Я.М., Устинова Е.С. Предпереводческие виды учебной деятельности на первом курсе специальных факультетов // Научный журнал Urbi et Academiae. СПб.: Алеф-Пресс, 2012. С. 92-100.

2　Kecskes, I. The effect of the second language on the first language: The dual language approach. New York. [Internet Resource]. URL: http://www.albany.edu/faculty/ikecskes/files/babyloniaproofkecskes.pdf;
Плескач Ю.И. Русский язык как язык-посредник при обучении английскому языку студентов-билингвов [Текст] / Плескач Ю.И., Битнер М.А. // Научные исследования: от теории к практике : материалы X Междунар. науч.-практ. конф. 30 окт. 2016 г. В 2 т. Т. 2 / редкол.: О. Н. Широков [и др.]. Чебоксары: ЦНС «Интерактив плюс», 2016. № 4 (10). С. 75-78.

综上，中介语与母语一样，在教学中不仅不会妨碍学生外语思维能力的培养，还会在很多方面促进其发展。因此，中介语和母语应该在外语专业人才培养的各个阶段加以使用。两种辅助性语言的功能基本一致，尽管它们各自有自己的优势和局限。

即便是外语教师掌握学生母语的前提下中介语依然是重要的连接两种语言世界图景的媒介。我们建议在外语教学的各个阶段做语言之间的对比，尽最大可能对比母语、外语和中介语。与此同时，中介语和母语一致的情形（相对于所学外语）和中介语与所学外语一致的情形（相对于母语）具有同等重要的地位。

使用中介语来对比语言中的抽象概念能够为外语的进一步学习和完善创造条件。在运用中介语作为外语教学手段时，教师间接地为学生的"角色转换"打下了基础，也就是说，对于把中介语作为第二外语学习的过程中，学生的第一外语也将扮演中介语的功能。

第二部分

本科院校外语专业语言能力
培养的阶段性和渐进性

第一章　言语技能和能力培养的阶段与环节

> 　　一切伟大的成功都是循序渐进的，绝没有意外和瞬间的成功。
>
> 　　　　　　　　　　——德国思想家约翰·沃尔夫冈·冯·歌德

　　语言材料运用的技能不是马上就能形成的，不是一次课就能形成的，而是在循序渐进的过程中形成的。首先，要把语言技能作为一个独立的难点，要把全部注意力都集中在这个难点的克服上，然后再把这一技能作为解决言语交际任务的前提和形成其他技能的背景。言语能力的形成过程也是如此，也要经过循序渐进的过程来获得。比如，简述课文内容、同义手段替换、给课文增加表现力色彩等言语能力的培养要从大学一年级开始一直持续到本科毕业阶段，在培养的过程中要逐渐提高对言语输出质量的要求。因此，需要一些标杆来帮助确定某一种言语能力所应达到的程度。

　　这些标杆在外语教学法中早已被论证过——这就是课堂教学的基本阶段，即课堂讲授、言语训练和言语实践阶段。这几个阶段也被认为是技能或能力形成的阶段。但是这种阶段的划分还无法解决是否需要所有类型的练习，这些练习是否需要按照由易到难的顺序排列，是否可以变换它们之间的顺序，如果某个练习可以用其他练习替换或者这些练习之间难度相当，是否可以打破它们之间的顺序等问题。所以说，阶段是一个极其庞大的概念，它无法表现出循序渐进增加练习难度的原则，所以它也无法表示如何在"怎样说"和"说什么"之间分配注意力，也就是说，如何在言语形式和言语内容之间分配注意力。

任何一本教材，无论是传统的，还是立足于新的教学方法与手段的，一定会包括知识讲解、言语技能训练和言语实践等几个阶段，表面上看是遵守了阶段的循序渐进原则。但问题在于，知识讲解本身并不能保证对语言（或修辞）规则的全面掌握。至于言语技能训练阶段，诸如"把括号中的词语变成适当形式""填写适当的前置词""选择词语正确的格形式"等类型的语言形式上的练习虽然能起到一定的训练言语技能的作用，但是它们却无法培养学生的现实言语交际能力。在形式化的语言练习和真实的交际之间需要一个桥梁，通过这个桥梁可以使语言技能练习循序渐进地转向言语实践阶段的真实交际，同时还要保证从低到高的转变过程中学生感受不到明显的难度变化。

这样，就需要一个比教学阶段更小的教学过程单位，起到在一个阶段内部和各个阶段的衔接处降低练习难度的作用。我们把这种单位称为"环节"。我们把环节作为教学过程的基本单位，它包括一系列练习，这些练习通过形式和内容之间注意力分配比例关系上的变化而被整合在一起。（在具体的课堂教学中一个"环节"可以体现为一个练习类型，也可能某一个环节可以完全被省略，这取决于课堂教学的目标。）尽管一个环节内部的练习呈现出难度逐渐加大的特点，但是学生对于每个练习在形式和内容上的注意力分配却几乎是等同的。

例如，下列两个练习——训练名词的性与评价意义形容词之间的搭配关系的练习就属于同一个环节。

1. 请说出下列人物是哪个领域的著名人物：

Менделеев		
Эйнштейн		
Пушкин		
Чехов	знаменитый (-ая) zhùmíngde	режиссёр актер /актриса
Конфуций 孔子 kǒngzǐ, 孔夫子 kǒngfūzǐ	известный (-ая) yǒumíngde	певец/певица физик
Брюс Ли 李小龙	прекрасный (-ая) jí hǎo-de	писатель (-ница)
Лао Цзы 老子 Lǎo Zǐ,	талантливый (ая) tiāncái(de)	философ химик
Чжан Имо, 张艺谋 zhang yi mo,		
Алла Пугачева (род. 1948)		
Чжан Цзыи / Zhang Ziyi (род. 1979)		
Гун Ли / Gong Li (род. 1965)		

2. 请仿照示例说出上表中未列出的中国名人。可以列举出学者、运动员（排球、网球、羽毛球等项目）、音乐家（钢琴、吉他等器乐）。

示例：

Левит**а**н – прекрасный русский худо**ж**ник.

Р**и**хтер – знаменитый русский пиан**и**ст.

С**о**фья Ковал**е**вская – известный русский мате**м**атик.

Ир**и**на Роднин**а** – тал**а**нтливая русская спортсм**е**нка (фигур**и**стка).

上面这两个练习都给出了预防错误的辅助性词汇，这两个练习都能同时关注形式和内容，一方面，能让学生把注意力集中在语法结构的搭配上，另一方面，也使学生关注真实的交际情景。两个练习都是交际性的（尽管第一个练习中句子受到了辅助性表格的限制），而且这两个练习都把语言技能训练与文化背景知识的掌握结合起来。两个练习中都给出了辅助性手段，且第二个练习中的辅助手段是以例子形式给出的。尽管如此，它们之间的顺序依然是不能调换的，因为第一个练习是第二个练习的基础，而第二个练习则要求引入补充的文化信息。同时，一堂课中使用这两个练习不会造成教学法上的冗余，而正相反，这两种练习的配套使用恰恰展示了应该如何逐级分解教学难点。

知识讲解阶段同时包含两个环节，即保证学生对新知识点的理解和对语言材料用法的掌握。

一、新知识的讲解环节

在第一个环节——新知识的讲解环节，要把学生的学习行为最大程度地分解成若干个小的行为。每一个小的学习行为都有自己的目标，需要学生集中全部注意力去完成。

例如，在讲解英语现在进行时这一内容时，中国或俄罗斯学生应该解决下列任务：

1. 动词 читать（读）在下列句子中的意思是否相同：«Профессор занят: он читает лекцию» «Пусть он отдаст книгу: он ее читает уже месяц» «Читаю я как-то на днях газету и вдруг...» 等。

2. 我们在母语中依据什么来理解这些句子中说话人交际意图上的区别？

3. 在这些意义中哪个（哪些）意义可以与英语的现在进行时意义相对应？

4. 在把这些俄语句子翻译成英语时是否需要使用现在进行时形式？

5. 说话人借助于现在进行时可以实现哪些交际意图？（可以描写日常交际情景；可以在打电话中反问交际对方在做什么；可以解释你为什么不能满足谈话对方的请求等等。）[1]

二、整合环节

知识讲解阶段的第二个环节具有的特点是：整合第一个环节中经过训练的每个独立的学习行为，把它们变成一个完整行为的链条，其中，前一个练习要成为完成后一个练习的起点（类似于摆多米诺骨牌一样，就是说前后两个练习之间要起到连锁反应。）在这个环节中还

---

[1] Колкер Я.М., Устинова Е.С., Еналиева Т.М. Практическая методика обучения иностранному языку: учеб.пособие для студ. Высш. Пед. учеб. Заведений. 3-ье изд., дополненное. Рязань: ЗАО «Приз», С. 53-54.

没到学生注意力分配的阶段，而只是从一种行为转向另一种行为。这时，每一个分项学习目标仍然处于注意力的中心，但还不是目标本身，而只是实现总体教学目标的过渡阶段。实际上，我们这里提出的只是一种特殊规则，即为了寻求未知结果而设定的教学步骤。[1]

例如，在选择与汉语或英语中表示"来、到"意义对应的俄语动词时，可以采取下列步骤：

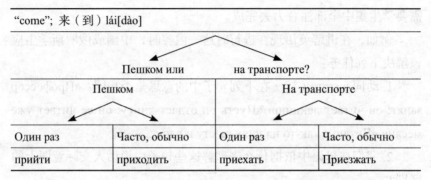

"come"; 来（到）lái[dào]			
Пешком или		на транспорте?	
Пешком		На транспорте	
Один раз	Часто, обычно	Один раз	Часто, обычно
прийти	приходить	приехать	Приезжать

第二个环节的练习意味着要设计出更为复杂的步骤，如果给学生更多的思考时间，如翻译句子的练习，特别是从母语翻译成外语的练习。如果学生能正确完成翻译的话，就会给人一种学生已经掌握语言技能的虚假印象。但实际上这种印象是具有欺骗性的，因为学生能正确完成练习只能说明他掌握了一些语言规则并做好了进入言语训练阶段的准备而已。所以我们要再一次提示一条教学法真理——那就是语言技能只有在已经形成之后才可能被熟练运用。

讲解阶段的练习既不要求完成的速度，也不需要多次的重复，而是需要把学生的精力集中在认知的层面上。因此最好让全班学生共同来完成第二环节的练习。在每一个小知识点讲解之后都要马上检测学生的掌握情况，也就是说，新知识的讲解过程是一个全面调动学生参与的过程。例如，在上述表格中关于动词的使用规则讲解之后，马上

1　Колкер Я.М., Устинова Е.С., Еналиева Т.М. Практическая методика обучения иностранному языку: учеб.пособие для студ. Высш. Пед. учеб. Заведений. 3-ье изд., дополненное. Рязань: ЗАО «Приз», С. 54.

就要跟上如下的练习[1]：

1. 请听下列用母语或中介语说出的句子，根据每句话中所选择的不同动词形式举起相应颜色的卡片，如在需要选择动词 прийти 的地方举起蓝色卡片，在需要选择 приходить 的地方举起黄色卡片。当然，在这个环节可以简单地说出动词，但这个可以让一个学生说出，与此同时，其他学生的沉默也是做出同意的表示。如果出现两种动词形式均可使用的情况，可以让学生同时举起两种颜色的卡片。

2. 选择适当的俄语动词替换括号中的英语词并把它变成需要的形式。例如：

Он теперь учится в другом городе и редко (comes) домой.

第一个环节和第二个环节练习的完成可以比作做衣服过程中把衣服裁片用线绷在一起的过程，或者比作绘画过程中画的草稿。在任何情况下，这只是在语言技能自然习得之前的预先准备，而真正要形成语言技能，必须要使用属于言语技能训练阶段的第三、第四和第五环节的练习。

三、言语技能的自然习得环节

第三个环节的练习仍然是用于解决教学任务，而不是用于解决言语交际的任务。但是，与新知识讲解阶段所不同的是，在训练的过程中重点要放在言语技能的自然习得过程，即学生的表达要有自然的语速、连贯的语流、没有错误、符合言语礼节、表达思路清晰、逻辑重音正确、没有不确定性的停顿，即在寻找解决方案时没有怀疑性停顿。因此，在培养学生的语法技能时，要确保学生已经熟练掌握了句子中所有词语的发音和词形变化。而新词汇的学习一定要借助于学生已经

---

1 Карточки трех-четырех цветов, одинаковые для всех членов группы, это универсальный инструмент быстрой проверки рецептивной деятельности. В большинстве случаев используются две контрастные карточки, но иногда нужны три (например, для различения настоящего, прошедшего и будущего времени) или даже четыре. Объекты проверки варьируются от различения контрастных звуков до оценки прослушанных кратких высказываний как логичных или нелогичных, оптимистических или пессимистических, фактов или мнений и т.д.

熟练掌握的语法结构。对于新出现的补充难点要借助于各种辅助性手段来排除（如上述关于"著名人物"的练习中采用的辅助表格）。

第三个环节的练习包括以下非交际性的言语技能训练类型：

1. 把括号中的词语变成需要形式填空。

● Он любит (*кого*?) (эта девушка). Он хочет жениться на (*ком*?)

● Я когда-то жил в (*чём*?) (этот дом). Я ходил по (эти проспекты, улицы и переулки). Я привык к (*чему*?) (этот город) и люблю его.

2. 口头重复下列所有拓展句，然后把最后一句根据记忆写出来，并与原句对比是否有错误。

Я привык к этому городу. Я привык к этому городу, к этой улице. Я привык к этому городу, к этой улице, к своему дому. Я привык к этому городу, к этой улице, к своему дому, где я живу со своей семьей. Я привык к этому городу, к этой улице, к своему дому, где я живу со своей семьей – со своими родителями и сестрой.

3. 根据词尾提示用适当的词语填空。

Не клади _____ -у на стол. На _____ -е ей не место! Люди обедают за _____ -ом!

Мне очень нужен друг. А у меня нет _____ -а. С _____ -ом можно обо всём поговорить. _____ -а можно попросить о помощи.

如果可能，在语言形式练习的基础上可以增加语义或情感表达的任务，以培养学生平稳过渡到更高阶段，即注意力开始在言语形式和言语内容之间分配的阶段。例如，训练记忆的练习（如上述练习2应该与学生对家乡的名胜古迹的思念情绪结合起来。而在下一个练习中表格右侧的任务（应该如何回答下列问题）是在学生完成（左侧）语言形式练习的基础上进行的，这就迫使学生要么选择符合情景的答句，要么严格按照句型造出句子。请注意，本练习的指示语也不能仅限于形式上的（如"用动词的过去式填空"），而是要求学生表达出句子的交际含义。而语言形式上的任务也要给出提示性的示例。

4. 训练动词将来时形式的发音和词形变化。请根据示例写出下列动词的过去时形式，并注意动词将来时形式的发音和词形变化。按照表格右侧的问题说出"一切都将按照需要完成"这一含义。

示例: *Еще не пришел, но придёт. // Еще не позвонили, но позвонят.*

Еще не.., но напишет.	*Как ответить на эти вопросы?*
Еще не.., но получу.	*Ну что, от Джона пришло письмо?*
Еще не.., но поедят.	
Еще не.., но сделает.	*Как! У тебя всё еще нет тёплой куртки?*
Еще не.., но куплю.	
Еще не.., но отвечу.	*Дети поужинали?*
Еще не.., но посмотрю.	
Еще не.., но найду.	*Виктор сделал домашнее задание?*

四、言语交际性任务练习环节

第四个环节的练习依然是首先要解决教学任务,但是已经增加了训练形式与内容之间注意力分配的言语交际性任务。第四个环节的练习是个别虚拟交际性教学行为的多次重复性训练,这种练习是指强制性要求学生使用固定句型来完成虚拟交际性任务的练习(如:听句子,并说出如果你是交际对方的话,你不会这样做;听句子,并询问为什么会发生这件事)。或者说,这种行为在内容上可能具有交际的真实性,但在语言形式选择的要求上却具有虚拟交际性,因为这种交际必须要使用给出的替换性句型,所以这是一种"上了保险的交际"[1]。例如,下列练习可以让学生以回顾往事的形式说出自己的计划会随着年龄的增长而变化(这属于语言的真实性交际层面),但与此同时,练习中给出的辅助性材料又给学生限定在严格的语言框架之内(这属于语言的虚拟性交际层面),同时也能预防错误,即确保学生能做出正确的语言表述。练习设计如下:

孩子们经常希望未来从事与父母或电影主人公一样的职业。但是随着年龄的增长他们的兴趣却经常发生变化。请按照下列句型和提示

---

[1] Колкер Я.М., Устинова Е.С., Еналиева Т.М. Практическая методика обучения иностранному языку: учеб.пособие для студ. Высш. Пед. учеб. Заведений. 3-ье изд., дополненное. Рязань: ЗАО «Приз». 2011. С. 53-54.

词语说出你在童年时的职业梦想：

В первом классе я хотел(а) быть учителем. Во втором классе... В пятом классе... В десятом классе я решил(а) стать...

(историком? космонавтом? продавцом? врачом? лётчиком? полицейским? журналистом? инженером? бизнесменом? артистом? художником?)

因此，第四个环节也与第三个环节一样，练习要集中解决一个基本难点，但与第三个环节不同的是，练习的指令本身和完成练习的条件要能复现现实生活情景，尽管要按照严格的句型来完成此项交际任务。重要的是要让学生明白，在现实生活中我们不会遇到"用动词的适当形式填空"这样的交际情景，也不会有"按主题巩固词汇"的情况。学生们也不会对自己的同学说："明天课间休息的时候咱们去系办公室一趟"或者"咱们来造一个被动语态的句子吧"这样的话语。但是学生却可以建议和同学一起去系办公室完成真实的交际任务，如抱怨自己无力完成作业："某老师让我们每天阅读 100 页""老师经常嘲笑我们的错误""我们的意见不被尊重"等。"正是因为第四个环节具有了言语交际的任务，才开始在言语形式和言语内容上分配注意力，尽管这一阶段的注意力仍然主要集中在形式上。学生要意识到这一环节仍然是一种技能训练，学生也应该清楚，老师关注的焦点不是让他阐述自己的观点，而是更加关注他能否正确使用词汇和语法规则。"[1]

对于一个练习属于第三个环节还是第四个环节的判断主要取决于练习的指示语要求（正因为如此，我们在上文中才列举了关于"被动语态使用"的荒诞句子与虚拟的但具有仿真功能的指示语相对立）。但是从某种程度上来说，某个练习到底归属于第三个环节还是第四个环节还要取决于练习本身的内容。我们来比较下列看似是一种练习类型的例子：两个句子中都要求从四个词语中选择一个适当的词语填空：*much – many, few – little.*

---

1 Колкер Я.М., Устинова Е.С., Еналиева Т.М. Практическая методика обучения иностранному языку: учеб.пособие для студ. высш. пед. учеб. заведений. 3-ье изд., дополненное. Рязань: ЗАО «Приз», 2011. С. 57.

第一句：We have (мало) sugar. They have (много) friends.

第二句：It's a pity he has to take... pills. I'm glad he doesn't need... help.

尽管在第二个句子中学生不用说出自己的观点，但这个练习也具有虚拟交际性，因为这样的句子在真实交际中也会遇到，而要说出这样的句子学生不仅要考虑到语法规则，还要做出语义上的决策。[1]（需要强调的是，在言语技能习得的同时要适当插入学生主观创造性的成分，即翻译成分。在上述两个和大一学生一起完成的例子中，我们得出的结论是，在第一个句子中应该采取综合的意译法，把 много sugar 译成 *столько лекарств*，而不是直译法的 *так много таблеток*，而在第二个句子中却需要对语法结构做出变形处理：把逐字逐句的直译 *Ему нужно малопомощи* 替换成更符合俄语表达习惯的意译法：*Он почти не нуждается в помощи* 或 *обходится почти без помощи*。正是第四个环节的练习才能从教学的一开始就帮助教师引入翻译的职业化训练手段，因为在这一环节我们打交道的不是语言单位，而是言语交际单位。

再举一个例子：训练学生正确选择符合逻辑的反义词 "УЖЕ 已经——ЕЩЁ 还" 的用法。

示例：

– Алло, вы *еще* в магазине? – Нет, мы *уже* всё купили и едем домой.

– Твой дедушка *уже* на пенсии? – Нет, он *еще* работает. Ему *еще* нет шестидесяти лет.

请说出符合逻辑的评价性语句：

1　Колкер Я.М., Устинова Е.С., Еналиева Т.М. Практическая методика обучения иностранному языку: учеб.пособие для студ. высш. пед. учеб. заведений. 3-ье изд., дополненное. Рязань: ЗАО «Приз», 2011. С. 57.

Ей уже восемнадцать лет. Ей еще восемнадцать лет.	Ей рано выходить замуж! Ей пора выбирать профессию. Она должна быть более серьёзной! 认真的 Ей будет трудно жить далеко от родителей.

因此，在非交际性的第三环节练习中（准确说是真实性交际前的环节），要把在复杂程度上与第一和第二个环节相似的所有步骤都做精细化的分解，但是要借助于每个步骤的多次复现（而不是简单的重复）过程把它们整合成一个整体，做到快速、准确地使用所有细节性单位。从这个意义上来说，第三个环节有点儿像前两个环节。另一方面，就像上述例子中我们所看到的，第三环节的练习要包含下一步真实交际的种子，为进入下一个环节搭建桥梁。

在第四个环节的练习中在训练言语技能之前必须要先排除各种干扰，因为技能还处于不牢固的阶段。更确切地说，这一环节关注的焦点正是有干扰能力的语言现象，并且这些干扰已经被确定为基本难点，实质上也是唯一的难点。克服这些干扰正是第四个环节练习的目标。这种练习在实施步骤上主要包括带有辅助性表格的词汇单位替换、语法结构变形、句子结构拓展、按句型整合两个句子、仿示例造句等类型。这个环节的练习通常都是虚拟交际性的，学生们要扮演各种社会角色，体验各种交际情景，感受不同的情绪变化、表达对别人的不同态度。教师应该创造各种条件让学生借助于辅助性词语在真实语境下多次演练独白和对话，并要求学生把当前情景下形成的言语技能广泛应用于自己的言语实践中。需要形成的技能越复杂、母语或其他外语对它的负面影响就越大，也就越需要在练习的指示语中对练习的言语交际目标进行多样化设计，以避免言语训练类型的单调和促使学生把形成的言语技能应用于各种真实的言语交际情境中去。

例如，对于大多数学习俄语的外国学生来说，俄语中的 хотеть / не хотеть, чтобы что-либо произошло（希望什么事情发生）这一结构都是难点。难点在于，我们在说未来要发生的事情，但却要使用过去式形式的假定式结构。以英语为母语的人可以在英语的虚拟语气中找到类似的现象，那么对于以汉语为母语的中国学生来说则需要设计一整套的技能训练才能熟练掌握这一句式：

1. 仿照下列句型对说话人的观点表达同意或不同意。

– Как сегодня жарко! Надеюсь, завтра пойдет дождь.

– Я тоже хочу (А я не хочу), чтобы завтра пошёл дождь.

2. 仿造示例表明你希望别人如何对待自己。

1) – Над тобою будут смеяться. Разве ты этого хочешь?

   – Нет, я не хочу, чтобы надо мною смеялись.

2) – Есть учителя, которые задают студентам очень трудные вопросы.

   – А я хочу, чтобы (учителя) мне задавали трудные вопросы!

3. 请在回答父母问题时表达自己的请求。

1) – Что тебе подарить на день рождения?

   – Я хочу, чтобы (вы) мне подарили собаку.

2) – Куда нам поехать будущим летом?

   – Я хочу, чтобы мы поехали в Крым.

需要特别注意的是在学生母语中没有区别的那些语法结构或词汇单位的使用技巧。对于学习俄语的学生来说，这种难点首先是动词体的用法。所以在第四个环节中需要设计一些强调完成体和未完成体区别的技能性练习，例如：

4. 请说明你不能经常做某事，但是一定会完成一次。

1) – Вы уезжаете на неделю? Пожалуйста, звоните каждый день!

   – Каждый день не *буду звонить*, а один раз обязательно *позвоню*.

2) – Это замечательный фильм! Его можно смотреть много раз.

   – Много раз я его не *буду смотреть*, а один раз обязательно *посмотрю*.

第四环节的练习不一定都要设计成对话的形式（尽管对话的优势在于回答的一方事先并不知道老师或同学会从替换结构中选择哪一个问句）。例如，学生可以按照辅助表格的提示说一段话，也就是依然是根据某种句型造句。如果学生是按顺序向下一个同学提问的话，那么说话人按照辅助表格提问时（一半是可预测的，另一半是不知道的），下一个学生需要马上做出回应，即使回应的形式是最简单的，但是却需要瞬间做出正确的反应。

许多辅助性表格都能帮助学生借助于连接词和其他连接手段说出连贯的句子，诸如 «Кроме того» «Но с другой стороны...» «Многие считают, что...» «Нельзя не согласиться, что...» 等连接性结构。如果学生主观上感觉的难点依然只有一个的话，那么，这种独白性表述依然属于第四个环节的练习。

因此，第四个环节需要更大的关注，因为交际性训练通常要符合更为复杂的条件，而对于排除个别的难点来说，却经常要使用形式上的语言练习。但是如果掌握了教学环节理论，把语言形式上的练习加上交际性的任务就没那么复杂了，尽管为了达到这个目的有时也需要对练习的内容做出一些调整（譬如，英语中的一般疑问句"Does he really...?" / "Is there really...?"在用于表达惊讶和不信任时需要在问句中包含答话人意想不到的信息）。这种"虚拟性交际"练习的优势在于，在建立仿真交际情景的同时，不增加语言上的难度。"因此我们在强化教学过程的同时，不违背通俗易懂和连贯性原则"。[1] 这一环节的任务是提高语言表达的流畅度、保证言语礼节使用的规范性、语调的自然地道、做出反应的及时有效以及适应不同交际情景和扮演不同社会角色的能力。如果说新知识讲解阶段是言语技能形成的基础的话，那么第四个环节就是未来要建造的"楼房的墙壁"。但是没有房盖儿的建筑物还不是房屋，它还面临着风吹雨打（也就是说，它还要经历各种导致错误的干扰性因素的挑战），这些干扰性因素足以击垮暂时还不牢固的言语技能。

五、建立连贯性话语的环节

第五个环节，也与第四个环节相同，主要是解决话语输入和话语输出的形式和内容之间的注意力分配问题。在这个环节上，形式和内

---

1 Колкер Я.М., Устинова Е.С., Еналиева Т.М. Практическая методика обучения иностранному языку: учеб.пособие для студ. высш. пед. учеб. заведений. 3-ье изд., дополненное. Рязань: ЗАО «Приз», 2011. С. 58.

容的任务最初在学习者的大脑意识中处于均等的地位，然后随着练习的逐渐深入，内容层面会占据越来越大的比重。"这种情况基于两点原因：首先是因为言语交际练习越来越复杂，其次是由于学生要分散一部分注意力给其他技能的应用，这些技能可能对需要训练的技能造成干扰。正是在第五个环节才能检验已经形成的技能否牢固"。[1]

如果说在第四个环节中话语表现为一个拓展性的答句或者是一个最小单位的句子的话，那么在第五个环节培养的则是理解或建立连贯性话语的能力。但是第四环节和第五环节相区别的标准不在于话语的长度。"譬如说，可以通过列举你们喜欢做什么或不喜欢做什么，会做什么或不会做什么，有什么或没有什么等问题就可以说出一大段独白。但是这样的独白是建立在一种句型结构基础上的，所以它仍然属于第四个环节的练习。第四环节还包括以排除一个词汇难点为目标的造句练习。"[2] 例如，Перечислите, чего вам не хватает, чтобы чувствовать себя счастливым（请利用下列句型列举出你因为没有什么而感觉到自己不幸福）：У меня мало, совсем немного, почти нет...第五个环节的特点在于，它有意地创造条件来分散学生对目标技能的注意力，以检测学生能否在条件改变时随机应变地使用技能的能力。根据 A.N. 列昂季耶夫（А.Н. Леонтьев）和 A.A. 列昂季耶夫（А.А. Леонтьев）关于大脑认知活动具有不同层次的观点，可以认为，正是在这个环节上已经形成的言语技能才能从"当前认知"层次（即所有注意力都集中在一个难点时）转向"自觉监控"层次，这时言语技能才能得到自动应用。但是一旦出现困难，技能所依据的规则就会重新回到"当前认知"层次，即重新集中注意力思考。[3]

下面的例子整合了两种练习类型整合：一是从中介语翻译成外语的教学型翻译；二是对原句结构做出部分改变或完全改变之后做连贯

1　Колкер Я.М., Устинова Е.С., Еналиева Т.М. Практическая методика обучения иностран-ному языку: учеб.пособие для студ. высш. пед. учеб. заведений. 3-ье изд., дополненное. Рязань: ЗАО «Приз», 2011. С. 58.

2　Там же.

3　Леонтьев А.Н. Психологические вопросы сознательности учения // Избранные психоло-гогеческие произведения / под ред. Давыдова В.В., Зинченко В.П., Леонтьева А.А., Петров-ского А.В. Т.1. М.: Педагогика, 1983. С. 348-370.

性的表述，并对现实生活情景做出自己的评价。这一点正好与第五个环节所要求的克服干扰的目标相吻合。下面练习里的干扰性结构是动词的人称形式和第二人称命令式形式。

1. 请把下列关于影响人的健康生活方式的建议翻译成俄语：

● Don't eat late at night. Have supper at seven. Go to bed no later than eleven.

● Keep a dog. Walk with your dog two times a day, in any weather, in summer and in winter.

● Don't watch TV when eating. People usually eat more than they need.

● Drink more water or tea. Don't have coffee in the evening – it is bad for tor your health. And don't drink more than two cups of coffee a day.

2. 请用括号中的句型说出你在生活中会接受哪些建议？ (*Я всегда .... Я никогда.... Я стараюсь <не> .....*)

在完成教学翻译时要讨论学生的不同译法。对命令式结构的翻译完全允许使用不同的词汇和语法结构。如，*Don't eat late at night* 这句话可以翻译成：*Не ешьте на ночь / Лучше не есть перед сном / Не переедайте перед сном / Советуем ужинать не слишком поздно.* 等句子。不同的翻译方法既是培养职业化翻译能力的重要手段，也为建立连贯语篇、规避单一性句法结构提供了示范。但是句法结构的多样性在提高话语有效性的同时，也提高了受到干扰的风险。这就迫使学生在同时监控句法结构的正确性、句法结构的多样性、话语内容的忠实性和逻辑性等方面分散注意力。

"缺乏经验教师的一个典型错误是在第四环节要求的技能还没有达到完全熟练的程度时就转到了第五个环节的练习。因此，我们再次强调，语言技能自动形成的前提是在具有交际性任务的前提下对难点的逐个排除"（也就是第四个环节的练习）。[1]

---

1 Колкер Я.М., Устинова Е.С., Еналиева Т.М. Практическая методика обучения иностранному языку: учеб.пособие для студ. высш. пед. учеб. заведений. 3-ье изд., дополненное. Рязань: ЗАО «Приз», 2011. С. 59.

对第五个环节非常有价值的练习是根据交际情景续写句子，如：请在下列每个短文的基础上拓展 2—3 个句子。

Почему ты не звонишь? Мы очень беспокоимся. У тебя всё в порядке? ...

Что можно делать в Рязани в выходные? Куда можно пойти? Здесь есть театры? ...

Мне нужна помощь. Кого можно попросить помочь? Кому можно позвонить? ...

如果把这个练习变成从母语或中介语翻译成所学外语之后再进行语句补充拓展的话，那么将会收到更好的效果。例如：

Are you still working? It's already half past twelve. It's time to sleep! I am glad you like studying, but you need time to relax ...

六、真实情景交际的言语实践环节

第六个环节属于真实情景交际的言语实践阶段，与第五个环节的区别不在话语的长短上，也不在语言形式的多样性上，而首先在于，在该技能训练的过程中，使用具体语言材料的教学任务首次脱离学生的关注焦点而转向"自觉监控"层次。语言现象已经达到熟练运用的程度，但是只要一出现难点，语言规则就会马上从记忆里调取出来，并提示学生应该如何完成言语行为。

语言材料在这个阶段也可以推荐给学生使用，但绝对不强制；教师没有权利要求学生必须使用某个语法结构或者成语结构，重要的是，要合理设计出交际任务，使学生自己感觉到使用语言材料的必要性。

在第五个环节的练习中，学生非常清楚教师最感兴趣的是学生在对比过去和现在所发生的事件时会转换动词的时体形式、会把所听到的对话内容转换成间接引语的独白形式、会使用序数词等。因此，即使在有言语交际任务的情况下，学生活动的动机也经常还属于教学性的。如果教师能够保证把足够的情感或智力投入到交际活动中去，那么言语交际的动机就可能产生。总体上来看，在这个阶段还是以训练技能为主，而不是训练能力，因此，更贴切的说法应该是教学性的言语动机。但是在这种情况下，学生在关注教学因素的同时，基本上能把注意力集中在解决言语交际的任务上。例如：

1. 请说出你因为什么喜欢或不喜欢某个月份。

2. 请对这个人提出建议：

Я очень одинок. Я не умею находить друзей.

3. They say a man is young while he feels young. If that is true, what are the criteria of feeling young? (You may use the structures «*One is young as long as...*» «*One gets old as soon as...*» etc.). Arrange the criteria you have selected according to their importance.

4. 今天我们谈到了为什么存在不同的语言和为什么说同一种语言的人也不是总能相互理解。请说一说下列哪个警句可以作为今天这堂课的导入语。为什么？

1) Язык дан человеку, чтобы скрывать свои мысли.

2) Язык – не сын, а отец <u>мысли</u>.

3) Язык – одежда мыслей.

4) Знать много языков – значит иметь много ключей к одному замку.

评价第六个环节练习的完成质量必须要使用与现实生活情景相符的术语。只考察语言使用的正确率是不够的。教师要把学生说出来的新观点、有趣的信息加以强调，对比学生的观点和自己的观点。教师可以不同意学生的观点，但教师表达不同意的方式应该表明他对学生坚持自己想法权利的尊重。此外，有时还需要指出，学生阐述的思想是否具有好的效果（包括是否具有情感表现力、表达内容是否准确、是否简洁、是否使用了成语结构、是否具有幽默感、表达是否形象等）。

言语技能形成的第六个环节与言语实践阶段相吻合，所以它的主要目标是交际性的。可能言语实践阶段也应该分成两个或几个环节。但我们坚持认为，言语实践阶段的技能是在"语言材料的非定向训练"的条件下形成的。尽管如此，我们还是把言语交际练习按照一系列指标进行假设性分类（其中，句子长度指标与其他实质性指标不同，属于最不重要的指标。）如果从句子的语言独立性角度出发，那么，言语实践阶段的练习可以分为有辅助词语的和没有辅助词语的，有外语辅助词语或中介语辅助词语的（中介语只提示可能的内容，而不是形式）。如果从技能使用情景的真实性角度出发，那么让学生事先准备的练习比要求学生马上做出口头表述的练习要容易得多。

七、环节的顺序

环节理论是确定课堂教学的练习顺序和发现哪些方面训练不足的简便工具。如果遵循各环节的次序来设计练习，那么练习就更容易完成。此外，环节理论还告诉我们，在什么情况下形式上的语言技能练习真正需要，而什么情况下可以省略这类练习并以具有类似语言难度的交际性练习替换。

有时一堂课上各环节练习的顺序表面上看是被打乱了。例如，在训练英语比较级用法技能的课堂教学中，可以从判断所听句子正误的练习开始：

1. 听句子，如果你听到的句子与事实相符，请举起绿色卡片，如果你听到的句子与事实不符，请举起红色卡片。

1) April is as long as March.

2) October is much colder than November.

3) December is the darkest time of the year.

而下一个练习则训练相似句型的语音，重点是词语的连读规则和韵律特征（如不带重音的连接词的读法、重读音节的均等原则、语调重心后不带重音单词的读法等等。）：

2. 请用自然的语速朗读下列句子：

1) It is as cold in March as in late autumn.

2) Is there as much snow in London as in Moscow, as a rule?

第一个练习具有交际性任务——需要找出说话人的错误，而第二个练习则完全是语言形式上的练习。尽管如此，它们之间的顺序却是不能颠倒的，因为第一个练习给出了发音和语调的示范，起到减轻第二个练习难度的作用。问题的关键在于，一个练习属于哪个具体环节要依据同一个言语活动类型的具体要求来确定。如上述的第一个练习如果从"听"技能训练的角度来看，它就属于第四个环节，但如果从"说"技能的角度看，它只不过是给出了对比结构用法的范例而已。

八、环节理论与言语能力培养

上述所有例子都与语言技能的培养相关，但是言语能力的培养也可以通过环节这一概念来进行。当然，不是所有的能力培养都需要通过每个环节来练习，但是每个环节的有效使用对于能力培养来说也是必要的。如果说技能培养可以通过几堂课就能完全习得的话，那么能力——即言语的认知交际能力，是不可能通过自然习得过程获得的：因为不可能不假思索地、按照某个模板提出令人信服的理由或者对客观事物进行分类！但是，除了一些基本的言语礼节能力之外（如打招呼、告别、请求原谅、祝贺生日等），能力的培养也需要经历知识讲解、言语技能训练和言语实践几个阶段。大多数能力具有复杂的构成要素。

对于能力的分析可以分为三个阶段。第一阶段要确定能力的中心要素，即"由相应言语行为的交际目的和基本思维过程衍生出来的、对该能力起到主导作用的思维要素。"[1] 例如，写课文摘要这一能力的中心要素就是找出带有基本信息的句子。又如，给概念下定义这一能力的中心要素就是把某一客体划归到某一类型并总结其特征。

能力分析的第二阶段是"确定复杂能力的核心要素，也就是处于圆心周围的、其总和构成能力的不变量的那些要素。换句话说，就是那些对于任何一个言语交际情景都需要的、进入能力核心区域的要素。"[2] 如果一篇课文的基本信息在句法结构上没有关联，那么概括课文的能力就不可能形成。因此，概括能力的核心要素就是借助于连接手段把离散的主要信息整合为一个语篇。而给概念下定义能力的核心要素就是把客体归属于某一类型并确定其作为单一对象的充分性和必要性特征。

1　Колкер Я.М., Устинова Е.С., Еналиева Т.М. Практическая методика обучения иностранному языку: учеб.пособие для студ. высш. пед. учеб. заведений. 3-ье изд., дополненное. Рязань: ЗАО «Приз», 2011. С. 18.

2　Там же.

因此，能力的中心要素不总是独立存在的。但是能力的核心要素，尽管不能给出能力的完整图景（就像原子的内核在没有电子外壳的情况下不能给出原子的形状一样），但是它却可以作为一种现实的能力独立发挥作用。这就是说，复杂的能力在外语教学的初级阶段就可以逐步形成。但是像概括课文内容或者解释概念的那些能力则要贯穿于整个学习过程、通过不断发展其他能力要素不断提高和完善。

能力分析的第三个阶段是要"考虑能力构成要素中哪些是属于选择性的，也就是说，它们的取舍取决于交际情景的特征。这里对能力要素的选择已经不是本着'缺它不可'的原则，而是本着'可能有用'的原则，即这个阶段要解决的是如何提高句子的影响效果问题。"[1] 例如，对于概念定义这一能力来说，选择性能力要素包括排除冗余信息、把科学概念简化成孩子能接受的程度、补充例子和类似现象以强化理解等。再如，对课文的概括能力要求使用各种压缩手段，包括对词汇、句法的压缩以及对故事情节的压缩，前提是一个细节完全可以代表其他所有细节。

九、各环节练习示例

最后，我们以概念释义这个复杂能力为例给出每一环节的练习示例（以外语专业二年级学生为授课对象）。需要强调的是，这些示例不能保证该能力所包含的所有要素的形成，它们只为展示每一个练习的设计要符合具体环节的要求。

环节一，要想给概念下定义，首先需要给出概念归类的练习（如"桌子———一种家具"）。示例：

请把下列每一个概念划分到某一个属概念类型之中：

Роза, кошка, осень, физика...

环节二，需要指出该客体区分于其他同类客体的所有特征。给出的释义必须是单一性的、不会引起歧义的。示例：

---

1 Колкер Я.М., Устинова Е.С., Еналиева Т.М. Практическая методика обучения иностранному языку: учеб.пособие для студ. высш. пед. учеб. заведений. 3-ье изд., дополненное. Рязань: ЗАО «Приз», 2011. С. 19.

1.请说出，下列句子是否属于概念性释义：

1) Попугай – это птица, которую некоторые люди держат как домашнего любимца.

2) Школа – это место, куда дети ходят учиться.

3) Дядя – это брат отца или матери.

4) Пенал – это коробка для ручек и карандашей.

5) Биология – это наука, которая изучает природу.

（为了检查释义是否具有单一性，需要在大脑中暗自排查是否还有其他客体可能进入该概念释义，比如人们在家里饲养的宠物不仅有鹦鹉，可能还有其他鸟类。研究大自然的科学还有其他学科，但与化学、物理学、地质学、天文学研究相区别的是：生物学研究的是"有生命的"大自然。而 дядя 这个词还可以用于称呼其他非血缘关系的亲属，如"姑姑的丈夫"。）

2. 请说一说，为了确保概念释义的单一性，下句话中的哪些特征可以从释义中删掉？

Холодильник – большой белый ящик, который сохраняет пищу холодной и свежей.

在这句话中，"白色的"与冰箱的功能没有关系，可以删去，因为冰箱可以是任何颜色的。

环节三，把概念与其释义进行快速连线，并从括号选出合适的特征描述。示例：

Аннотация Диктант Перевод Эссе		*Связный письменный текст,* ...
	- это	1) *Который пишущий составляет сам / получает в устном / письменном виде.*
		2) *который проверяет его (грамотность, умение излагать мысли, логику, умение сжимать информацию, знание иноязычной лексики и грамматических форм*
		3) *(и) который часто/ редко /вряд ли нужен не только для обучения и контроля, но и в реальной жизни.*

环节四，独立完成下列概念释义的修改和补充，使概念释义具有单一性。示例：

Шашки – это настольная игра...

Поезд – это средство передвижения...

Лев – крупное животное, которое...

环节五，针对儿童的概念释义不应该包括只有专业人士才懂的细节描述，但是可以补充儿童阶段能接受的细节，使概念解释更加通俗易懂。示例：

更改下列科学性概念释义，使它能被六岁的儿童接受。如：

Вакцина́ция — введение <u>антигенного</u> материала с целью вызвать <u>иммунитет</u> к <u>болезни</u>, который предотвратит заражение или ослабит его отрицательные последствия.

答案示例：

Это укол, который помогает не заболеть какой-либо заразной болезнью или, если всё-таки заразились, перенести ее в очень легкой форме.

环节六，示例：

请给出一篇短文，找出其中对于 13—14 岁的少年可能不知道的所有概念，并用英语对这些概念作出解释，短文的难度要考虑到八年级学生的英语水平。

第二章 | 交际-认知教学法视阈下语言技能的培养途径

> 语言是我们身体的一部分，它的重要性不亚于身体本身。
>
> ——奥地利哲学家路德维希·维特根斯坦

本章我们将探讨在言语交际中如何发展学生对语言材料的语音、语法和词汇的理解和应用技能。在上一章我们谈到，任何一种技能的有意培养都要求把注意力集中在循序渐进的教学活动上，既包括认知性教学活动，也包括习得性教学活动。因此，我们不仅可以总结出语音、词汇和语法练习的设计技巧，还可以总结出以具体技能培养为目标的整个课堂教学设计的规律。的确，这一章我们所谈到的技能不包括发音和书写规则方面的技能，因为这些技能与交际任务本身没有直接的关系，因此它们也不可能成为课堂教学的基本目标。能够获得课堂教学目标地位的只有那些与真实交际任务相关的技能。例如这样的教学目标表述：今天你们将学会根据你们认为重要的因素对比不同的职业。为此，你们需要使用能帮助你们描述职业特点和某种职业要求的个人品质方面的形容词。或者表述为：今天你们将学会解释，你认为教师、父母、朋友应该如何对待你。为此，你们需要使用 «*хотеть / нехотеть, чтобы...*» 这一句型。

除了词汇和语法技能之外，句子表达的语调技能也具有交际意义，所以，语调与发音不同，也可以成为课堂教学组织的核心方法。但是课堂教学中的基本的、"核心"的技能不但不影响其他技能的存在，而且正相反，具有一个核心技能就意味着要不断完善其他方面的技能。

例如，发音技能方面的训练应该从大学的开始阶段一直持续到毕业前的每一堂课上，就像一个接受训练的运动员每天早晨都要跑步一样，或者一个世界著名歌手每天都要练习发声一样，尽管无论是晨跑还是发声练习都不是行为本身的目的。因此，发音练习首先要经常在每堂课的一开始就进行，其次，发音练习要与词汇的分类练习、句子逻辑顺序重新排列等练习整合起来，目的是使发音练习获得超出发音任务之外的其他意义。

由于在同一层次的语言技能内部或不同层次的语言技能之间都可以对不同任务进行整合，所以我们需要指出的是，各教学法流派之间关于课堂教学组织中采取分层次教学和综合教学的优点和缺点问题始终争论不休。这个问题的实质是关于课堂教学的类型化问题。对于语言学专业实行的外语分科教学模式来说，各项语言技能的单独培养（而且经常是不同的科目由不同的老师讲授）似乎被那些坚持认为精细化的课程分类教学可以更加深入地渗透到所学语言现象的本质并能对其进行系统化研究的学者们所认可。而主张综合教学模式的学者们则认为，外语交际能力的形成从本质上来说是综合性的，所以外语教学应该建立在同时兼顾语言各项技能综合培养的基础上。

我们在坚持整合性教学观点（包含综合性教学）的同时，并不反对把分科教学作为课堂教学的组织原则。但是这种分科教学应该是一种"分科性的综合"或者说是"综合性的分科"。一个具体的语言层面就是一个轴心，这个轴心与其他语言层面密切合作，共同促进课堂言语交际目标的形成、交际技能的训练和言语交际能力的培养。在这种原则下，即使一个班同时有两三个老师授课，每个老师也有责任根据自己同事在之前课堂上进行的内容来设计自己的课堂教学，使每一堂课的"轴心"发生移动，但同时又要让每一堂课都成为前一堂课的合理延续。

这一章与课堂教学设计的方法不直接相关。但是练习作为教学过程中最小的完整单位，如果完成练习同时需要几个思维步骤参与的话，那么这个练习就能体现出"分科性综合"的教学思想。综合性练习不可能是只解决一个认知难点的第一环节练习，也不可能是仅有一个思维步骤的第三环节的言语训练性练习：例如，根据不定式快速说出不正确的英语动词形式，或者快速说出每个词语的反义词形式。

一、语音教学

语音技能的培养可以分为两个方面：一方面要教会学生的发音动作、发音方法和语调，另一方面，要形成语音技能并在整个学习期间持之以恒地坚持练习和不断完善。如果说词汇和句法知识（无论是从理解还是从使用的层面看）可以随着学习时间的推移而逐渐积累，积累的过程一直可以持续到学习阶段结束的话，那么语音技能的培养则完全不同。基本的发音技能（包括单音、音节、持母语者也感觉困难的音组发音、词尾浊辅音清化等）在教学初级阶段的第一个学期就可以获得。个别单词的发音特征已经不是语音的问题，而是具体词汇单位应用的难点。语调的技能与句法、逻辑、强调成分和话语表达的情感内容密切相关。因此，基本的调型在教学初期就要形成（包括肯定、列举、感叹、各种类型的问句——一般疑问句、选择疑问句、特殊疑问句的调型以及逻辑重音），但是语调的综合训练要根据语言的掌握程度持续增加难度，这一过程要一直持续到高年级阶段。

而第一学期设置的发音训练要持续于外语专业本科教学的全过程。此外，学生还应该掌握一些保证其始终坚持正确发音的专门的训练步骤和方法。

（一）建立正确发音基础和纠正外语发音的总体原则

第一，外语的音，根据与学生母语音的对比，可以分为三种类型：与学生母语基本相同或非常相近的音；与学生母语类似、但又不同于母语的音；母语中完全没有的音。

在肯定这种分类方法价值的同时，我们必须强调，任何一门外语的音都有不同的分类方法，这取决于该门外语与学生母语的差异。譬如，俄语中的 [в] 音，英国人完全把它对应成 [v] 音。而对于中国学生来说，无论是英语的 [v]，还是俄语的 [в]，都是陌生的，或者他们会把这个音假设成与汉语类似的 [w] 音。

有时人们会错误地认为，最后一个类型的音——即母语中没有的音，是最难的发音类型。但正是因为母语里没有相似的音才会迫使学生更多地关注这些不习惯的音的发音。而对于那些外语和母语中相似的音，却经常被当作是"自己母语的音"，这一点往往要求学生付出更大的努力才能克服母语的干扰。

对音的分类在很多情况下取决于教学条件和教学目标。对于第一类音，由于与母语音的完全相似，不需要讲解，依靠模仿就能掌握。这种方法适合于短期培训班、非外语专业和经常采用近似发音方法的基础教育阶段的教学条件。但是对于以职业能力培养为目标的外语专业的教学来说，语音上完全相似的说法是不成立的，因为，"没有哪两种语言具有完全相似的音位系统"。[1] 把英语中的 [m,n,l] 三个音看作是与俄语中 [м,н,л] 三个音绝对相似的音[2] 的说法，在我们看来已经超越了相似性条件的最低门槛，因为俄语中只有 [м] 音与英语的 [m] 音在发音位置和发音方式上一致，而英语中的另外两个音——[n,l]，是舌尖-齿龈音，而俄语中的 [н,л] 则属于上颚-齿间响辅音。因此，即使对于以相似性为外语教学原则的中学教学条件下也只能认为这三个辅音之中只有 [m] 音可以看作是与俄语的 [м] 音发音相同的音。而从外语专业人士的角度来看，俄语中的 [м] 和英语中的 [m] 虽然在音位上相同（从抽象意义上的系统特征出发），但在发音上（在发音动作上和发音声效上）是有区别的。如果把这两个音完全等同起来，注定会造成学习俄语或英语学生的明显口音，因为辅音的发音质量不可能不对其旁边的其他音造成影响，如对其旁边的元音发音长度的影响，以及由此导致的对言语意思的错误理解等。

第二，对所学外语的语音系统的专业化掌握能促进具有共性和差异特征的音的对比性描写。（如果学生所学的是第二种外语，且第一种外语是所学专业的话，就必须对比三种语言，因为在母语和第一外

1　Raffel, B. The Art of Translating Poetry. University Park & London: The Pennsylvania State University, 1988. p. 12.

2　Миролюбов А.А., Махмурян К.С. Обучение произношению. – В кн.: «Методика обучения иностранным языкам: традиции и современность /под ред. А.А. Миролюбова. Обнинск : Титул, 2010. С. 217.

语对第二外语的干扰在克服难度上是可以做出对比的。）

与此同时，对于音的描写不应该包括冗余特征，所以对于外语中一个音的描写取决于该音在学生母语中存在的相似音的语音特征（在具有相似音的前提下）。例如俄罗斯学生对于汉语拼音 [c] 音的描述：

"摩擦音 [c]——是塞音 [t] 和缝隙音 [s] 的组合-很像俄语的 «ц» 音，但它们的区别在于汉语的 [c] 音的舌尖向上颚抬起，同时伴有吸气，且第二个组成成分 [s] 的音效更长。[1]" 对于以英语为母语的学习汉语的学生来说，和俄语 «ц» 音做比较是没有任何意义的，因为英语中没有这个音的相似音。但是需要指出的是，汉语中的 [c] 音不是先发 [t]，再发 [s]，而是这两个音组合在一起发出的音。

第三，在纠正发音的过程中确定正确的发音动作是极其重要的。[2] 学生应该有意识地管理自己的发音器官，把音的声学特征和发音动作结合起来。因此重要的语音练习形式是被称之为"无声的口型定位"练习，即对发音的动作轮流做口型无声练习。一些无声的练习类型只适用于练习某一种语言的发音动作，而另外一些练习类型则具有更广泛的应用价值，因为它们还可以同时培养学生对发音动作的控制能力。以下是应用比较广泛的无声练习类型：

舌尖儿舔住口腔上颚的练习。老师开始查数：数到 1 时，舌尖儿舔住上齿，数到 2 时，舌尖儿舔到上齿槽，数到 3 时，舌尖儿移动到硬腭的位置，数到 4 时——舌尖儿移到软腭的位置。然后再数 4-3-2-1，做相反的发音动作练习：

发音动作切换练习。教师数到 1 时，学生要紧闭双唇，数到 2 时，上齿咬住下唇。这个练习对于中国学习俄语的学生尤为重要，因为汉语中没有对应的需要上齿咬下唇的 [в] 音。

第四，要先学习辅音，再学习元音。这个观点并不是说，我们要把所有的辅音学完之后再学习元音，而是指在授课过程中元音的练习要依托于已经学过的辅音。

---

1 Учебник китайского языка для русскоязычных взрослых / под ред. Ван Цзиньлин, Колкера Я.М., Устиновой. Е.С. СПб.: Алеф-Пресс, 2017. С.32.

2 Raffel, B. The Art of Translating Poetry. University Park & London: The Pennsylvania State University, 1988. p. 13.

第五，具体音的学习顺序取决于以下因素：首先，要看它们对学生的相对难度（参见本节第一条原则），其次，要看元音与辅音的可组合性。例如，在学习俄语时，我们无疑要先从硬辅音开始，因为辅音的软化（特别是爆破音和响辅音的软化）对于大多数语言来说都是非典型特征，因而它们是俄语语音教学中的最大难点。然后我们再学习元音，要从能与硬辅音搭配的元音 «а» «о» «у» «э» 开始。元音 «э» 虽然很少出现在实词当中，但是这个音对于字母名称的称谓以及指示代词来说却是非常需要的。«ы» 音对于引入最常用的人称代词 ты, мы, вы 来说也是非常需要的，但是这个音的学习最好在学生已经掌握了 «и» 音之后，以它们之间对比的方式来讲授会更利于学生的掌握。

第六，对外语专业的语音教学中需要展示每个音的发音动作，除非学生母语与所学外语之间的音基本吻合的情况。这种展示方法按下列步骤进行：

●讲解新音的发音动作要领。做出发音器官的准备动作，并在保持发音动作的同时反复听几遍要学习的音（注意先不做模仿发音）。如果新音的某个发音动作具备无声口型动态练习的条件，那么在这个音的完整发音步骤之前要先练习它的不同发音部位的无声口型练习。

●以随机的顺序反复对比听辨容易混淆的音（或者是母语和所学外语的音之间的对比，或者是两种外语音之间的对比，即学生已经学过的外语和新学的外语音之间的对比）。让学生举起不同颜色卡片的方式来判断所听到的是哪个语言的音。如：«б-п-п-б-б-б-п-б-п-п-п ....».

●首次发音要跟老师读。老师应该分别听每个学生的发音，因为全班学生一起发音很难听出谁的发音不正确，而且纠正发音的过程也是一对一的。同时，要求学生随身携带小镜子来监控自己的发音动作。小镜子和不同颜色的卡片要求学生一直放在课桌上。如果有两三个学生犯了相似的错误，那么要再等一等看看其他学生是否也犯类似的错误，然后老师要让全班同学一起来检查犯错学生的发音动作是否正确，发声效果是否达到要求。

●一个音需要全班一起重复发音几次。

●教师要给出音节或单音节词层面的发音练习。这里要遵循循序渐进的原则：开始的时候，应该给出容易拼读的单音节练习，然后在此基础上再逐渐加大难度，练习更为复杂的音组的发音。例如英语的中元音 [ə:]，在俄语中没有对应的相似音，所以学生经常会错误地把它对应成前面带软辅音的元音 «o»。所以，为了预防错误，发这个音时要禁止学生发成圆唇音（即嘴唇凸起）。一方面，要求学生保持口型向两侧舒展的状态，另一方面，要把这个音放在后舌音之后来练习，如：*girl, curl, curb, curse, curve, girdle...* 只有在容易发音的音组中形成这个音的发音技能之后才能练习它与前舌音的搭配：*bird, burn, purse, pearl...* 而对于元音来说，最难的是与排在最后的唇唇响辅音 [w] 的搭配组合：*were, word, world, worse...*

●成对音的对比练习，例如俄语硬辅音和软辅音的对比练习：

стал – сталь, сет – сеть, кон – конь,

мал – мял, ток – тёк, лук – люк.

第七，在形成表示一个音位的单音的发音技能之后还要训练音位的其他变体形式，也就是一个音在不同位置发生音变的规则。比如，俄语中的浊辅音清化和不带重音的元音弱化规则。正是通过这样的训练才能帮助学生理解语言学意义上的音位变体和音变体的概念，这是《语言学基础》这门课程必须要掌握的知识。例如，在 *тетрадь* 这个词中，最后一个音位是浊辅音，但是它却要发成对应的清辅音变体形式 «т'»，而第一个元音 «и» 要弱化成非重读音位 «э»。

第八，对于音的区分性练习的持续时间取决于母语的干扰程度。例如，对于英语音位 [ð] 和 [z] 的区分，虽然在这一对儿音位中的第一个 [ð] 是俄语中不存在的，但是对于俄罗斯学生来说，分辨它们仍然要比分辨汉语中 [b - p], [d - t], [g - k] 这样成对儿的送气音和非送气音要容易一些。同理，中国学生对于分辨和正确发出俄语中 [б - п], [д - т], [г - к] 这些对应的浊辅音和清辅音也面临着很大的困难。这可能与两种语言中的音位对比关系按照不同的语音特征界定有关：汉语中是按照是否存在送气现象来界定的，而俄语中则是按照是否发出声响来区分清音和浊音的。

第九，在学生母语音位系统中本不存在的音却可以在其快速自然的语流中以某些音素变体的形式出现，这种变体现象是因为所学外语对母语造成的部分或完全的逆同化影响（也就是说所学外语对其母语的音位造成影响）。对这些音素的利用可以帮助教师教会学生使用正确的外语发音方法并纠正其发音错误。

例如，英语中看似与俄语没什么关系的中位音 [ə]，在俄语中却出现在重读音节后的非重读音 [a] 和 [o] 上（如：*снова, слово*）或重读音节前的第二个音节上（如：*карандаш, котелок*）。又如，英语的塞擦音 [dʒ] 在许多以清辅音 «ч» 结尾、但却受到后面浊辅音影响而发生浊化的俄语句子中：*мяч забил, врач был, ключ забыл* 等等，只不过要在语速快的情况下才会发生这种现象。同样，汉语的 [z] 音在上述情况下也会出现在俄语中，也就是在后面出现浊辅音的情况下，如：*Отец бы...*

对于外语师范专业和翻译专业的学生来说，语音练习的类型基本相同，但是练习内容的侧重点却有所不同。两种专业方向的外语教学都要求有语音对比的练习（既包括发音层面，也包括语调层面）。但是对于师范专业的学生来说，需要设计更多的跨语言间的对比练习，目的是使学生学会向自己未来的学生展示母语和外语在语音、语调、节奏、嗓音高低上的区别。而对于翻译专业的学生来说，则需要设计更多的同一语言内部音之间的对比练习，目的是训练耳朵对于一个小特征的改变引起句子意思改变的敏感度。这既涉及句子的音位特征（如：*Buy new shirts /shorts for the children*），也涉及导致语义区别的重音要素（如：关于商品昂贵的一句笑话：*Плачу и плачу.* 如果在课堂上应用这句话，那么可以让学生改变动词的位置，并重新解读这句话的逻辑含义：плачу, но плачу.。在学习汉语时，区别性的语音特征经常是音位相同但声调不同的词语，例如买 mǎi 和卖 mài。语调的每个要素都可以带来意义上的变化：包括句子的声调、节奏、逻辑重音以及音高音低等要素，因为嗓音的高低也经常表达出说话人对交际情景的态度。

对于外语师范专业的学生来说，需要设计更多的模仿性练习，而对于翻译专业的学生来说，则需要设计更多的逐步提高其语速的练习，目的是使他在未来的交替传译中能够在说话人停顿期间完成语段的翻译。节奏感训练的练习对于两个专业来说都很重要。而对于翻译专业的学生来说则需要设计更多的不同声调训练，因为这些练习可以帮助学生捕捉到说话人的情绪。

除了训练学生的语音自然习得能力之外，对于语言学专业的学生来说，还需要一些掌握语言系统知识的分析性练习。例如：

1. 说出下列成对音的共性和差异特征：т–д, м–б, л–л', к–х

2. 根据以下描述说出这是哪个俄语音。你认为这些特征足以识别出这些音吗？如果你认为描述不足，请向老师询问不足的信息：

● переднеязычный, зубной, сонорный, носовой *(ключ: твердый или мягкий? То есть «н» или «н'»?*

● шумный, губно-зубной, фрикативный, мягкий *(ключ: звонкий или глухой? То есть «в'» или «ф'»?)*

3. 说出以下音的描述中是否存在多余的特征？或者是否每个特征对于准确描写都是必要的？例如：

● *(английский язык)* – межзубный, щелевой, глухой. *(Ключ: это звук [θ]. Характеристика «щелевой» избыточна, так как межзубные звуки другими и не бывают.)*

● *(английский язык)* – губно-губной, звонкий, сонорный, носовой. *(Ключ: это звук [m]. Указание на звонкость избыточно, так как сонорные звуки глухими не бывают. А характеристика «носовой» нужна, чтобы отличить смычный сонорный [m] от щелевого сонорного [w], тоже губно-губного.)*

4. 找出下列音组中不属于该系列的成分，例如：

● *[м, н, д, р] (выпадает взрывной звук [д], в отличие от трех сонорных;*

● *[з, п, с, ф] (здесь возможны два решения: либо лишний звук - [з] как единственный звонкий, либо - [п] как единственный смычный на фоне щелевых.*

5. 根据下列类比关系补充缺失的词语。

这个练习不仅可以应用于个别音的练习，也可以应用于短小的单词练习之中。设计的原则是相同的：成对的词语中至少具有一个相同特征。例如：

Лук : люк = клон : ... (клён – *по твердости/мягкости согласного*)

Том : сом = код : ...(код – *по способу образования: «взрывной – щелевой»*)

所有这些练习都是有效的，是因为它们能够形成"二元对立""区别性特征""充足和冗余"等语言学概念，这些概念都是准确识别语言单位的基础。所以在语音系统范畴内的分析性练习完全可以应用到其他语言技能的训练之中。

一种单项技能的习得性技能训练或者具体的语音对比练习（环节3和环节4），从类型上来看数量并不多，但是这些练习的完成方式却可以是多样化的。比如，几列对比词语可以两个人一组依次从左向右或者从右向左读，可以按照蛇形的顺序或按照圆圈的顺序让学生依次读，也可以实行一个学生读，两个学生一起读，一个小组一起读，全班同学一起读等方式。

如果学生所学外语为英语，朗读与同一个辅音搭配的不同元音音组的练习是非常有益的。随着学生掌握元音数量的增加，这种练习的长度也越来越长，同时总是要从前舌音的辅音开始：

dean, din, den, Dan, dine, done, Don, dawn, dune;

feel, fill, fell, fail, file, fall, fool, full, furl

对各种语言普遍通用的练习类型是朗读意义不同的成对词语并找出其中发音相同的词语和发音不同的词语（即找相同和找不同的练习）。在俄语教学中学生应该依据词语的真实发音，而不是词语的音位组成来做出发音相同或不同的判断。所以, *лёт – лёд* 这一对儿词语，就属于"发音相同"的类型。

在词语的朗读练习之前首先要进行词语的听力识别练习，也就是说，要给出同一个难点的两个练习，首先要从语言输入层面克服难点，然后再从语言输出层面克服难点。

例如：听下列词语，说出每一组词的发音相同还是不同，如果不同，请指出哪里不同。

пыл – пыль, дом – дом, быль - были, пруд - прут, вол – вёл, ром – лом, везти – вести

再如：先朗读发音相同的词语，再朗读发音不同的词语。

дог – док, воз – вёз, стал – сталь, порог – порок, придать – предать, учиться – учится

угол – уголь, плод – плот, тоска – доска, отворить – отварить

具有同样普遍意义的练习是让学生根据发音来判断词语是外语的还是中介语的练习。形式上的相似可能是偶然的现象（如 *лук – look*）或者是的确具有共同词根的词语（如 *tennis – теннис*）。但是，无论哪种情况，学生如果能够识别出发音属于哪种语言的话，就证明学生能够分辨出每种语言的口音并可以解释他们为什么能确定所听到的某个词语是母语的还是外语的。完成练习的步骤是这样的：老师先读出所有对比关系的成对儿词语，然后再随机说出某个成对儿词语中的一个成分，让学生举起不同颜色的卡片，示意所听到的词语是哪个语言的。例如：

нет – net, set – сеть, film – фильм, кот – cot, tent – тент, kit – кит, bill – бил, God – год

день – den, sled – след, dog – дог, мип – tip, talk – ток, род – rod, bread – бред, холл – hall

在教授中国学生俄语时，必须先做辅音的听辨练习，然后再让学生朗读以清浊辅音开头的成对儿对比的音节或词语（要监督学生在发清辅音时不能有吸气的动作）。

Па, гол, ком, гам, бал, том, дым, дом.

там – дам, тон – Дон, кол – гол, фон – вон, пил – бил

在训练语音逆同化现象的练习中也需要成对的对比练习，其中包括受后一个辅音影响的浊辅音清化或清辅音浊化现象。例如：

В декабре – в сентябре; в воскресенье – в субботу.

（这里要特别注意监督学生不要把 «в» 音发成 [w] 音。）

因为中国学生经常把带有软辅音的词语结尾上增加附带音，所以要教会学生听辨名词单数和复数词尾上的区别。例如：

Тетрадь, преподаватель, двери, ночь, тетради, дверь, преподаватели

还应该给出重音对比的练习。下面的例子属于语音 - 语法方面的练习，因为重音的变化与语法规则的变化有关，也与元音的本音和弱化音的交替相关。例如：

го́ра – го́ры, нога́ – но́ги

мо́ре – моря́, по́ле – поля́

холо́дный – хо́лодно, плохо́й – пло́хо

Учи́ться – у́чится, жени́ться – же́нится

Хожу́ – хо́дят, хочу́ – хо́чет, могу́ – мо́гут

从语音教学过程的最开始就要教会学生分辨和重复一般疑问句和肯定句的语调。例如：

– *Алло, это Антон? –Да, это Антон. – Антон, это папа. Мама дома? –Дома. И Алла дома.*

在语音教学中对逻辑重音的训练也是至关重要的，这种技能的训练要从第一堂课的教学开始。例如：

请用《Мне нужна большая сумка》这句话回答下列每个问题。

（在教学的初级阶段，问题可以用母语或者中介语提出。最主要的是要让逻辑重音与说话人的言语意图相符。）

–*Дать тебе мой рюкзак?(Shall I lend you my knapsack?) – Нет, (мне нужна большая СУМКА.)*

– *Кому-нибудь нужна большая сумка?(Does anyone need a big bag?) – (МНЕ нужна большая сумка!)*

– *Можно мне взять твою большую сумку?(May I take your big bag?) – Нет, (мне НУЖНА большая сумка!)*

– *Эта сумка тебе подойдет?(Will this bag suit you? // Is this bag what you need?) - Нет, (мне нужна БОЛЬШАЯ сумка.)*

因此，逻辑重音可以通过一般疑问句来加以训练。但是一开始的训练不是从逻辑重音开始，而是从提高声调的练习开始，这一点对于中国学生来说特别困难，因为汉语中的疑问句主要借助的不是语调，而是交际情景和疑问词"吗"来表达。例如：

Уже поздно? – Да, поздно. – Пора домой? – Пора. – Тебехолодно? – Немного холодно.

– Алло, ты дома? – Дома. – Отдыхаешь? – Нет, перевожу текст. – На компьютере? – Да, на компьютере. – Трудно? – Да, нелегко. ...

只有在这个练习之后才开始通过疑问句来训练句子的逻辑重音：

Ты сегодня ХОДИЛ на почту?   *(или не ходил?)*

Ты СЕГОДНЯ ходил на почту?   *(или вчера?)*

Ты сегодня ходил на ПОЧТУ?   *(или в банк?)*

这个练习中括号里的词语是逻辑重音确定的提示成分。在下一次课中类似练习的完成方式可以更复杂化一些，也就是说，学生应该自己来根据给出的选项提示来判断句子逻辑重音的位置：

Ты принимаешь таблетки от кашля?

- ... *или от температуры?*
- ... *или выбрасываешь их?*
- ... *или микстуру?*
- ... *или это лекарства твоей бабушки?*

这里供选择的词语可以用中介语给出，因为它们只是起到提示的作用，而不需要说出来。

为了使学生形成的发音和语调技能始终得到保持和完善，后期的教学过程中主要采用综合性的练习，这样既可以节约教学的时间成本，也可以练习学生对语音和其他技能方面注意力上的灵活分配，还有利于建立真实的交际情景，使语音难点在解决现实言语交际任务的过程中得到克服。

（二）节奏和逐渐降低声调的综合性训练

这种训练对于英语的语音教学极为重要，因为英语的节奏要严格遵守以下两条原则：一是所有的非重读音节都要归附于其前面的重读音节上，而第一个重读音节之前的所有音节也要归附于这个重读音节上（即后附现象和首附现象），所以像 *I have been thinking about it* 这样的句子发音就要作为一个词汇单位来发音。二是每个重读音节使用的发音力量要均等，它们的间隔距离就像节拍一样均匀，而不取决于它们之间非重读音节数量的多少。因此，两个重读音节之间的非重读音节数量越多，那么就意味着它们的语流就越快。因此，可以设计这样几个练习类型：

1. 按照节拍朗读下面的句子，每个句子设定两个逻辑重音。

Come at once. I am coming back. I'll be back in a minute. I have been waiting for an hour.

2. 朗读下列词组和句子，朗读要保证每组词组或句子的节奏一致。下列句首的符号中的大圈表示重读音节，小圈表示非重读音节。

OoO: *do it now / not so fast / cut the bread / make the tea / run away / go to sleep / have a drink / break it up / what is that? / what's it for? / practice hard / sing a song / write it down...*

oOo: *I think so / I'd like to / as well as / for ever / they may be / just listen / without me / in day time...*

oOoo: *I'd like you to / he wants us to / it used to be / they must have been / get rid of it / we asked them to / he's used to it / be nice to her / a friend of mine. /* [1]

3. 先找出下列对话中前后两句节奏相符的对话并朗读对话，然后再找出前后两句节奏不相符的对话并朗读对话。如果两个句子的节奏图相同，即重读与非重读音节的数量和分布都相同，那么其节奏就相同。我们看下面的示例及其节奏图提示：

– Встанем пораньше. – Только не в восемь! (– OooOo. – OooOo!)

– Дайте мне выспаться! – Сколько можно спать? (– OooOoo! – OoOoO?)

1　Allen, W.S. Living English Speech. London: Longmans, 1959. p. 191.

–Не люблю пустой болтовни. – Ну, давай хоть что-то решим.

–Чем бы нам поужинать? – Вечно ты голодная!

–I can't find my knife. – I saw it on your desk.

–The text is easy. – Then read it quickly.

–Meet my sister. – Nice to meet you!

–The teacher is late. – Let's wait till six.

–Where is my jacket? – What does it look like?

这个练习还可以添加一些补充的语义任务。如："上述英语小对话中哪一个可能是一个人的连贯表达？"

（三）发音和声调对比的综合训练

发音的难点之一是遵循辅音的清化浊化规律及元音 «o» 在重读和非重读音节上的读法。如：

–Всё в порядке? – Всё в порядке. – Экзамен сдан? – Экзамен сдан.

–Сегодня холодно? –Да, похолодало. –Дождь идет? –Дождя нет.

类似的练习也可以应用于对外英语的语音练习：声调的对比以及舌尖-齿槽辅音和齿间辅音连缀的读法。但要在此练习的基础上再加一个补充任务——即表达对说话人观点的否定或同情。

"练习上述句子的朗读，下列句子表达的是一个人不许自己做想做的事情。然后用表达对一个人持否定态度的语调朗读句子。"

需要强调的一点是，为了训练学生的准确发音，要先要求学生把两个单词的辅音连在一起读，然后再拉长舌尖-齿槽缝隙音的长度：[hæzzz`ðis]? [laiksss`ðæt]，因为无论是俄罗斯学生，还是中国学生普遍犯的典型错误都是把舌尖-齿槽音发成齿间音。

... has ⤴ this – needs `that

... says ⤴ this – thinks `that

... says ⤴ this – does `that

... likes ⤴ these – buys `those

... had ⤴ this – dreamed of `that

（四）发音和准确记忆的综合训练方法

这种练习要在所有的音学完之后使用，在教学的初级和中级阶段非常有效。要循序渐进地进行拓展语句的听力训练。与此同时，要确保每一个句子，哪怕是最短的句子，都是语义完整的句子。从最短的句子开始，让学生按照从易到难的顺序，逐个拓展句子。然后最后的一个句子——也就是最长的那个句子要求所有学生根据记忆写下来并要求每个学生再口头重复一遍。这种练习不仅可以把语音练习与记忆力训练结合起来，而且可以根据语言材料的不同把记忆力训练与语法及词汇练习结合起来。例如：

辅音 [zð] 和 [dð] 与其他辅音连读的句子拓展练习。

Does the child understand?

● Does the child understand that it is bad?

● Does the child understand that it is bad to be noisy?

● Does the child understand that it is bad to be noisy when the others are tired?

● Does the child understand that it is bad to be noisy when the others are tired and need a rest?

辅音 [л] 和 [p] 对比的句子拓展练习。

● Было утро.

● Было летнее утро.

● Было прекрасное летнее утро.

● Было прекрасное летнее утро. Светило солнце.

● Было прекрасное летнее утро. Светило солнце, но было еще прохладно.

（五）语调和逻辑重音的综合训练方法

在外语教学的高年级阶段我们要继续进行语调的训练，如训练表达不同心情和对某一情景不同态度的语调训练，对只能通过语调手段区别句子语义的语调训练（包括声调的高低、停顿的使用、句子切分的频率等）。

我们先来看一个对外俄语教学的例子：

1. 找出下列句子中的解释性成分（即不影响句子基本含义的补充性信息）。请用比句子主要信息声音更低、力量更轻的声调来朗读这些成分。

Наши гости (коллеги отца), нам с сестрой сначала очень не понравились.

Они поженились через два месяца после знакомства, а через полгода, как это часто бывает, уже решили разойтись.

Пришла Татьяна Петровна, наша соседка, и принесла вкусные пирожки.

Он казался гордым и злым, а на самом деле, как я понял позже, был просто одинок и несчастен.

2. 听句子，说出这伙人里一共有几个人。

示例：*С ним была Мария, его сестра (,) и два друга.*

答案分析：如果在 «его сестра» 后面没有停顿，就说明这是另外一个女人（使用列举语调），就说明这一伙人里一共有 5 个人。而如果 «его сестра» 后面有逗号，有停顿，就说明玛利亚是他的姐姐，这时要使用压低声音的降调，且语速要比基本信息的语速快。这时这伙人总共有 4 人。

3. 可以使用虚拟交际性的练习对这样的句子进行理解性训练。例如：听句子，决定你是否会加入他们：

Мы завтра идем в театр: Дима, мой друг, мои родители и я. Хочешь пойти с нами. Сколько купить билетов?

答案示例：

1) *Значит, вас будет четверо. К сожалению, я завтра занят(а). Купи четыре билета.* 2) *Значит, вас будет пятеро. Я тоже пойду с вами. Купи шесть билетов, пожалуйста.*

再举一个英语教学的例子：

4. 听下列用两种语调表达的同一个句子，说一说哪种语调的表达听起来更礼貌？你们判断的依据是什么？

Do you mean we are to write two more tests and then to take an oral pass-or-fail exam?

两种调型的解读：

第一种读法：句子中间不停顿且使用越来越低的降调，但是在结尾的时候使用升调。

第二种读法：句子切分的频率较高，且在 two more 和 then 这两个词上使用降调但情感加强。

请朗读下面两个俄语译文，判断哪个译文与上面英语句子的哪个读法的意义相符？

● *Я правильно понял, что будут еще два теста, а потом устный зачет?*

● *Вы* <u>*что же, хотите сказать*</u>*, что нам предстоят ещецелых два теста, а* <u>*потом*</u> *еще и устный зачет?!»*

接下来，按照下面的要求朗读上面的英语句子：

先表达出对考试科目多的抱怨语气；

再礼貌性地与对方确认考试的程序。

（六）发音和背景知识的整合训练

1. 针对英语专业四年级关于"科学：人类的发展进程"这一专题的关键词进行的发音练习：

按照英语字母表顺序说出五个主要地质时代的名称：

Archean, Cenozoic, Mesozoic, Paleozoic, Proterozoic

接下来可以用类似的练习形式列举出动物群的种类，但是练习的难度要加大：例如，按照母语的字母排列顺序给出动物群的名称，但是要根据给出的表格材料和录像资料按照动物物种产生时间的先后顺序用所学外语说出它们的名称。这个练习中对词汇的掌握和认知事物的任务是同等重要的，而语音练习起到的只是辅助作用，也就是说，从分科训练的特点来说，这不是一项单一的语音练习，而是一个整合性的词汇练习。

2. 类似的练习模式也可以应用于俄语专业二年级的课堂教学：

请按照出现的时间顺序对下列社会活动家进行排序：

Ду Фу, Есенин, Конфуций, Ли Бай, Пушкин, Толстой, Шекспир

这个练习还可以调动学生的背景知识，要求学生联想这些人物的时代特征来回答问题，如：*Существуют ли фотографии Пушкина? Можно ли было во времена Толстого звонить по телефону?* 但是背景知识的引入不能在学生练习这些人名的发音阶段进行，而要在课堂练习的整合阶段进行。

综上，外语专业的语音教学必须要从教学的初级阶段持续到最后阶段，甚至要一直持续到学生从事职业活动的整个后续过程。在第一阶段的发音和基本语调训练完成之后，语音练习要与其他的语言技能练习、认知练习和交际性练习整合在一起进行综合训练。

二、语法教学

如果把语言比作一个生物体的话，那么应该承认语言的背后有一个其他生物体都没有的特点——那就是语言不会变老。语言和其他生物体一样，它们也在旧细胞不断死去、新细胞不断产生的过程中不断变化，有时甚至达到无法辨认的程度（请比较古英语和现代英语），但却仍然不失顽强的生命力和创造力。语言因为其词根不断吸取现代词汇营养而得以流传（请比较：*очи – очки, очевидно; перст – перчатки, напёрсток; уста – устный, наизусть*），因为具有比较稳定的语言成分——语音和语法系统而维系着自身的生命。所以，语法就像树干或人的躯干一样，语法系统就是保障语言得以永恒存在的框架。与词汇系统不同的是，语法系统更稳定，与发音系统不同的是，语法具有语义特征。或许正因为如此，俄罗斯科学院院士 Л.В. 谢尔巴在其学生们的见证下，在自己的学术讲座中对 А.В. 苏沃洛夫的经典名言进行了这样的仿拟："词汇就是个傻瓜，而语法才是个精明人！"

（一）语法技能形成的基本原则

1. 课堂教学的语法目标是实现言语交际目标的条件。因此不能以语言形式上的练习来结束每堂课的教学，也就是需要进入交际情景。

而新的语法现象将作为实现言语交际目标的条件。由此，课堂教学目标的设计原则就是要从交际目标过渡到语法目标，例如：

Сегодня мы будем сравнивать китайскую и российскуюсистемы высшего образования. Для этого нам нужны степени сравнения.（今天我们将对比中国和俄罗斯的高等教育体系，为此，我们需要使用比较级这一语法现象。）

Мы будем говорить о том, что есть здоровый образ жизни. Вы выразите свое отношение к советам врачей. А советы даются в повелительном наклонении.（今天我们将探讨什么是健康的生活方式。你们要表达对医生建议的态度。而建议将以命令式的形式给出。）

Let's learn to explain what you can do without any help. You will need words which mean "cам, caмa"（自己 zìjǐ）.

2. 在训练语音技能的过程中，语言其他方面的技能都要服从于语音导入的渐进性原则。但是在语音基础形成之后（至少在后基础阶段和中级阶段），正是语法决定了语言材料输入的渐进过程。

与词汇单位相比，语法结构更符合言语行为的类型。而教师的任务就是要教会学生使用言语行为的各种组合形式。先不要急于扩展词汇量，最好是先根据词汇单位的可搭配原则进行词汇与已掌握的语法结构之间的搭配练习。在教学的初级阶段要学会用有限的词汇量表达尽可能多的言语意图——而这就需要借助于语法结构的多功能意义和语法结构之间的灵活搭配来实现。

3. 在教学的初始阶段为了简化语言手段最好避免使用语法结构的同义手段。

如果学生会说 *надо что-либо сделать* 这个语法结构，就没有必要引入 *«мне необходимо...» «нам следует...» «вы должны...»* 等同义语法结构。但是规避同义语法结构的原则只是一个老生常谈的说法，而不要把它看作是一成不变的真理。重要的是，在教学的初级阶段需要引入修辞上中性的、日常生活和其他语言范畴中都常用的语法结构。这一原则也适用于词汇系统：无论学生群体中所使用的俚语词汇多么普及、使用频率多高，对于初学外语的人来说它们却和诗歌中使用的古语一样不可接受。另外，语法同义现象与同一个言语交际意图的多样化表达完全不是一回事儿。例如，一个初学英语的人可以这样称赞一本自己喜欢的书：*It's a good book. The book is good. I like the book. It isn't bad. It reads well.* 从语法的角度看，这些句子未必是同义结构，但是不管怎么说，这些句子要么是可以互换的，要么是互为强调的。在它们之间做相互替换可以促使学生自然习得语法技能并灵活使用。

4. 对于是否需要引入一个语法现象的所有意义这一问题，从教学法的角度来看，存在三种情况：

1）必须一次性给出一个语法现象的所有意义（在需要建立完整的语法意义图景的情况下）。

例如：

I have read the book. =

a) 表示行为的结束和结果：*You can take it*（我已经读完了）；

b) 表示经验、经历：*I remember what it is about*（我读过）.

再如，俄语动词的未完成体意义：Он *звонил* ей：

a) 表示在某一时刻发生过：в тот момент = *was calling* her；

b) 表示经常、每天发生的行为：часто, каждый день = *called* her, *used to call* her.

2）可以同时给出两个或者几个语法意义，但没有必要这么做。例如：语气词"吧"的语法功能。最初可以给出它的一种功能——表示不确信的提问、猜测、假设。例如：今天不会下雨吧。Jīntiān bùhuì xià yǔ ba. Сегодня, вероятно, дождя не будет. 语气词"吧"的这个含义与它的另外一个功能——祈使意义毫无关系，所以不必给出。

3) 不能给出语法现象的所有意义，因为它们之间会相互影响、造成混淆。例如，面向中国学生和俄罗斯学生讲解英语中的 Present Continuous 的语法意义。这个句型有四种意义：

a) 正在 zhèngzài；

b) 现在 xiànzài (I live in Beijing, but now I am staying with my aunt in Harbin)；

c) 不远的将来 (They are getting married next month);

d) 表达气愤 qìfèn: (You are always talking in my class!).

因此，在讲解 Present Continuous 这个语法结构表示"正在"的意义时，可以给出它的"将来时"含义（但不是必需的），但绝不能给出表示愤怒的意义："*You are always doing things like that!*" = «Вечно у тебя так получается!»，因为在英语中 always 和 now 是具有对立意义的词语。

5. 语法的讲解方式在很多时候取决于外语的语法现象与学生母语中类似语法现象的相似程度（在这种情况下依赖于中介语是不可靠的）。外语语法现象可能：与学生母语中的语法现象在意义上完全吻合；比学生母语中的语法现象表达的意义更宽；比学生母语中的语法现象表达的意义更窄；是学生母语中不存在的语法现象。

1）最简单的情况是外语与母语语法现象意义完全吻合的情况。例如俄语和英语中的名词单复数现象。当然，也存在不吻合的情况，如俄语中的 деньги, волосы, часы 只有复数形式，而英语中相应的词 money, hair, watch 却只有单数形式。俄语中的 одежда, полиция 属于单数名词，而英语中的 clothes, police 却只有复数形式等。但是这些区别不是语义范畴上的区别，而只是个别词语用法上的特征。在这种情况下，可以完全集中精力克服语法形式上的难点，因为复数这一语法意义已经被看作是外语和母语中共同的现象。而俄罗斯学生或英美国家的学生学习汉语的情况却有些不同。汉语中也有"一个"和"多个"的语法概念，但是复数意义并不总是通过语法规则来表征，而是通过具体的数词或者上下文来表达。

2）如果学生所学外语的某一语法现象比学生母语中的类似语法现象的意义更宽的话，那么它在言语实践中的应用就相对容易一些。比如，俄罗斯学生很容易掌握英语词型 Future Simple（will come），而英语国家的学生却很难掌握俄语中的完成体和未完成体的区别（如 приду / буду приходить）。但俄罗斯学生却产生另外一个理解性难点——要判断英语词型 will do 表示的是一次性行为还是多次性行为？但是上下文通常会帮助学生排除理解上的难点，所以这种难点也是比较容易解决的。

3）俄语中的格范畴和动词变位范畴都是复杂的语法范畴。譬如，汉语中没有格的语法范畴，而动词不定式除了动词的基本功能之外，还有很多其他功能，如相当于俄语动词人称变化形式和动名词的功能。这两种情况下学生都要掌握新的语法概念，要给学生讲解其母语中不存在或语义上比母语更窄的外语现象。有时甚至很难把某一语法现象划归于某一具体类型。例如，俄语中动词体的概念（如 *приходил,* *пришел*) 对于中国学生和英语为母语的学生来说都是其母语中不存在的现象或者比其母语相应语言形式意义更窄的语法现象（如：came, 来到了）。

因此，对这种语法现象的讲解原则几乎都是相同的。要把知识点划分成小的"份额"，每一"份额"都要配合积极的教学操练。首先要通过最简单的、形式上难度最小的例句来形成对于该语法现象意义和功能的基本概念。

（二）借助英语中介语讲解俄语动词体的方法

1. *Compare two English sentences: a) After dinner he usually wrote letters or read books. b) He read the book quickly and returned it to me in three days. Which sentence shows a process and which one shows the result of the process? What helped you guess? (Contextual markers "usually" "quickly" "returned")*

2. In Russian these two meanings are expressed by different forms. Every verb has two forms: imperfective (несовершенный вид – НСВ) and perfective (совершенный вид – СВ).

请听下列英语句子，并说出动词表示的意义：过程还是结果？与俄语中哪个体的形式对应：是表示过程的未完成体还是表示结果的完成体？

– *Are you hungry? – No, I've had breakfast.*

● *He was only eight, so he read and wrote very slowly.*

● *He wrote several letters and then went to bed.*

3. 现在朗读下列俄语句子，说出每个动词表达的含义——过程还是结果？行为是否已经结束？根据什么能确定这一点？

示例：

Трудно **читать** по-русски. (Это трудный процесс!) Но надо **прочитать** эту книгу сегодня (прочитать = to finish reading the book).

Я не люблю **готовить** еду, но надо **приготовить** ужин к семи часам. Я не люблю **писать** письма, но надо **написать** письмодедушке. Надо **принести** еду из магазина, а мне трудно **нестятяжёлые** сумки. Давайте **завтракать**, а то мы не успеем**позавтракать**! Начинай **делать** домашнее задание - нужно **сделать** его до занятия!

4. 把练习 3 里的动词填写到一个表格的两侧，左侧填写未完成体动词，右侧填写完成体动词，然后朗读它们。说一说，哪些前缀表示动作的结果意义？

5. 把练习 3 中的例句翻译成母语。再从母语翻译成俄语（即反向翻译），尽量不看上面的俄语译文。

6. 再朗读几组完成体和未完成体的动词。然后用手盖住完成体形式，根据记忆说出动词的两种对应体形式：

Делать	Сделать
Завтракать, обедать, ужинать	Позавтракать, пообедать, поужинать
Спать, гулять	Поспать, погулять
готовить	Приготовить
слушать	Послушать
смотреть	Посмотреть
учить (слова, текст)	Выучить
учить (кого-то)	Научить

7. 把下列句子括号中的词语翻译成俄语，并把动词变成适当的形式。

● – Надо (*have supper*). Уже семь. – Я не голоден. Я не люблю (*have supper*) так рано.

133

● – Я не люблю (*watch*) детективы. – Но этот фильм очень хороший. Его обязательно надо (*watch*)...

8.请说出现在必须要完成的事情。

示例: *Я не люблю смотреть футбол по телевизору, но эту игру обязательно надо..!*

上述这些练习的顺序不是一成不变的，但是这些练习展示了意义上更窄或者学生母语中没有的语法现象的基本讲授方法：

要从讲解语法现象的意义开始，而不是从讲解形式开始；

要先给出动词体的核心意义，而且要用最简单的动词形式，因为前缀作为构成完成体的手段要比元音交替形式和不同词干形式的完成体形式要容易得多；

要把知识点分解成"小份儿"，而认知性的练习要分成几个"步骤"；

要遵守"滚雪球"的原则，同时每一个新的练习都要在完成前面练习的基础上增加一个新的难度；

学生的认知活动要平稳过渡到技能训练阶段。

必须教会学生在理解语法知识（在读或听的过程中）的同时运用语法知识（在说或写的过程中）。同一个练习类型（如辅助性表格、按示例接续对话等）既可以是输入性的、以理解为目标的，也可能是输出性的、以表达为目标的。例如，下面的两个练习在类型（按示例回答）和材料内容上（英语的主动和被动语态）都相似：

9.听句子，选择下列句子中的一个作为回应，表达出自己对事情的态度：

(*He is very fortunate. He is very unfortunate. How kind of him! How unkind of him!*)

示例: – *He's been given a promotion.* – *He is very fortunate.*

– *He's given me his guitar.* – *How kind of him!*

– *He's been given two detentions.* – *He is very unfortunate.*

10.听句子，按照示例做出反应：肯定事情就是这个样子。

示例:

– *It wasn't John who broke the window!*

– *That's true. The window wasn't broken by John.*

上述这两个练习都是虚拟交际性的，答句的目的是事先设定好的。第一个练习是输入性的、以培养学生的理解能力为目标，听话人在选择时要做出两个决策：一是语法上的。是说话人自己完成的行为还是其他人对他施加的行为；二是伦理道德上的。判断这件事好还是不好。第二个练习是输出性的、以培养学生表达能力为目标。答话人在肯定说话人意见的同时，要把主动态结构改成被动态结构，并且要把人的名字放到未知信息的强位上，以强调自己与所发生的事件没有关系。

一般情况下，以理解为目的的输入性练习要先于难度相当的以表达为目的的输出性练习，二者构成一个统一体。

（三）以理解为目标的语法练习类型

1. 词汇–语法同步练习——训练俄语序数词的间接格的听辨能力（适用于班级人数在 20—30 人的中国学生）。

听句子，环顾一下周围同学，说出一个同学的名字。[1]

示例：

– *Он сидит пятым во втором ряду.* – *Это Лёня.*

– *Она сидит первой в пятом ряду.* – *Это Маша.*

在做完这个听辨理解性的练习之后，马上转为输出性的表达练习：老师和全班同学之间的对话，例如：

– *А где сегодня Соня? Я ее не вижу.*

– *Она тут! Она сидит **второй** в четвертом ряду.*

2.（以对外英语教学为例）说出下列括号中的哪个动词在翻译下列句子的谓语时需要变成人称形式？

示例：

His love of adventures causes no end of trouble to his parents. (любить, причинять, кончать, кончаться, беспокоить)

这个练习的语法难点在于，在类似的英语句子中有几个词都可能充当谓语。对于具有屈折语特点的俄语来说，不需要这样的练习。

---

1 中国大学外语教学的传统：为了适应所学语言国家的文化，中国外语专业几乎每个大学生都有一个在整个教学过程中都会使用的外文名字。

3. 非交际性的、但具有职业化目标导向的练习（理解和表达同步的练习）

下列用中介语表达的句子在意义上具有多义性。请把这些句子翻译成俄语。请比较，译文是否消除了原文的多义性？

- *The teacher's textbook* – он / она владелец или автор учебника?

- *Repin's portrait* – портрет написал Репин или он изображён на портрете?

- *The impression of the visitor* – впечатление, которое получил или произвёл посетитель?

（提示：在前两句话的译文中，仍然保留了句子的双重含义，但在第三句的译文中，动词的不同支配关系消除了原句中的歧义：*впечатление посетителя – впечатление от посетителя (о посетителе)*

4. 理解–表达同步性练习：朗读下列句子。动词的重音取决于动词在上下文中的意义。因此，朗读就可以展示出学生对句法和句子意思是否真正理解。

- *Учиться* интересно: я каждый день *узнаю* что-то новое!

- Она не сказала мне, где она *учится*, но я всё равно *узнаю*!

另外一个朗读展示学生是否理解语法结构的例子：朗读句子，确定《что》是否需要带重音。

- *Я знаю, что он любит на завтрак.*

- *Я знаю, что он не любит кашу. ... и т.п.*

5. 理解–表达同步练习。对下列句子内容做出肯定。为了避免重复，表达时请把第一个词替换成代词 они 或 их。

- *Цветы должны быть на солнце каждый день.*

- *Цветы надо поливать каждый день.*

- *Детей ждали около школы.*

- *Дети ждали около школы.*

6. 听句子，说出你同意或不同意这些观点。

为了突出语法技能训练，这个练习应以对比为基础来设计，如主动态和被动态的对比、动词因搭配前置词变化而导致意义变化情况的对比、词序变化对比等。练习中要给出包含不同难点的例子，也就是说，练习要具有总结概括性质。

下面给出的是对外俄语和对外英语语法教学的例子。练习可以根据学生对句子结构和句子意思的理解程度以听力或阅读的方式给出。

7. 判断句子的正误。

Is it true that..?

- ... *April is followed by March?*
- ... *kind people like to be asked for help?*
- ... *bad pronunciation often results from grammar mistakes?*

8. 说出这些句子的意思是否合乎逻辑？如果不合逻辑，应该怎样改正。

- *Автобус не пришел вовремя, поэтому я опоздал на работу.*
- *Маше читает вслух Петя: он сам еще не умеет читать.*
- *Плохая погода часто бывает из-за плохого настроения.*
- *В апреле еще нельзя кататься на лыжах.*

注释：改错过程是学生的创造性过程，最好以全班讨论的形式进行。例如，在第二个俄语句子中，要么改变动词的支配关系：кто кому читает вслух，要么，把 *он сам* 替换成 *она сама*。在第三个句子中，要么改变句子成分（主语和原因状语），要么替换动词（*вызывает..., приводит к...*）及其相应的接格关系。而最简练的方式就是把前置词 *из-за* 替换成 *причиной*。最后一句话可以替换月份的名称或者运动的种类，或者在 *на лыжах* 之间加上一个词语，变成 *на водных лыжах*，但是更符合逻辑的做法是把 *еще* 换成 *уже*。

（四）以表达为目标的语法练习类型

表达性练习要从第三个环节的非交际性练习开始。例如：拓展句的记忆训练（详见《语音教学》部分）。这里新学的语法现象要复现几次。

1. 总结第四格的词尾变化。

Она хочет иметь *работу*. Она хочет иметь *интереснуюработу*. Она хочет иметь *интересную* работу и *доброго мужа*. Она хочет иметь интересную работу, доброго мужа и *здоровых детей*.

2. 训练动词人称形式的快速反应，特别要注意重音变化和辅音交替的情况。

Ты *хочешь* изучать корейский язык?

Ты хочешь изучать корейский язык? А ваши друзья тоже *хотят*?

Ты хочешь изучать корейский язык? А ваши друзья тоже хотят? Вся ваша группа *хочет* его изучать?

Ты хочешь изучать корейский язык? А ваши друзья тожехотят? Вся ваша группа хочет его изучать? Вы все *хотите* поехать в Корею?

3. 多项选择题。在这个练习中，格、人称形式、动词体、时态等语法难点可以和词汇难点（如：*ask – просить, спрашивать,задавать вопросы*）结合起来，也可以和逻辑思维训练结合起来。此外，这样的练习还可以规避词语简化组合或句子简化组合结构上的错误（类似于 «*Можно мне это сделать?*» 和 «*Можно я это сделаю?*» 这样的错误）。

Я надеюсь на...	(а) лёгкий тест и добрый преподаватель.
	(б) лёгкий тест и доброго преподавателя.
	(в) лёгкого теста и доброго преподавателя.
	(г) лёгкого теста и добрый преподаватель.

| Его в университете уже нет. Занятия закончились, и он... домой. | (а) ушёл | (б) уходи |
| | (в) шёл | (г) ходил |

| Я не буду покупать это платье, хотя оно очень... | (а) дорогое | (б) модное |
| | (в) длинное | (г) большое |

| Я люблю тебя и хочу, чтобы ты всегда ... рядом со мной! | (а) был | (б) есть |
| | (в) будь | (г) будешь |

| Летом темнеет.., чем зимой. | (а) раньше | (б) более раньше |
| | (в) позже | (г) более позже |

| Мой отец... русский язык в школе, но сейчас совсем не говорит по-русски. | (а) изучает | (б) изучал |
| | (в) научил | (г) учит |

| ... каждый день английские песни, и через год вы сможете говорить по-английски. | (а) слышите | (б) слушайте |
| | (в) слушай | (г) послушайте |

（续表）

У меня болит голова. Можно мне... с занятия?	(а) уйти	(б) уйду
	(в) ушёл	(г) идти
Не... ей вопросы по-китайски, она по-китайски не понимает.	(а) спрашиваете	(б) спрашивайте
	(в) задаёте	(г) задавайте

4. 根据句意选择适当的动词并记住这些动词的形式。

Feel	Fall	The boys... home an hour ago.
Take	Grow	The tree... three feet last year.
Go	Break	The little boy... the glass window.
Meet	Hurt	I... to the station to meet my aunt. ... и т.п.
Lose	hear	

在上述练习中，如果以俄语为语料，还可以给出词型相近的词语（*ходят – хотят*）以及未完成体和完成体形式的选择练习，例如：

（хотеть – ходить）: Они... на занятия каждый день, потому что... знать русский язык.

5. 单独训练词尾记忆的练习。不建议给出互不关联的单个句子，而要给出一个连贯性的小短文，这样可以使形式上的练习也变得更容易理解和记忆。例如：语法目标是练习物主代词的变化形式，主题是计划和朋友一起休息。

- Я не знаю е＿＿＿ имени. Она не называет мне сво＿＿ имени!

- Можно я позвоню по тво＿＿＿ телефону? Я забыл св＿＿ дома.

- Приходи со сво＿＿＿ друзьями. Пусть попробуют наш＿＿＿ пельмени!

- Давай встретимся около наш＿＿＿ обшежития. И принеси св＿＿ гитару. Мо＿＿ друзья еще не слышали тво＿＿＿ песен под гитару.

6. 单独训练词型记忆的练习。词语的提示可以使用中介语、外语词汇的原形（动词不定式、名词单数第一格）或者上下文。在这种练习中，问题能够提示答句中所需的谓语形式，而答句能够提示问句中所需要使用的疑问词。例如：填空并演练对话。

– ... did you see?	– I... Bill Jones.
– ... did you meet?	– We... at the station.
– ... did you go?	– We... to a café.
– ... did you come home?	– I... home at eleven.
– ... did you get back?	– I... back by bus.

7. 根据情景选择恰当词语，并重复句子。

Он не работает, (*потому что, хотя*) ему (*уже, только*) двадцать семь лет.

Она (*уже, еще*) не студентка: ей (*уже, только*) шестнадцать лет.

8. 翻译下列短句。如果是英语句子，可以与句子的节奏训练结合起来。

He `liked it and `used it.

Follow the rhythmic pattern: **oOooOo**[1]

- *Она (вещь) ему понравилась, и он ее купил.*
- *Я нуждался в этом, и достал эту вещь.*
- *Он увидел эту вещь и взял ее.*
- *Я купила ее и принесла.*
- *Я увидел их, и они мне понравились.*
- *Я помогал ему и обучал его.*
- *Он любил ее и женился на ней.*

注释: 训练句子节奏的练习可以促进学生提高语速。为了规避学生出现错误，应该给学生时间准备。如果学生觉得容易，可以在句子之中插入动词的形式或者加入几个整句来提高难度。这时，上例子中的具有相同节奏图的练习就可以用于按照节拍来朗读的训练。但是不允许学生朗读事先已经翻译好的句子。在轮到下个同学朗读时，教师应该把自己的材料给学生使用（没有事先做好节奏图标记的）：学生没有必要把所有的句子都背下来，但是语法和节奏的训练不应该借助辅助手段。

---

1 Колкер Я.М., Устинова Е.С., Шеина И.М. Как использовать родной язык на разных ступенях изучения иностранного. Рязань: Изд-во РГУ имени С.А. Есенина, 2007. С. 89, 216.

这种策略适用于所有阶段的语法教学。同一个练习可以作为培养学生认知概括能力的手段，可以先让班级集体讨论不同的解决方案，然后再分别训练学生按节奏快速朗读出所有自己选择方案的句子。例如，针对英语专业大三的学生可以设计这样的练习：

9. 请用合适的英语词语替换括号中的俄语词，并以自然的语速朗读句子。试一试，是否可以把你们选择的答案替换成其他方式而不改变句子意思？

– What makes her so late, I wonder? – She *(могла опоздать на)* the express train.

● Why did you expose her to ridicule! You *(мог бы быть)* more tactful!

● We *(должны были встретиться)* at the cinema entrance at eight, and I *(должна была взять)* a taxi to get there in time...

（注释：第一个例子的替换选项最多，如：She can / could / may / might have been late for / have missed the train. 第二和第三个例子主要是词汇方面的替换：were to meet / were supposed to meet: I had to / was obliged to / had no choice but to take a taxi）.

10. 句型变化的辅助表格。这个练习可以使学生快速而简练地获取大量的原句意思转换方式，只需要指出所需要的方格即可。这里的 "+" 表示肯定句，"–" 表示否定句，"?" 表示疑问句，"– ?" 表示否定性的问句（如：Doesn't he need help? Разве ему не нужна помощь? ）。

I Я	You (ind.) Ты	He Он	She Она	We Мы	You(coll.) Вы (уваж.) вы (все)	They Они	
+	+	+	+	+	+	+	● She likes skating. She isn't good at it. But she enjoys it.
–	–	–	–	–	–	–	● He may have a rest. He needn't finish the work today.
?	?	?	?	?	?	?	● Он кончил школу. Он ищет работу.
– ?	– ?	– ?	– ?	– ?	– ?	– ?	● Он не будет поступать в университет.

要先教会学生快速地改变单个句子的结构，然后再让学生造出由2—3个句子组成的连贯性小短文，这样就可以不增加学生瞬时记忆的负担。这时增加的语法任务必须要符合句子的逻辑需要，例如：

He may have a rest. He needn't finish the work today.

"She – ": She can't have a rest. She must finish the work today.

"They ?": Can they have a rest? Must they (= Do they have to) finish the work today?

因此，第一句话的结构变形就预示着后面的句子因交际情境的变化一定也会发生变形。有时可能有几种不同的逻辑解决方案，所以不必对每个句子都做改变。例如：

She likes skating. She isn't good at it. But she enjoys it.

"She –": 否定 **She** 的行为，且改变人称为阳性形式：

• She doesn't like skating. She is good at it, but (somehow) she doesn't enjoy it.

• She doesn't like skating. She is not good at, so (naturally) she doesn't enjoy it.

У него болит горло. Ему нужно пойти к врачу. Он может уйти с занятий?

«Я +»: 做出相反的语义变形，且改变行为主体为第一人称：

• У меня болит горло. Мне нужно пойти к врачу. Я могу (мне можно) уйти с занятий?

• У меня болит горло. Мне нужно пойти к врачу, но я не могу уйти с занятий.

11. 仿示例改变格的形式。这是一种非常有益的名词或代词变格的替换练习，因为格的改变取决于交际情境的变化。例如，重复一个正在找东西的人的独白：

• *Где моя шапка, мой шарф, моё пальто, мои перчатки?*

• *Нигде нет моей шапки, моего шарфа, моего пальто и моих перчаток!*

• *Надо найти мою шапку, мой шарф, моё пальто и моиперчатки.*

而现在，你们找不到自己的下列东西了。请仿照上述例句请求别人的帮助。

- *Куртка, зонтик, часы.*
- *Ручка, учебник, очки.*

上面的例子表明，第三环节的练习虽然没有交际任务，但是这种练习要么需要猜测、要么需要借助于逻辑思维，要么因为具有仿真的上下文而为下一步的真实交际搭桥，也就是说，形式上的语法技能训练和现实交际上的语法训练没有严格的界限。

（五）表达性的交际练习（即第四和第五环节的练习）

1. 句子成分接格关系的练习。这个练习类型可以归到第三个环节（如找出每个问句的下半部分）或者第四个环节（相互提问），这个取决于教师是否确定学生能够快速、准确地对问题做出反应。

	... ты идешь в кино?
	... ты помогаешь ?
Кто	... ты хочешь работать?
У кого	... ты был вчера вечером?
Кому	... вы разговаривали?
Кем	... ты хочешь мне рассказать?
С кем	... в группе больше всего друзей?
О ком	... хочет поиграть со мной в теннис?
	... ты звонишь каждый день?

从本质上来说，上述这个练习是一种具有辅助性表格的练习类型，尽管辅助性表格通常都要包括几列。这里我们对于这个非常有效的教学工具——辅助性表格做进一步的分析。

辅助性表格的功能远没有得到全面应用。这些表格经常没有交际性的内容、脱离交际情境，所以经常得不到学生的重视。请比较下列两个表格：[1]

---

[1] Лапидус Б.А., Неусихина М.М., Шейдина И.Л. English Through Practice. Москва: Высшая школа, 1975. С. 140, 168.

1)						
Why not	go to the stadium?	The weather	is	not so	bad	after all.
	take a walk?				cold	
	decide it now?	It			tired	
	wait for her?	You			busy	
	open the window?	The day	are		expensive	
	take the ticket?				difficult	

2)				
Our teacher	had	an interesting play	last year.
The woman	made	beautiful music	three days ago.
Your cousin	ate	a nice cake	last April.
His sister	heard	this film	the day before yesterday.
These people	read	many mistakes	two hours ago.
The boys	saw	a good time	

在这两个表格中都没有现实交际情景。但是第一个表格中的所有句子在某种程度上都能产生交际行为，因为每一个句子都是相对完整的，而且在把两句话连接成符合逻辑的一句话时，需要先做出意义上的决策。

根据第二个表格，学生造出来的不是长句子，而是短句子，因为这里不需要做任何交际情境的联想，而只需要词汇单位搭配的最简单知识（如可以说《делать》торт，也可以说《делать》ошибки）所以说，第一个表格更有价值，因为它具有虚拟交际性，与此同时，第二个表格则完全不具有交际性。[1]

辅助性表格——是一种保证句子结构正确、又要符合逻辑和给出多样性解决方案的练习类型。例如，"*Why not decide it now?*"这样的句子开头，就要允许有不同的接续: *It is not so difficult* 或 *You are not so busy* 或 *so tired, after all*。但是解决方案的多样性要受到交际情境的制约。因此，解决方案的有限性是辅助性表格的一个重要特征。

辅助性表格通常要给出造句子的现成模块，所以在制作这个表格时要特别细致。例如，英语冠词要给出 a/an 两种形式，如果下一列词语中有元音开头的词语的话。如果表里给出来的名词有不要求使

1　Колкер Я.М., Устинова Е.С., Еналиева Т.М. Практическая методика обучения иностранному языку: учеб.пособие для студ. высш. пед. учеб. заведений. 3-ье изд., дополненное. Рязань: ЗАО «Приз», 2011. С. 111.

用冠词的情况，那么冠词要用括号的形式给出。这就说明，表格里的这个成分的使用是有选择的。同理，如果动词的人称形式可能需要单数第三人称的词尾形式，那么也要以括号的形式给出，如：prefer(s)，envy(-ies)，或者给出词语的全部人称变化：хожу/ходим。

2. 辅助性表格可以训练两种互相干扰的词型对比，例如，两种变格形式或者动词不定式和动名词之间的区分。如下：请向父母说明你们需要买新东西。

| Я больше не могу носить... | этот эту это эти | платье. свитер. шарф. туфли. куртку. перчатки. пальто. сумку. рубашку. ботинки. | Этому Этой Этим | свитеру пальто куртке перчаткам платью туфлям шарфу ботинкам сумке рубашке | 3 года. 4 года. 5 лет. много лет. |

3. 如果辅助性表格能使学生说出关于自己真实情况的句子或发表自己的看法，那么它就具有了现实交际功能。例如：

Make up two utterances using the table, each consisting of at least two sentences. In the first utterance, the second sentence should add something to the opening sentence (*Besides*,...). In the second case, the continuation should oppose the beginning (*But on the other hand*,...).

| Life in the future may become | more difficult easier more exciting less exciting | because people will | be able to learn several jobs in a lifetime. have to change several jobs in a lifetime. be able to do less physical work. become lazier and more passive. be able to give more time to art (to sports). do more intellectual work. rely more on computers than on themselves. be able to travel more //to see all parts of the world. depend (too much) on technology//feel helpless without it. |

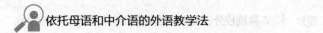

4.辅助性表格还可以帮助学生说出由几个句子组成的扩展性句子。在这种情况下可以给出具有其他连接意义的提示词语（如：зато, однако, кроме того, к тому же, дело в том, что 等等）：

| Я | часто
редко
много
мало | читаю
смотрю телевизор
пишу письма
пишу SMS
-сообщения
пользуюсь
интернетом | хотя

так как

потому
что

поэтому | очень люблю книги.
я много знаю.
у нас дома много (мало) книг.
там можно быстро найти информацию.
у меня нет на это времени.
мне не хочется тратить время зря.
часто надо посоветоваться с друзьями.
мне легко учиться.
это приносит мне радость.
можно общаться быстрее.
это отнимает очень много времени.
мне это (не) интересно. |

利用上述辅助表格进行句子扩展的示例：

Я редко смотрю телевизор, потому что у меня нет на это времени. Кроме того, мне не хочется тратить время зря. Зато я много пользуюсь интернетом. Хотя у нас дома много книг и я очень люблю книги, в интернете можно быстро найти информацию. Поэтому мне легко учиться 等等.

5. 辅助性表格还可以作为翻译技能训练的工具，此外，还具有帮助学生进一步提高口语表达能力的功能。

如，模拟翻译演练（针对对外英语教学的大一学生）：用下列表格中的材料用俄语做一个口头短文。表格下面的例句给出了如何整合几个句子的示例。可以把这些句子应用于自己的言语表达，但是一定要结合自己的实际情况对它们进行扩展。然后两个人一组快速地把这些句子翻译成英语。

I	must	go to bed; go alone; wait for me.
You	can	ask for help; manage it alone.
He	may	come very late (early).
She		do it now (do it myself, himself, herself, yourself, themselves).
We	mustn't	stay at home; make dinner; wash the dishes, watch TV).
They	can't	go shopping (go for a walk, go to the cinema).
	may not	do a lot of work; translate the text; do the exercises; learn the new
	needn't	words.

1) *Вы обязаны перевести текст, но заучивать новые слова не обязательно. Если не сможете справиться сами, можете пользоваться словарем.*

2) *Тебе незачем помогать им с домашними заданиями.Неужели они сами не могут справиться? Им не следует постояннопросить о помощи*!

这种依赖于辅助性表格的练习是连接符合严格规范的句子和更为独立的言语表达之间的桥梁。此外,这种练习还具有职业化(翻译专业)导向,因为按照辅助性表格表达出的句子互译会更加地道,而不是逐字逐句的直译,如对 *I can't manage it alone* 这句话可以翻译成: *Мне одной не справиться* 或者 *Мне без помощи не обойтись* 或者 *Мне это одному не под силу*. 一年级的学生应该明白, 替换也是一种翻译, 只不过是在同一种语言内部的翻译。

6. 辅助性表格也可以用于两个人一组的演练。如果技能已经局部形成, 那么可能出错的词语形式(在下例中是指动词不定式形式)不一定要给出现成的形式, 而是要求学生独立完成, 如:两个人一组, 相互给出建议, 并对同学给出的建议做出反应。

Не читайте	после одиннадцати.	– Хорошо, я не буду...
Не курите	нигде и никогда.	*Или:*
Не ешьте	при плохом свете.	– А почему нельзя..?
Не пейте	на бегу.	*Или:*
Не занимайтесь	много кофе.	– А я привык(ла)..!
	фаст-фуд.	

在所有带书面辅助手段（帮助学生准备）的交际性语法练习之中，替换性辅助表格可能是一种变化形式最多的练习类型。接下来我们再列举几种依托于图表、供学生做提前准备的其他交际性练习类型。

（六）替换性对话

这种练习需要两个人一组用所有替换词语进行对话演练。这种练习的设计通常是在表格的左侧给出对话示例，而在表格的右侧给出可以替换的词语。学生做对话答句所需要的词语不需要给出现成的语法形式。但是，如果所替换的词语给出了现成形式的话，那么回答问题的学生应该完全依据另一个同学的话语做出相应的回答，而不能看着给出的词语来回答。为了避免学生的事先准备，可以临时变换两个学生的角色。

例如：你们在商店里帮助同学选东西。同学提出需要另外一种质量的东西，你表示同意。请运用反义词的比较级形式。

- Эти лыжи слишком длинные. - Да, тебе нужны лыжи покороче.	Куртка – светлая, джинсы - старомодные, Сумка – большая, компьютер – дорогой, Свитер – толстый, плащ – короткий, туфли – маленькие (= малы), пальто – тяжелое...

Agree to change your plans. Use the structure «*Тогда давай не будем этого делать =*" *Don't let's do it, then*".

– I'd rather not walk home. – **Don't let's** walk home, then. Let's take a bus.	• wait for N.; go without him/her; • have meat (fish) for lunch; have some wine (juice, whisky, beer) • watch a film, play cards, play chess, listen to music, go for a walk • study French, German, Chinese, Japanese, Spanish

（七）语法结构变形

1. 阅读下列与找工作相关的建议，并说一说，你将要做什么？不会去做什么？

● *Ищите себе работу сами! Не ждите помощи от родителей.*

- *Изучайте английский язык.*
- *Не просите сразу большую зарплату.*
- *Не ленитесь! Работайте летом.*
- *Пишите письма в фирмы с просьбой дать вам работу.*
- *Не бойтесь отказа.*

示 例：*Я не жду помощи от родителей. Я буду искать работу сам, и уже ищу!*

2. 选择适当词语的比较级形式说出你的想法。在必要的地方填上 *но, и, кроме того, зато, потому что* 等连接词语。

В этом году учиться (легко, трудно), чем в прошлом году. На втором курсе учиться (интересно, скучно), чем на первом. У нас (много, мало) интересных предметов, чем было раньше. Экзаменов становится (много, мало) , ... свободного времени (много, мало). Преподаватели в этом году (строгие, добрые), чем в прошлом, а домашние задания (простые, сложные).

（八）反向翻译练习（从中介语译成外语）

用几个句子编写一些短文，这些短文可以用于对话的扩展性答句。这些句子用外语和母语（或中介语）的形式分列于辅助表格的两侧。

可能的练习模式：

方案一：先用手盖住中介语短文，教师检测学生是否明白外语短文。然后学生跟老师朗读外语短文，要求学生使用正确的语调，包括恰当的语速和表达出说话人的心情。然后学生用手盖住外语短文，看着中介语再听一遍外语短文，最后学生只看中介语复述出外语短文。

方案二：学生先用手盖住外语短文，学生先尝试独立从中介语翻译成外语。然后对比自己的译文与外语原文，探讨可能的多种译法。然后学生跟老师朗读外语短文，接下来的步骤如同方案一。在完成反向翻译时，学生不一定要一字不差地与外语短文保持一致，只要能保证意思正确即可。这一点对于培养未来的翻译人才来说至关重要。

反向翻译既可以用于提高语法技能，也可以用于提高词汇技能，有时还可以用于词汇和语法技能的综合训练。

1. 以英语为外语、俄语为母语为例，以句法结构 *Ask/tell sb. (not) to do sth.; let sb. do sth.; I'd rather; would you rather* 为语法目标的技能训练练习：

These papers are for Charles. Give them to him. Ask Bill not to take them. He never brings them back in time. Is he fond of detective stories? Then let him take this book. He is sure to enjoy it.	Эти газеты – для Чарльза. Отдай их ему. Попроси Билла не брать их. Он никогда не возвращает их вовремя. Он любит детективные рассказы? Тогда пусть возьмет вот эту книгу. Он наверняка получит от неё большое удовольствие.
I'd rather not go to the party. I have a bad cold. It can't be cured in a day. Besides, I can't leave this translation unfinished. Ask them not to be angry with me. Tell them I miss them.	Мне бы лучше не ходить на эту вечеринку. Я сильно простужена. Простуду за день не вылечишь. К тому же, я не могу оставить перевод незаконченным. Попроси их не сердиться на меня. Скажи им, что я по ним скучаю.

2. 外语为俄语，语法目标是名词变格的反向翻译技能训练训练：

У них есть большой дом, новая машина, но нет детей. Счастливы ли они? Не знаю. Конечно, с детьми нелегко. О детях надо всё время заботиться. Детям нужно внимание родителей. Но разве семья без детей – это семья?	They have a big house and a new car, but no children. Are they happy? I don't know. Of course, having children means having trouble. Children need looking after. They need a lot of parental attention. But can a childless couple be called a family?
В жизни очень важно иметь хорошего друга. Другу мы можем рассказать любой секрет. С другом не страшны никакие беды. У друзей всё общее – и радости, и проблемы. Когда нам плохо, мы звоним друзьям, и на друзей мы всегда можем положиться.	It is very important to have a good friend. We can tell our secrets to a friend. With a true friend, one needn't be afraid of any misfortune. Friends share everything – joys and sorrows (problems). When we are unhappy, we call our friends, and can always rely on them.

（九）仿句型，利用替换词语做连贯表达

1. 请比较,你什么时候做什么和什么时候需要做什么的句法结构。

示例：

● *Я встаю в девять, а надо вставать в половине восьмого.*

● *Я ложусь в половине второго, а надо ложиться в половине пер-вого.*

● *Я обедаю в три, а надо обедать в половине второго.*

● *Я ужинаю в одиннадцать, а надо ужинать в половине десятого.*

（注意：假设你们每天 8 点上课，在造句时要考虑做的所有事情都要早于这个时间。）

2. 接续句子，并独立补充类似的句子（在第一个句子中给出了完整的示例）。

1）说出你打算如何改变自己。

● *Я часто / иногда опаздываю. Я больше не буду опаздывать.*

● *Я курю. Но я больше не...*

● *Я часто забываю дома ручку (учебник, тетрадь, очки, телефон...). Но я больше не...*

2）抱怨一个人表现得与平时不一样（他可能出了什么事儿，表达出你沮丧的心情）。

● *Всегда приходил, а сегодня не пришёл!*

● *Всегда звонил, а вчера не..!*

● *Всегда прощал меня, а в последний раз не..!*

● *Всегда улыбался мне, а сегодня прошел мимо и не..!*

因此，带有视觉辅助手段并给出准备时间的语法练习能够保障言语表达的准确性、语速的自然流畅、表达的连贯性，也能提高学生的自信心，也就是说，它们是建立牢固语法技能的基础。但是，教学中还需要一些不借助辅助手段、快速做出反应的练习类型。

（十）对祈使句做出反应的练习类型

特别是那些对于培养快速反应能力特别重要的练习类型。这种练习类型一般要根据基本操作方法进行分类。

1. 最简单的操作方法是对祈使语句的模仿。但是如果要使这种模仿具有交际含义的话，还是需要对原来的祈使语句做出一些改变（例如逻辑重音）或补充，例如，添加一些成分，如：*конечно; я согласен, что.*

1）请在对方提出建议之后支持他的建议（训练动词的命令式形式）。

示例：

● *Спите с одиннадцати до семи.*

● *Да, обязательно спите с одиннадцати до семи.*

2）请做出简短的回答，并向对方提出同样的问题（训练学生一般疑问句的语调）。

● *Did you listen to the morning news today?*

● *No, I didn't. Did YOU listen to the morning news today?*

2. 替代法。这种方法要求句子的结构不变，只替换句子中的某个词语。例如：

1）在回应说话人的同时表达出自己的意见或态度。

● *Я хочу, чтобы занятия заканчивались в семь.*

● *А я хочу, чтобы занятия заканчивались в шесть!*

● *I am afraid of snakes.*

● *And I am afraid of spiders.*

2）在回应说话人时修正说话人的观点。

● *Tigers are mainly found in Africa.*

● *Oh no, tigers are mainly found in Asia.*

● *Телевидение появилось в конце двадцатого века.*

● *Нет, телевидение появилось в середине двадцатого века.*

3）以与说话人同样的委婉方式回应说话人并表达出自己带有指责意味的请求。

● *Would you mind not shouting so loudly (keeping your voice down)?*

● *I'm sorry. And would you mind using your own pen?*

● *Простите, вы не могли бы вернуть мне мою ручку?*

● *Да, конечно, извините! А вы не могли бы немного подвинуться?*

3. 在复杂程度上（以及交际任务上）与替代法类似的操作方法是拓展法（也叫补充法）。

例如：请说出你生活中必需的东西和非必需的东西。

- *Я не могу обходиться без радио.*

- *А я могу обходиться без радио, но не могу обходиться без компьютера и телефона.*

- *I am used to taking a cold shower in the morning.*

- *Well, I am also used to taking a shower in the morning, but I prefer a warm shower or a warm bath.*

4. 最核心也是最重要的操作方法是转换法。

特别重要的是干扰性语言现象之间的转换，包括学生母语中没有的格、动词的时间形式、人称形式、体、态等范畴，转换类型的练习（无论是具有书面辅助手段的还是口头辅助手段的）都占据重要位置，但是这种练习一定要具有交际性任务，否则学生就会产生一种错误的认识，认为既然可以使用一种表达方式，又可以使用另一种表达方式来替换，那么老师为什么还要求分别练习不同的表达方式呢？！绝对不允许有这样的练习类型："听（读）下列包含一般过去时的句子，并把它们用现在完成时的形式说出来（写出来）"！因为这种练习类型破坏了每一种表达方式的核心功能。

在口头转换练习开始之前，需要给出书面形式的示例并对它加以分析，指出转换后句子交际功能上的变化。下面举几个口头转换练习的例子。

1）请说出，你不知道事情发生的时间、地点、条件等，但你非常清楚的是，这件事的确发生了。

示例：

- *Who **did** Mr. Jones **sell** his car to?*

- *I have no idea. I only know he **has sold** it.*

- *Where **did** the Parkers **find** their dog?*

- *You'd better ask them! I only know they **have found** it.*

2）请说出，你不记得这件事最后一次是什么时候发生的，因为这是很久以前发生的事情。

示例：

• When **did** you last **see** a good comedy? (ride a bicycle, give a big party...)

• I can't remember. **I haven't seen** a good comedy for a long time now.

3）请听下列假设，说一说你是否为这样的前景感到高兴。

请这样开头：It will be good, bad, wonderful, exciting, terrible, awful, tragic, strange, only to be expected if...

– Scientists predict that the Antarctic **will start** melting.

– It will be tragic if the Antarctic **starts** melting!

上述这几个练习类型对于俄语学习没有什么意义，因为俄语中不存在这样对立的语法形式。所以，交际任务每一次都要根据具体语言的难点来确定。例如：

5.

1）请表达对说话人愿望的附和。

示例：

• Я очень надеюсь, что экзамен **будет** не слишком трудным.

• Я тоже хочу, чтобы экзамен **не был** слишком (**был не** слишком) трудным.

2）请承诺你今天或明天一定会做这件事。

• Ты никогда не **моешь** посуду!

• Хорошо, сегодня **вымою**.

• Ты очень поздно **встаёшь.**

• Хорошо, завтра **встану** рано.

3）请告诉说话人他的东西不在你这里。

• Не у вас **мой учебник?** (мои очки, моя тетрадь, мой телефон...)

• Нет, **вашего учебника** у меня нет.

上述列举的练习类型远没有涵盖以语法技能训练为目的的所有交际情景，但是却可以概括出语法练习设计的基本要求：

- 语法练习要与上下文情景结合起来；
- 练习要浅显易懂、具有系统性和连续性，要有辅助手段、示例及为降低表达性练习难度而设计的理解性练习；
- 在需要交流自己的看法、观点、意见和习惯时，要引入情感因素，在做符合逻辑和连贯性的表达时，要引入智力因素。

三、词汇教学

如果说语法可以看作是语言系统的"脊梁"的话，那么词汇就是语言学各种研究的不竭源泉，这里针对的不仅是外国语言，还包括本族语言。因为任何一个民族的本族语言，从外部看，从外国人的视角看都是与众不同的。无论是本族语言自有的词汇单位，还是从其他语言渗入的外来词汇单位，都能够帮助我们打开已知世界的新事物、未知世界的可知事物、习惯认知中的不合理事物和荒诞中的合理事物。本族语和外语的词汇都充满了神秘色彩，都有通向其词义来源和意义发展史的钥匙。因此，外语专业词汇教学的总体原则是：词汇技能的培养不应局限于实用主义、功利主义的目的，我们要把词汇作为语言世界图景中的一个单位、从一个词汇单位与所学外语及其他语言的词汇单位之间在共时和历时背景下相互关系的动态角度来研究词汇教学。

（一）本科外语专业词汇技能培养的基本原则

1. 初级阶段的词汇技能训练取决于我们的教学对象是真正意义上的初学者还是"虚假"意义上的初学者，也就是说，要看学生在中小学阶段是否学习过这门外语。无论是俄罗斯的中小学，还是中国的中小学，学生们学习的外语主要都是英语，所以大学的英语教师可以从一开始就让学生大量阅读经过改编的文学作品以及培养学生对常规课堂用语之外的外语理解能力，让他们适应用英语授课。

初级阶段词汇选择的基本原则取决于词汇的搭配能力，即词汇单位与学过的语法结构在各种言语交际情景中搭配组合的能力。特别有价值的是那些广泛应用于各种题材交际（надо, можно, хотеть, хороший）、具有多种含义（хороший, делать）和高度描写能力的词语，也就是通过它们我们可以解释许多其他言语单位意义的词语：*вещь (thing), человек (man), очень (very)*，例如：необходимый = *очень нужный;* отличный = *очень хороший,* a spoon – *the thing we eat soup with.*

2. 在初级阶段教学的前几周，词汇的选择要符合语音教学的渐进性原则。因此，哪怕是像 Thank you 这样的最需要的词汇单位也不能马上给出，也就是说，需要选择不要求表达感谢的对话情景。从"口语能力"培养的角度来看，这条原则同样需要考虑学生的"真假"零起点的情况，因为发音技能的形成需要一个较长的渐进过程。

3. 为了学会词汇的正确发音，首先要学会对它的正确识别，所以词汇教学要从听辨练习开始。同时，对于许多学生来说，特别是成年学生，要先让他们听辨词语的单个音位，然后再跟操母语者做重复性练习，在给出词语书写能力的同时训练词语的听辨能力。

4. 新词语的讲解要包括对词语形式、意义和用法特征的讲解。词语形式包括词语的发音难点（如辅音连缀、元音弱化、语音同化、个别辅音的不发音现象）、重音的移动（如：*веселый – весело*）、词形的变化、词干的完全异形（如 *хорошо – лучше, класть – положить*）以及不同前缀词语的意义差别（如 *убежать – сбежать – выбежать*）等。因此，操母语的外籍教师在教学中要特别细致地划分出学生可能犯错的区域。

5. 每种语言的大多数词语都具有多义性，因此就产生一个问题——在词汇教学的初级阶段要引入几个意义。

对于一个多义性词语，如果其他意义暂时不需要的话，那么只需讲解它的一个意义。例如，ничего 这个俄语词，在初级阶段只需要讲解它的"什么也不（没有）"这个意义，如：Он *ничего не знает.* В сумке *ничего нет.* 只有到了教学的中级阶段才需引入它的其他口语意义：«*Ничего*, я могу подождать»（"没关系、无所谓"的意思）或 «А фильм-то *ничего*, смотреть можно»（"不错"的意思）。

只有在下列情况下，才能同时引入外语词汇的两个或几个意义：

本次课堂教学中同时需要该词的两种意义，如 часы 表示"钟表"和"时间段"的两种意义，злой 表示人物的性格特征（unkind）和人物此时此刻的情绪状态；

一个单词的不同意义之间密切相关，一个意义是另一个意义的引申，也就是说，它们表示的属概念相同。例如：bag 表示能在手里拿着的各种物品，包括 сумка（包），пакет（口袋），мешок（大袋子）等。

6. 同义现象不仅可以引入，而且要从教学的一开始就要引入，但不是在单个词语的层面上，而是在词组（短句）或句子的层面上。短句结构的同义表达经常借助于词汇的反义词，如：доммаленький = дом небольшой. 而拓展性长句的同义表达则要借助于句法结构的多样性，关于这一点在上一节《语法教学》中有详细阐述，这里不再赘述。

利用词组层面的同义现象我们可以设计一个非常有效的听力练习：听句子，说出对话中的两个人是否同意彼此的观点。

– Люблю вставать рано. – Не люблю вставать поздно.

– The film is not interesting – The film is boring.

– Он не ленивый. – Он не любит работать.

7. 词汇的语义分解，也就是说对词语意义的分析，取决于一系列因素：

●意义本身的具体性或抽象性；

●学生母语中是否存在等同意义的对应词语；

●该词汇与学生母语对应词汇意义上的宽窄度差异；

●教学目标：短期的实用性目标（如成人的语言培训班）还是系统性的教育和发展目标（如外语专业的教学）

8. 对于词汇语义分解的基本要求是：准确、简练、发展逻辑和语言思维能力。

因此，词汇语义分解的方法可以按照如下步骤进行（需要说明的是，如果这里介绍的某个词汇语义分解方法对某一个具体的词语不合适的话，那么可以转入下一种方法）：

1）根据词形猜词的方法，如：пинг-понг（乒乓球 pīngpāng qiú）。

2）根据上下文借助于逻辑或生活常识猜测的方法。有时需要一个小的词组搭配，即使它不能解释词语的意义，但可以提供根据词形猜测的语境。例如，俄语词语 кофе 与汉语的咖啡（kāfēi）具有发音上的相似性。但是俄罗斯学生经常会把汉语中的"咖啡"一词与俄语中的 кафе（小吃部）一词混淆。所以，一个短小的词组"甜的咖啡"（tiánde kāfēi）就能帮助学生理解它的真实语义：сладкий кофе，而不会造成"小吃部"的理解性错误。

3）利用直观手段讲解词的意义——如以图示或者钟表实物模型展示下列时间的句子：*без пяти семь, четверть девятого*；以手势语表示下列短句的意义：*Да., Нет, Не знаю*；利用示意图解释副词和前置词的意义：*в, на, слева, справа, рядом с, напротив*；利用分子式表示"水"这个词语的意义：*вода* = H_2O 等。如果利用直观手段来解释属概念的话，那么必须要给出几个具体实物的图像或者给出一个具有概括意义的图像（例如，在讲解"树"和"花"的词义时）。

4）使用同义词或反义词手段解释词义的方法（对于初级阶段的教学来说，更可靠的手段是反义词手段，例如：*грустный* = *невесёлый*，因为在初级阶段还没有学习诸如 печальный, унылый 这样的同义词。）

5）列举法是解释属概念的有效方法，如：кошки, собаки, птицы, рыбы – это животные. 列举法只有在种概念（至少一部分种概念）已经先于属概念（即总括概念）掌握的情况下才可以使用。

6）释义法，即用其他词汇单位确定词义的方法。这是一种最有益的解释词义的方法，因为它可以教会学生使用原文详解词典。此外，每个师范专业和翻译专业的学生都应该学会使用释义的方法，关于这一点我们将在下一节中做详细探讨。

7）在上述方法都不适用的情况下就要使用翻译法。翻译法一般用来解释具有特别抽象意义的词语（如 *впечатление, вдохновение, зависть*）或者相反，具有种意义的具体概念（包括大多数花、树、鸟、鱼的名称）。

8）如果要讲解一个学生母语中不存在的新概念，或者要明确一个学生母语中意义更加狭窄的概念，那么就要使用解释 - 翻译法，也就是说，要说明这个外语词汇在什么情况下可以使用，在什么情况下不可以使用（参见第一部分第三章中关于"系统性原则"的论述）。

一般来说，大学外语专业的教材中词汇练习都包括翻译和词语用法例句两个部分。但是教师要把重点放在讲解词汇单位在母语和外语不相吻合的那些用法上。

两种语言中意义相等的词汇经常在句法结构上不一致。一种方便实用的预防错误的方法就是做两种语言之间的类比。例如，V.M. 沙克莱茵（В.М. Шаклеин）在谈到不同语言中格的掌握难点时指出，它们在语言功能上存在差异："……波兰语中存在 7 个格，在动词 благодарить（感谢）之后要求的不是第四格，而是第三格。"[1] 但是对于这种俄罗斯学生不习惯的接格关系可以通过句子的结构变形使其理解和习惯，如可以解释为：俄语中我们说 благодарить кого-то（感谢谁，直接客体用第四格），而波兰语中的"感谢"相当于俄语中的 выражать благодарность кому-то, сказать «спасибо» кому-то.（向谁感谢，间接客体用第三格）。以同样的方法可以解释俄语中的 следовать за кем-то（跟在谁的后面）和英语中的无介词句型 follow smb，可以做如下的说明：英语中 прося следовать за нами（请求某人跟在我们的后面走）直译上相当于号召别人跟随我们（преследовать нас）。再如，英语中诸如"The police are..." "The family were..."形式搭配上的不一致可以解释为 police 和 family 的单数形式泛指所有的警察局和所有的家庭成员。在这种情况下，我们能够培养学生对语言的观察力和对不熟悉表达方式进行符号语义功能分析的能力。

9. 与其他语言层面不同的是，词汇层面是培养学生外语思维能力和语言认知能力的前提。在学生外语词汇量有限的阶段，可以利用母语内部的词汇单位培养学生的多种认知能力，例如：

1）按照语义特征对比同义词语意义范围上的区别（如对比俄语中的 *мерцание – сияние, встреча – свидание, равнодушный – безу-*

1　Шаклеин В.М. Русская лингводидактика: история и современность: Учеб. пособие. М.: РУДН, 2008. С. 90.

частный, доза - порция 等词汇的意义范围);

2）选择同义词作为词语的释义方式（如: *кручиниться - горевать* ）;

3）弄清词语的多个意义并给出例子，如动词 заметить 的两个含义: 第一，увидеть (*Он первым заметил тигра*); 第二，вставить попутную реплику (*«Однако это маловероятно», заметил он*);

4）提高表达思想的灵活性，也就是提高替换表达的能力。例如: *В силу своего высокого положения он жил беспечно и вольготно = Будучи из знатного и богатого рода, он мог жить, ни в чем себе не отказывая = Его привилегированное положение позволяло ему жить на широкую ногу, ни о чем не заботясь* 等等;

5）确定词汇单位修辞特征的能力，例如: *темница – тюрьма – кутузка* 之间、*спать – дрыхнуть – почивать* 之间的修辞差异。如果需要，可以对表述的语体做出改变: 把中性语体变成崇高语体，或者相反，把崇高语体替换成中性语体;

6）找出并改正操母语者在真实的口语表述中所犯的修辞性错误。

这些利用母语进行的词汇技能训练方法很容易移植到外语技能训练之中，这远比直接从"一张白纸"一样起点的外语词汇技能训练有效得多。这种方法也可以帮助学生在高年级阶段通过不同类型语篇的译前实例分析来探讨如何保证翻译忠实性的问题。

10. 对词源意义的探究，包括对本族词语和外来词语的词源意义分析，这种分析对于词语在上下文中的正确理解和使用起到辅助作用。譬如，俄语中 санкция 这个词既有"允许"之意（*дать санкцию на..*, *санкционировать* ），也有完全相反的"禁止"之意（*ввести санкции против... / в отношении...* ）。这种表面上的矛盾可以通过这个词的拉丁语词源分析中得到解释: 这个词的原始形式为 *sanctio*，直译为 *освящение*，[1] 也就是"使规定具有官方的地位"。一些词汇单位在词源上的亲缘关系能够帮助我们了解同属于一个概念来源的不同词语内部

---

1 Ушаков Д.Н. Большой толковый словарь современного русского языка. [Электронный ресурс]. URL: https://classes.ru/all-russian/russian-dictionary-Ushakov-term-66423.htm. (Дата обращения 02.09.2018)

形式之间的相互关系。例如：*вращение – превращение – отвращение*，这三个词语的词汇意义都由词根的核心概念 поворот 一词的意义演变而来。由此，*превращение* 就表示一个客体在翻转到另一面时，就像在一个万花筒里一样，要发生变化，而 *отвращение* 这个词，是指一个客体变化得让人那么不舒服，以至于想躲开它。

上述观点并不是说一定要把所有的同根词都同时引入课堂教学。词源探究的方法最好用于分析已经学过的词语的语义分析或者根据词根和上下文猜测新词词义的专门练习之中。

11. 可以根据词语的共同词根进行系统化归类、培养学生的语言猜测能力。但是词语还可以根据共同的词缀来分类，准确地说，是根据词缀的相同含义来对词汇进行分类的方式。如果学生知道 пере-писать 的意思是 написать еще раз 的话，那么他不仅可以明白这个前缀的意义，而且还可以根据这种构词模式独立造出此前他没有见过的新词，如：прочитать еще раз = *перечитать;* сделать снова, то, что сделано плохо = *переделать*。但是需要马上提醒学生，前缀 пере- 还有其他含义，如"做得太多、对事情产生不利结果"的意义：*пере-стараться, пересолить；*"在一定的时间内做完许多事情"的意义：*Я столько дел переделала за день!*"穿过空间的意义"：*перейти, пере-бежать, перепрыгнуть, переплыть.* 还有从"克服障碍"这一基本含义派生出来的"克服困难、冲破障碍"的情感意义：*пережить, пере-страдать.* 正是因为这个前缀具有不同的派生意义，所以在这里要设计一些输入性的、以理解为目标的练习类型，如：

阅读下列句子，选择动词在此句中的正确意义：

Она переоценила свои силы.

а) *оценила их снова;* б) *решила, что она сильнее, чем насамом деле.*

如果词缀具有评价伴随意义，那么可以设计这样的练习类型：听（读）词语（或词组），并判断这些词语表达的是褒义还是贬义。这里需要运用数学逻辑：负数乘以正数得出负数，负数乘以负数得出正数。根据这个规则，下面的词语的"褒义"或"贬义"就可以很容易地判断出来：

*бес*полезный труд (-), *безо*шибочный ответ (+), *небез*ынтересный фильм (+)

12. 对于培养外语思维能力来说，非常有效的方法是根据相似性迁移原则解释词语指称形式吻合的现象。可以从旁观者看待母语的角度来发现习惯事物中的新现象，因为语言内部形式的相似性更容易在非母语中发现。例如，拉脱维亚语中的几对具有明显亲缘关系的词语：*rytas* (утро) – *ritoj* (завтра), *vakaras* (вечер) – *vakar* (вчера)，在没有和俄语中具有完全相似的指称方式做对比之前，完全被看作是一种特殊的、偶然性的巧合。的确，如果比较 *вечор* 和 *заутра* 两个词语的古语形式，那么就可以发现俄语的指称方式更清晰明了。类似的指称现象也存在于英语的这两个词汇，比如诗歌词汇 *morrow*（请比较 tomorrow）的意思为 *morning*，而 *eve* 不仅是指 evening 的简短形式，还有"未来一天前夕"的意思。

13. 词汇作为语言文化的一部分，对词汇的掌握就要包括对长度、重量等度量单位词汇的语言文化内涵意义的掌握。但是学生们却经常草草地运用英语中的 *foot, yard, mile* 这几个词，实际上对所学外语和母语中这些词汇单位所对应的语言文化意义完全没有了解。此外，如果我们讲授的是翻译课程（包括文学翻译），那么学生还要了解母语和所学外语中过去常用而现在已经不用的陈旧词语（例如：*guinea, shilling, аршин, вершок, пуд*）的意义，这类练习具有以自我检查为目的的测试性质，或者要求在做出计算或作出逻辑判断的基础上续完句子。示例：

1）说出下列判断是否正确。

• There used to be twenty shillings in a pound. (Правильно.)

• A shilling equaled ten pence (Неправильно – в шиллинге было 12 пенсов.)

• Четыре мили – это больше, чем пять километров. (Правильно)

• «Три ярда» можно перевести как «около трех метров». (Правильно)

● Если речка глубиной всего восемь футов, утонуть в ней нельзя. (Неправильно – это почти 2,5 метра)

2）找出下列测量方法中与众不同的方法。

● В этом чемодане весу килограммов пятнадцать, а то и больше.

● Думаю, чемодан весит добрых два пуда.

● Чемодан явно потянет на 30 фунтов с лишним.

● This bag must weigh around two stone and a half.

3）做出计算后回答下列问题。

Which cyclist will be the first to cover the same distance – the one who moves with the speed of fifteen miles an hour or the one who makes twenty kilometers an hour?

与语音和语法教学相比，词汇教学在课堂讲授阶段就可以进入交际性的训练。交际性练习包括：按不同的语义特征对词汇进行归类的练习、类比练习（按照类比关系填空）、找出多余成分、词组的反向翻译（从母语到外语）等等。

（二）词语归类和找对应关系的练习

1. 请按照下列词语分类要求写出词语。

Все предметы мебели, в которых можно держать вещи.

Все вещи, которые делают комнату уютной.

2. 要求同上，但是要写出词组（词汇语法练习）。你不知道你的眼镜、拖鞋、词典、猫等物品现在在哪里，请按照下列提示说出在哪里能找到它们。

... на	... кровати, кроватью
... за	... шкафу, шкафом
... под	... столе, столом, стуле, стулом
... в	... диване, диваном, кресле, креслом

3. 朗读下列表示人的特征的词语。分别说出表示褒义和表示贬义的词语，再说一说哪些特征是人的固有特征，而哪些特征是人的临时特征。

Умный, глупый, добрый, злой, весёлый, грустный, смешной, высокий, красивый, сильный, сердитый, слабый, быстрый, ловкий, ленивый, верный, надёжный

4. 说出一个人在有下列目的时需要去什么地方（要求使用表示方向意义的第四格）。

1）娱乐和休息；2）解决日常生活需要

универсам, аптека, цирк, парк, музей, почта, кинотеатр, библиотека, дискотека, банк ....

5.（适于对外汉语教学）朗读下列词组。说出课堂上哪些行为是老师做的，哪些行为是学生做的，哪些行为既是老师做的，也是学生做的。

задает/-ют вопросы, объясняет/-ют грамматику, заучивает/-ют слова ...

上课 shàngkè, 读生词 dú shēngcí, 背生词 bèi shēngcí, 读课文 dú kèwén, 讲语法 jiǎng yǔfǎ, 讲生词 jiǎng shēngcí, 听课文 tīng kèwén, 背语法 bèi yǔfǎ, 学汉语 xué hànyǔ, 提问 tíwèn, 提要求 tí yāoqiú, 背课文 bèi kèwén 造句子 zào jùzi。

6.（适于对外英语教学）朗读下列词语，说出它们属于哪种疾病：1）意外造成的身体残疾（belong to physical abnormalities due to an accident）；2）流行病传染病（may bring along an epidemic）；3）慢性病（tend to become chronic）；4）呼吸器官疾病（affect organs of breathing）；5）老年人易患的疾病（generally afflict old people rather than young ones）.

A sore throat, influenza, asthma, malaria, diphtheria, bronchitis, cholera, apoplexy, a broken leg, a turned ankle, typhoid fever, scarlet fever, rheumatism, pneumonia, TB (tuberculosis), heart trouble, a dislocated shoulder, jaundice, whooping-cough, appendicitis, gout, measles, a gastric ulcer, a malignant tumour, a benign tumour, smallpox, chicken-pox, (the) plague.

7. 按照类比关系填空 (Doing analogies)

Роза: цветок = кошка: (   )

Пальто: в шкафу = торт: (   )

Учитель : класс = тренер: (   )

Темно : светло = интересно: (   )

«Простите меня!» : извинение = «До свидания!» : (   )

Насморк : нос = ангина: (   )

Смешно : смеюсь = страшно: (   )

Палец : перст = лоб: (   )

8. 说出下列哪一行词语是表示一个人或一种现象不可能兼有的特征：

Человек:

умный, ловкий, злой

глупый, добрый, талантливый

strong, nimble, kind

strong, nimble, evil

clever, kind, lazy

Погода:

солнечная, ветреная, дождливая

солнечная, прохладная, сухая

9. 请按照逻辑对下列句子做出补充：

Квартира: *уютная, но...*

Ребёнок: *добрый, весёлый и...*

10. 请找出下列词语中与众不同的词语：

- *To get well, to be treated, to recover, to get cured.*

  (*поправиться, лечиться, выздороветь, исцелиться*).

- *Astonished, unbelievable, surprising, incredible.*

  (*удивлённый, странный, удивительный, невероятный*)

- *So, that's why, because, therefore.*

  (*так что, поэтому, поскольку, следовательно*)

11. 请说出下列词语是同根词还是语音上偶然相似的词语。

Равнина – уравнение, подвал – подвинуться, стелька – постель.

Carriage – courage, compress – impression, revolver – revolution.

12. 说出今天是星期几，用汉语（或英语）回答出哪一天曾经是星期日（或者将是星期日）？哪一天曾经是星期四（或者将是星期四），以此类推。

вчера, послезавтра, сегодня, три дня назад, через три дня, позавчера.

（三）词组和短句层面的练习

1. 朗读下列拓展性词组。

日程 rìchéng，日程表 rìchéng biǎo，工作日程表 gōngzuò rìchéng biǎo，下周的工作日程表 xiàzhōu de gōngzuò rìchéng biǎo

（*Программа – расписание программы – расписание рабочейпрограммы – расписание рабочей программы на следующую неделю*）

2. 朗读下列不同词形搭配的词组（词汇语法练习）。

• *Нужна работа – нужен опыт – нужны знания – нужно время*

• *Нельзя без работы – трудно без родителей – тяжело без семьи – плохо без друга*

3. 根据性和格的一致关系说出下列词语的正确搭配关系（词汇-语法练习），然后分别阐述一天之中不同时间的天气情况和一年之中不同季节的天气情况。

Тёпл-, холодн-, зимн-, летн-, солнечн-, сух-, сыр-, дождлив-, жарк-, снежн-, туманн-	погода, день, ночь, утро, вечер, ноябрь, лето, зима, осень

4. 用下列词语造句，不改变每个词组的词序。（词汇–语法练习），然后用汉语（或用英语）说出下列词组。

немного времени, немного вина, немного трудно, немного интереснее, немного поработать, немного отдохнуть, немного погулять.

（注意：汉语和英语与俄语不同，词序根据词类的不同发生变化，如：英语中可以说 "*a little time*" "*a little easier*"，但是却说 "*read a little*"。）

5. 以任意一种正确的逻辑关系续句子。

Don't buy this bag. It is too... (напр.: *small, dark, expensive*).

Не пойду гулять! Сегодня солнечно, но очень... (напр.: *холодно, морозно, ветрено*).

6. 根据上下文翻译下列具有多义性特征的划线词语。

1) *He was <u>arrested</u> for murder. The bright lights <u>arrested</u> the boy's attention. The doctor <u>arrested</u> the growth of the disease.*

2) <u>*Открой*</u> *окно: душно. Кто <u>открыл,</u> что Земля круглая? Я <u>открою</u> тебе один секрет, только никому не говори. Весна была холодная, и купальный сезон <u>открылся</u> только в середине июня.*

7. 对下列句子做出评价，说出你认为这些句子表达的意思是褒义还是贬义。

● He makes *few* mistakes.

● I have *a few* friends here.

Эта книга – *отнюдь не бессмысленная*.

Это приключение *далеко не бесполезно*.

8. 替换性表格。请对你同学的意见表示同意，并解释他这样评价的原因。

Он Она	хорошо плохо	играет в футбол. играет в баскетбол. играет в теннис. танцует. поёт. готовит. работает.	Да, он Да, она	быстро красиво медленно весело высоко вкусно невкусно	прыгает. бегает. готовит. танцует. работает. поёт.

示例：

– Она *плохо* танцует. – Да, она *некрасиво* танцует.

– Он плохо играет в футбол. – Да, он *медленно бегает*.

9. 使用电话号码训练数词的快速反应和快速表达的能力。

对外汉语和对外英语的教学中可以从教学的初级阶段就使用这个

策略。但是，在对外俄语教学中这个策略要使用得晚一些，因为俄罗斯人说电话号码不是利用个位数，而是使用十位数和百位数。但是对于各种语言来说，训练的步骤大体上相同：

1）教师请两至三名学生到黑板上用数字写出自己的手机号码，并在号码的旁边写上自己的名字。然后再让这几个学生用外语说出自己的电话号码。

2）教师再叫几个学生用外语说出自己的电话号码，同时让另外一个学生把这些号码写在黑板上并同时写上这些号码所属人的名字。

3）为了使学生快速听懂数词（也包括心里默念），要采用不断加速的方法对学生进行听力训练，例如：学生听教师说出电话号码（从黑板上的记录中选取），并回答教师在给谁打电话。

4）教师说出自己的答案，学生判断刚才的猜测是否正确。如果教师说的号码有错误，请学生修正。修改时只说出局部号码即可，但要使用逻辑重音。如：*пятьдесят ВОСЕМЬ тринадцать, а не 56-13!*

10. 接下来我们再探讨另一个重要问题——课堂教学中是否需要一次性给出所有的生词还是要逐渐给出？对于这一问题，我们提倡的原则是：

如果这些生词都属于一个主题类型的话（如都表示人的性格特点、都是家具名称等），那么需要一次性都给出。

如果它们之间几乎没有关联（即不构成一个语义场），那么最好把它们分成几组，而每一组内部要具有统一的特征。例如：

1）第一组词汇分类。

> *Водить машину, ездить на велосипеде, ездить на лошади, ездить на мотоцикле, ходить на лыжах, кататься на коньках, кататься на лодке, плавать, грести ...*

跟老师读；

找出这些词语的对应翻译（请按照词语的母语排列顺序说出俄语词组）；

逻辑分类，例如：冬季和夏季的运动项目，需要投入大体力的运动项目、不需要投入大体力的运动项目等；

用下列词语表达自己的主观态度：

люблю/не люблю; умею/не умею, нравится – не нравится

示例：

● *Я не умею водить машину и ездить на мотоцикле, но я умею ездить на велосипеде.*

● *Зимой я люблю ходить на лыжах, а летом – плавать и кататься на лодке.*

2）第二组词汇分类。

Легко, приятно, интересно, скучно, полезно, опасно, трудно

跟老师朗读，然后在这组词中找出具有反义关系的词语；

用连接词 и 或 но 连接下列词语：

трудно – полезно

приятно – интересно

легко – скучно

интересно – трудно – опасно

3）整合上面两组词语。运用第二组里的词组说出你对第一组词里给出的出行方式的态度。

示例：

● *Ходить на лыжах приятно и полезно. И это не очень трудно.*

● *Водить машину очень интересно. Но это трудно и даже опасно.*

（四）翻译练习

与语法教学一样，词汇技能的形成从大学一年级开始就与翻译教学密不可分。这里指的是外语地道性表达的能力、给出不同翻译方法的能力、根据整个句子意思翻译、而不是逐字逐词直译的能力。在原文和译文对比的基础上（如在反向翻译的过程中）可以发现外语表达中那些不显眼的、几乎引不起注意的外语句子的结构特征：

第一，翻译中的减词或加词。如：не виделись *много лет* 翻译成英语的 haven't met *for years*；"У меня такое впечатление, что …" 翻译

成英语的"I *have an impression* that..."。如果所学的外语是俄语，而英语作为母语或中介语的话，那么在从英语向俄语的反向翻译中恰恰需要相反的翻译技巧——加词法。

第二，翻译中的替换法。如俄语句子 Они женаты *уже* 10 лет 翻译成英语的 They've been married for ten years *now*，俄语句子 На это у нас ушла *большая* часть дня // чуть ли не целый день 翻译成英语的 It took us *the better* part of the day。

第三，翻译中的压缩法。如俄语中的句子"Когда *его просили об этом*, он..."翻译成英语的"When *asked to*, he..."。

一些通常被看作单一含义的词汇单位，随着外语学习的深入逐渐发现它的新义，需要把它翻译成对应的母语形式来对这个词的意义进行汇总。比如，英语中的副词 now 不仅表示大家都熟悉的"现在、马上"的意思，还有"已经"（for 10 years *now*）或者表示安慰性的感叹词意义（*Now, now*, don't take it to heart, stop crying! 与俄语对应的意思为：*Ну-ну*, не надо плакать！）这个词还有与俄语语气词 «*то.., то...*» 对应的意思：*now* showing above the surface, *now* diving again。此外，英语中的 now 还具有话题转换的标记性意义，如：*Now*, George, who was then staying in London... 翻译成俄语为：Ну, а Джордж, который в то время был в Лондоне...

在反向翻译的过程中（即从母语反向翻译成外语）应该鼓励学生使用不同的词语表达方式，只要给出的译文不损害原文的真实意义即可。例如：

"Ожидая, пока подадут суп, я..." 可以翻译成 " *(While) waiting for the soup to arrive /... to be served /Waiting for my soup, I...*" 等不同形式。

同样的规则也适用于从外语向母语的学生独立翻译练习。例如，阅读原文文学作品，除了完成基本的文学鉴赏功能之外，阅读还能间接地提高学生的词汇量，阅读内容也可以成为学生文学翻译实践的材料。例如下面这段阅读材料：

Beatrice Richmond was well content to be a widow with a handsome fortune. She adored her food. She liked bread and butter, cream, potatoes and pudding, and for eleven months of the year she ate everything she had a mind to, and for one month she went to Carlsbad to reduce. But every year she grew fatter. She went to her doctor, but got no sympathy from him. He pointed out to her various plain and simple facts. "But if I am never to eat a thing I like, life isn't worth living!" she complained.

在这段材料的翻译实践中，*a handsome fortune, adored her food, everything she had a mind to* 这几个句子都可能有多种不同的译法。此外，为了使译文符合译语习惯，还必须变换第一句话的整个句子结构。另外，还必须找到文化负载词 *Carlsbad* 在俄语中的翻译方法。

（五）修辞层面的练习

在词语的语义讲解过程中还必须要考虑到它的情感表达手段问题。词语本身的意义可以赋予句子一定的修辞格和特有的修辞含义。许多具有明显褒义的词语（如 *герой, гений, красавец, настоящий друг*）可以借助上下文和说话人的语调获得讽刺性的伴随意义。对于学生来说，重要的不是把讽刺作为表现力手段加以运用，而是能理解句子的讽刺语气和话语的真实意义。而要达到此目标，不仅需要学会听辨，而且还要准确地表达出讽刺的语气，因为能够大声地表达出来是达到内在理解的前提和条件。

在词汇技能训练的过程中，要特别关注那些"已经被磨平了的"隐喻，也就是那些被母语者忽视的、具有隐喻意义的词汇。这一点对于促进地道言语表达的跨语言对比非常重要。更重要的是，隐喻能够帮助学生形成隐喻是最重要的第二指称手段这一概念。譬如，俄罗斯人比英语国家的人更容易理解 the *face* of the watch 这一句型的隐喻含义，因为俄语中类似的表达来源于德语中的 ziferblatt（циферблат）这个词。而 *нос корабля* 这个表达对于英语为母语国家的人更容易理解（因为"鼻子"这个发音器官的凸出特点和鼻尖的形状特征），与此同时，英语中的隐喻 the *bow* of a ship（лук корабля）因为"弓"这种武器的环形特征而被错误地理解为"船尾"。但是这种错误理解是可以规避的，因为可以通过这样的问题来提示学生：В какую сторону всегда направлен лук? Вперед или назад?

对于一些还没有完全被忽视的隐喻，包括最新产生的隐喻以及修饰语，对于没有学过的词语来说是形成猜测能力的最好语料。也可以通过隐喻性修饰语和非隐喻性替换表达之间的词语游戏来组织一种特别的猜词训练，如：*хвостатый сторож* (собака) – *хвостатый студент* (двоечник)。可以让学生给其他学生出猜词的练习，如：*небесный фонарь* – луна, *гараж для четвероногого транспорта* – *стойло* 等等。

综上，外语专业的词汇教学远远超出了实践技能训练的目标。词语是"语言学新发现"的基础，通过培养学生对词汇的认知、研究和认真细致的态度可以提高学生追根溯源的能力，从而提高学生的逻辑思维和终身自主学习的能力。

第三章　不同类型言语活动的融合教学

> 阅读使人变得聪明，交流使人变得机智，而记录的习惯则使人变得细致。
>
> ——英国哲学家弗朗西斯·培根（Francis Bacon）

在现实交际中，言语活动类型从来都不是孤立存在的。譬如，"说"总是伴随着"听"或"读"的感知过程。写作者在总结别人的话语、解释别人的话语以及进一步发展作者的思想时，他的思想的书面表达经常要依赖于"读"或"听"的活动。这段话的意思是说，即使是以发展一种言语类型技能为目标的课堂教学（例如口语课）也不能不引入其他言语类型的练习。每一种言语交际类型（无论是传达信息还是获取信息，无论是书面语交际还是口头交际，无论是有具体的交际对象还是潜在的交际对象）的教学过程都需要借助于辅助性手段。每一种言语活动类型都可能既是课堂教学的目的，又是课堂教学的手段——即其他言语活动类型教学的辅助手段。所以，"要通过说的形式教会说话，要通过读的形式教会阅读"这样的教学导向不能照字面意思来理解。当然，不能借助于动词变位或者名词变格来教会学生说话。从这个意义上来说，上述教学导向是正确的。但是如果不把其他言语活动类型作为信息来源、作为建构句子的样本、作为交际对象、作为辩论对手、作为激发性导论的话，那么"说"的能力培养就无从谈起。

任何一个连贯性的语篇，无论从理解的角度，还是从表达的角度，都意味着必须使用衔接性手段，这些链接手段首先就是各种连接词和关联词（如：*однако, зато, кроме того, следовательно, по причине, в результате, хотя* 等）。跟踪别人话语的逻辑，发现其对逻辑的违反——这是引导说话人在自己的言语行为中遵守相关性原则的必经之路。同样的方法也适用于对冗余信息的判断，不管出现简单的重复还是替换型的重复。如果在读和听的过程中遇到重复性的信息，那么就要判断，这种重复是冗余性的重复还是为实现准确和生动表达的重复？如果在所读和所听的材料中交际双方发生争论，那么读者/听者应该站在哪一方？或者在每一方观点中他能否发现一些薄弱的理由？如果学生是所读或所听材料的直接参与者，那么他会说什么？

任何一种言语活动都是可以做结构划分的。所以，对句子结构的分析和综合是每一堂课的重要组成部分，因为正是在这一过程中学生才能学会划分段落、把不同的段落合并成一个连贯的短文、利用词汇和句法手段排除多余的信息。

这几个例证表明，书面语或口语形式的语篇分析能力和语篇建构能力是紧密相关的，语篇分析能力是语篇合成能力的基础。因此，不同类型言语活动的融合教学原则既适用于初级阶段，也适用于高级阶段的外语教学。尽管也存在一些只训练一种言语活动类型的课堂教学模式，但这只是很少的特例，它们的目的是训练某种语言规则。

一、言语活动的类型

不同类型的言语活动之间的不可分割性是由言语结构的一体化决定的。这种观点在许多心理学家和心理语言学家的论著中都有描述，如：N.I. 热金（Н.И. Жинкин），I.A. 吉姆尼亚（И.А. Зимняя），列昂季耶夫，W.H. 里维斯（W.H. Rivers）等。下面我们对这些学者的主要观点作一简要梳理。

1. 记忆。直接记忆（immediate）也被称为"反射记忆"——这是里维斯提出来的概念，即像回声一样的、完全准确的瞬间记忆；随机记忆 (operational)，即服务于具体言语活动行为的短时记忆（如与替换或压缩表达相关的经过大脑深入思考的记忆类型）；长期记忆

（permanent），或者叫作存储记忆，这也是一种动态的记忆类型：长期记忆内容是不断增加的过程，但同时也会有一些信息作为不再需要的信息被排挤出去，在新信息的基础上会形成一些经过重新组合的记忆模块。

2. 内部跟读。这是指唇在读或听的过程中所做出的不明显的默念动作。正因为如此，理解的正确性和准确性取决于发音的准确性和语调与交际情景的相符程度。

3. 意义的理解。这个言语机制负责对保存在反射记忆里的言语片段进行分析和理解，直到单个的词语单位组合成可以理解的句子，在此之后，逐句记忆的课文可能会被忘记，因为在直接记忆里要腾出位置来对下一个言语片段进行意义加工。理解过程也可以借助于长期记忆在语篇的层面上进行。理解行为（有时要在课文阅读的过程中需要进行重新理解）包括对句子的因果关系、事件发生的时间顺序、文章作者对事件的态度等方面的认知。表面上严肃的肯定可能隐含着荒谬或滑稽的实质。也就是说，一个言语行为不仅要表达出真实的存在，还要表达出其隐含的言外之意。

4. 语言的内化机制。在接受某一信息时，我们会把信息的核心内容保存在长期记忆里，但通常不是以信息的原有形式，而是以自己更为习惯的、单一、简练的语码形式。言语意思好像被"浓缩"了一样储存在记忆里，有需要时可以随时恢复原文信息。替换原文信息的言语单位被称为"等值替代单位"。这些单位可以是紧凑的同义解释，也可以是总结性的翻译，甚至还可以是非口头语码、一连串儿的形象或符号等。人在组织话语时，总是从总体交际意图出发，到意思模块的逐项分解过程，最后再把这些分解的意义模块组合成一段连贯的口头表述。因此，在读或听的过程中，学生要对课文的意思模块进行分解，也就是说，在进行意义等值替换的同时，学生要学会同步进行自我语言的组织。而意思模块的划分又不可避免地与课文进行压缩和重新整合的能力相关，这些能力的培养需要贯穿外语专业本科教学的全过程。由此，我们提出下列以理解和表达为目的的培养语义替换能力的练习类型：

1）听对话，说出言语交际者是否同意对方的观点。

– Терпеть не могу рано вставать. – Что касается меня, я люблю спать до девяти.

– По-моему, он человек ненадежный. – Да разве на него можно положиться?

2）阅读下列句子，找出它们之中可以相互替换的句子。

To be callous and scheming, to regain one's common sense, to be dispossessed of worldly wisdom, to be as hard as nails, to be once more the shrewd man of the world, to be in possession of one's senses, to be assiduous and gallant, to lose one's temper, to be attentive to one's wishes, to revolt, to be unconscious of one's danger (S. Maugham. The Escape)

3）听对话，说出这个对话中至少有几个说话人。

– Мне трудно писать и говорить по-русски, но читать и слушать легко.

– Я плохо понимаю речь других людей, мне надо увидеть на письме, что они говорят.

– А я думаю, что понимать, что говорят другие, не очень сложно – сложно выражать свои мысли.

– По-моему, главное, чтобы было время подумать – тогда и читать, и писать, и говорить нетрудно.

4）下面是针对同一个问题的回答，请说出这里一共表达了几种观点。

● *The new teacher of geography is a very knowledgeable man.*

● *A genius, indeed! He's been stuffed with facts like a Christmas goose.*

● *What he does not know about geography isn't worth knowing ...* и т.д.

5. 预测（即在接受信息的同时做出大致推测，在组织言语过程中做出预先判断）。预测，或者事前推测，发生在句子和课文两个层面。在词组或句子层面，既可以根据逻辑推断出其结果，也可以预测其形式，首先是带有一定概率特征的句法结构和关键词语。第一，言语意思的多样性表达可以通过同义手段来实现。例如一个大学校长在学术会议上的致辞，我们可以预测到他可能会使用下列词组和句子结构：*«от лица всего...»* (*научного / академического сообщества / коллектива университета*)，其次，言语意思的多样性表达可以通过使用不同的词语来实现，例如：*Осажденный город упорно не сдавался, несмотря на острую нехватку... (продовольствия, воды, боеприпасов)*

因此，对于任何一门外语的任一阶段和任一专题的教学来说，一个非常有效的练习类型是："以不同方式续句子，保证逻辑正确"。这个练习同时兼顾了逻辑的正确、对句子上下文情景的自我判断和句子语法结构的正确。例如：*Люди преклонного возраста редко бывают...*

按照句法的逻辑，该句子可以接续的方式有：*какими? кем? где?*

提出假设——这不仅是科学著述或政治辩论所需要的重要能力，也是日常生活辩论的重要能力。例如，这样的假设："如果我的交际对象提出这种观点的话，我就要这么回应他"或者"他这么说话是什么意思呢？要把话题往哪儿引呢？"。

在连贯语篇（超句子统一体、一个段落或独白）层面，预测的是语篇的整体意思，而不是它的语言表达手段。例如：阅读下列连贯性短文，从右侧选项中找出最符合其逻辑的结尾（注意：所列出的结尾应该是对上文的总结）。

... Скоро экзамен. Поэтому я сейчас не хожу в кино и очень мало гуляю. Иногда после занятий играю в бадминтон около общежития. А после ужина опять сижу за учебниками.	*Одним словом, ...* ... у меня дела идут хорошо.
... Занятий у нас много, и все предметы нужные. Нас обучают китайские и русские преподаватели. Иногда нам нелегко, но мы каждый день узнаём что-то новое.	• ... у меня сейчас мало свободного времени. • ... я совсем не занимаюсь спортом.

... Я ложусь спать в половине первого, а встаю в половине восьмого. То есть я сплю семь часов. Это неплохо. И у меня есть время поесть и погулять. Но недумайте, что я лентяй. Я готовлюсь кзанятиям каждый день.	• ... я (не) хожу голодным. • ... здесь очень интересно учиться.
... Я не всегда успеваю поесть что-нибудь горячее. Нужно бежать на занятия, и я ем на бегу. Это вредно, но лучше, чем совсем не завтракать. Зато у нас длинный обеденный перерыв, и я могу пообедать в столовой. И я каждый день покупаю фрукты.	

二、内化语言形成的训练

一个人在准备思想表达的过程中，关键的信息点是以他所掌握的术语形式在其内化的思维中形成，尽管对于其他人来说这些意义模块听起来可能是完全没有意义的。因为对于一个人来说一个词语可以引起一系列其他人完全无法理解的联想意义。此外，即使是同一个当事人，在几年之后再浏览自己当年的笔记时，也可能对当时自己为建构话语而想象出来的那些负载各种含义的等值替代词感到疑惑不解。

一个人的内化语言不遵守形式上的句法规则，而只遵循相关性原则。内化语言更像电报体裁或者更准确地说，更像一条短消息，可以省略虚词、以其他符号替代词语 (如以 "2" 替代 too)、使用缩写词、各种情感表情等。而语言的外在表现则更接近于书面语形式的思想表达，相当于从大脑中 "提取便条" 的过程，[1] 也就是在读和听的过程中快速记录主要信息的能力，以及 "写便条" 的过程，即把内心计划好的书面或口头句子快速输出的能力。

由于打破了句法的形式结构，所以这些技能的培养基本要放在高年级阶段在实践语法内容已经完全掌握的情况下进行。例如关于 "泰

1　Hill, L.A. Note-Taking Practice. L.: Longman, 1976. p. 89.

坦尼克号"悲剧的一段描述和它的等值替代语篇：[1]

... The ship had already received six ice warnings on the radio when it struck the iceberg. Nevertheless, it hadn't changed its direction or its speed. It was impossible to change direction quickly enough when the iceberg came in sight.

= *Six ice warnings – yet no change of speed or direction until too late* (或者 - *with no change… /resulting in no change…*) .

像非正式便条这种书面形式的口语体裁，在句法结构上更接近于写摘要：*Gone to library. Back at nine.* 尽管这种体裁具有地道、简洁和常用的特点，但却不能在初级阶段引入教学，否则将对规范化的语法结构造成破坏。

三、"从理解到表达"的训练

当然，在自己撰写课文大意之前，要先学会对别人写的文章撰写摘要的能力。几乎所有的练习都要遵守的一条渐进性原则就是：以理解为目的的输入性教学活动总要先于以表达为目的的输出性教学活动。（这里所说的"几乎"是指，在个别教学情境下，学生尝试不依赖给出的现成句型表达自己思想的做法也是有意义的，因为这种做法可以帮助学生意识到本堂课需要克服的难点。这种提前进行的输出性训练可以作为课堂教学的导入部分，例如，在翻译译入语中没有等值意义的谚语时可以采取这种做法。）

根据从"理解到表达"这一原则，课堂教学中的练习可以设计成不同的模块，而且每个模块都要设定具体的能力目标或者复杂能力目标之中的某一方面。

下面我们列举几个对外俄语专业教学的练习示例：

1.

1）请根据下列答句判断问话人提出了什么问题：*Всегда ли? Что делаю? Где?*

1　Peterson, P.W. Changing Times, Changing Tenses / English Language Programs Division. Washington: United States Information Agency (USIA), 1992. p. 155.

- *Я часто завтракаю В КАФЕ.*

- *Я ЧАСТО завтракаю в кафе.*

- *Я часто ЗАВТРАКАЮ в кафе.*

2）请用上述句子补充下列答句。

– *Вы всегда завтракаете дома? – Нет, я...*

– *Вы обедаете дома или в кафе? –Дома, но я...*

– *Наверное, вы не можете регулярно ходить в кафе? Это ведь недёшево! – Нет, я...*

2.

1）听句子，说出它们是否符合逻辑。

- *У тебя болит горло. Не пей холодный сок.*

- *Сегодня слишком жарко. Люблю такую погоду!*

- *Сегодня холодно и сильный ветер. Скоро будет лето... и т.п.*

2）请再听一遍所有不符合逻辑的句子，然后把它们改成符合逻辑的句子。

改错的参考答案：

- *Сегодня слишком жарко. Люблю такую погоду!*   → *Сегодня слишком жарко. Не люблю такую погоду! Или: Сегодня жарко. Люблю такую погоду!*

Сегодня холодно и сильный ветер. Скоро будет лето. → *... Скоро будет зима. / ... Не скоро будет лето!! / ... Но скоро будет лето!!*

任何一个朗读或口头复述句子（哪怕是非常短的句子）的练习都应该首先给出便于学生理解其意思的指令。这一点也适用于朗读发音或重音不同的成对儿词语。例如下面的练习指令：

3. 下列每句话中的后半句都是对前半句内容的解释。朗读整个语句，请根据上下文标注句子的逻辑重音，使用正确语调，确保后半句的解释符合说话人的交际意图。

- *Ей нравится **учиться**, и она отлично **учится**.*

- *Он скоро **женится**. И прекрасно. Ему пора **жениться**!*

- *Нельзя делать уроки **во время** перемены. Всё надо делать **во-**

время!

- *Он **ни за что** не хочет извиниться. Он считает, что ему **не за что** извиняться.*

4. 听句子，判断每个句子回答了哪个问题。

1) *Почему он настолько опоздал?* 2) *Пришел ли он вовремя?*

- *Он опоздал на полча* ⬊ *са, потому что автобус стоял в пробке.*
- *Он опоздал на полча* ⬈ *са, потому что автобус стоял в пробке.*

四、听力和言语交际能力训练

为了集中学生的注意力、训练他们的长期记忆即逻辑记忆，要把练习的任务要求在读或听之前给出。在所有类型的言语活动中，发展语言能力的练习都要和发展语言技能的练习同步进行，要从最小的答句或者最短的对话开始。下面我们举一些练习例子，这些例子中短句的听力训练与言语交际能力的训练实现了有机结合。

1. 听句子，说出它们是否符合实际。

- *В классе десять студентов.*
- *Вы все изучаете русский язык уже три месяца.*
- *На уроках нам помогает английский язык.*
- *Преподаватель просит вас всё время говорить по-английски...*
- *Вы уже немного умеете переводить с китайского на русский...*

这个练习类型可以在教学的初级阶段进行，目的是给学生一个课堂总结的模板，让学生学会独立总结每一堂课的内容及其遇到的困难和已经取得的成绩。

2. 听句子，说一说，你认为这种现象好还是不好（хорошо или плохо）。

- *На улицах города много машин.*
- *Магазины открыты семь дней в неделю.*
- *Люди мало ездят на велосипедах.*
- *Рядом с университетом – только одна библиотека.*
- *В городе мало старых зданий.*

●*Все здания похожи друг на друга.*

这个练习关注的不是让学生说出事实，而是关注他们对事实的不同看法，所以，教师可以要求学生在说出自己观点的同时解释理由。

示　例：*В городе мало старых зданий. Это хорошо. В новых зданиях удобно жить и работать.* 或者：*Это плохо. Туристам не на что смотреть – все новые здания похожи друг на друга!*

3. 逐句听下列短文。短文中的内容是否与你自己的情况一致？是否与我们的城市、我们的大学或住所等内容相符？如果相符请举起红色的卡片，如果不符，请举起蓝色的卡片。然后作出总结，说出所有与你们自己相符的内容。

4. 听句子，说一说，你是否也这样认为？先举出相应答案的卡片（Да 或 нет），然后再听一遍句子，用下列句型说出自己的看法：

– *Я тоже думаю, что... / Я тоже люблю, когда...*

– *А я не думаю, что... / А я не люблю, когда...*

所听的句子：

●*Февраль теплее, чем январь.*

●*Хорошо, когда зимой нет снега.*

●*Плохо, когда на улице лёд...*

5. 听下列每组的两个句子，判断它们是属于对话还是独白。如果是对话，请举起红色卡片，如果是独白，请举起蓝色卡片。如果两种情况都可以，请同时举起两个卡片。

– *Давай подарим маме сумку. (–) У неё есть три сумки.*

– *Он не любит черный кофе. (–) Дай ему кофе с молоком.*

把下面的小对话改编成独白。可以改变或添加必要的信息。例如：

Давай подарим маме не сумку, а перчатки. У неё есть три сумки, а теплых перчаток нет.

或者：

Давай подарим маме сумку. Да, у неё есть три сумки, но они старые и некрасивые.

说明：这里我们不再列举大家都熟知的练习类型，如多项选择，逻辑正误判断、按课文基本内容或课文细节回答问题等，因为这些练习是每个教材中都有的常见类型。

6. 关注细节 + 逻辑训练：听对话，说出朋友们什么时候可能去图书馆？

–*Давай пойдем в библиотеку после обеда.*

– *После обеда у меня занятия.Давай пойдем в библиотеку после занятий, в шесть часов.*

– *Нет, я хочу посмотреть футбол по телевизору.*

– *Футбол начинается в восемь. У нас есть время.*

（材料中应该给出几个时间标记词语，这样就可以训练学生依据逻辑思维和长期记忆做出判断的能力。）

7. 概括句子的实质性内容：听短文，根据短文内容说出这个人的特征。

ленивый(ая), трудолюбивый(ая), грустный(ая), весёлый (ая), смешной(ая), добрый (-ая), злой(ая)

● *Он думает, что все люди плохие. Он никого не любит. Он не говорит ни о ком ничего хорошего. Он никогда не помогает людям.*

● *Она никогда не бывает грустной. Она любит смешные книги и фильмы. Она часто смеется и никогда не плачет.*

● *Она встает рано и готовит завтрак для всей семьи. Потом она идет на работу. После работы она покупает продукты, а дома готовит ужин. Она привыкла много работать, и такая жизнь ей нравится.*

● *Он всегда готов помочь другим людям – даже если у него мало времени. Он хочет, чтобы всем было хорошо.*

这个练习最好与说技能训练的练习结合起来使用，例如：Каких людей вы выбираете себе в друзья? В чём вы довольны собой, а в чём вы видите свои недостатки? （说一说你们会选择什么样的人做朋友？你认为自己的优点是什么？缺点又是什么？）

8. 循序渐进提高逻辑思维能力的练习：听句子（独白或对话），

确定句子中讲述的客体。

在这些句子中不提及具体客体，学生应该根据它的特征逐句排除不正确的假设，最终完成猜测。如果我们是交际的旁观者，那么这种能力是显而易见的：这就相当于我们在别人谈话期间走进了房间，或者在电视剧演到一半时我们才打开电视，这就意味着要对前面没有听到的信息进行猜测。例如：

• *Я уже пришла. Плохо, что ты со мной не пошел. Мне было трудно нести тяжелые сумки. (Где я была? – В... е.)*

• *Купи мне её. Без неё мне зимой будет холодно. А длинное пальто я носить не люблю. (Что я прошу купить? – ...)*

• *Многие любят этот месяц, а я не люблю, потому что в это время плохо отдыхать. Бывает и дождь, и мокрый снег. Уже нельзя кататься на лыжах и коньках, но еще нельзя кататься на велосипеде и роликах. Это самый скучный месяц года! (Какой это месяц?)*

9. 关注对话中能够对说话人行为作出间接评判的细节。

例如：听买卖双方的对话，说一说买方最终会买计划买的什么东西（葡萄、苹果、芒果、句子、西瓜等）？不会买什么？不会买的原因是什么：1) их сейчас нет в продаже; 2) они очень дорогие; 3) они сегодня не очень вкусные. [1]

五、阅读技能训练的意义

几乎每个新的和相对复杂的听力技能训练都要先从读的技能训练开始，因为阅读有更多的时间分析课文并想出答案。

如果语义理解需要一定时间的话，那么在句子层面的意义理解过程中，也可以把阅读作为听力训练的助手。在阅读的过程中可以逐步增加对理解速度的要求，以使学生快速地判断和评价所听到语句的真假。例如：

1　Ван Цзиньлин, Колкер Я.М., Устинова Е.С., Хань Биншуан, Ян Данчжу, ЛиньХайянь и др. Учебник китайского языка для русскоязычных взрослых. Начальный этап. СПб.: Алеф-Пресс, 2017. С. 312, 434.

- *An hour and a quarter is a shorter period of time than half an hour.*
- *If a woman has a son, his wife is her daughter-in-law.*
- *Если у вашего отца есть сестра, значит, она дочь вашей бабушки.*
- *Их сын родился в две тысячи пятом году; значит, в этом году ему двадцать пять лет.*

在师生共同阅读的过程中，教师要向学生展示推论的步骤。我们再回到确定句子中未提到的客体、根据信息内容的展开不断排除虚假信息而实现最终猜测能力的培养问题上。下面以对外英语教学为例。

根据下列句子判断说话人询问的客体是什么：О бассейне？（游泳馆）Об озере？（湖泊）О реке？（河流）О морской бухте？（海湾）

Is it deep? —— 这个问题属于上述所有的选项。

Are there any good fishing places? —— 这个问题可以帮助我们排除第一个选项。

Is it allowed to make a fire on the shore? —— 这个问题可以让中国学生排除第三个选项，因为河岸不是海岸，而是浅滩。但是俄罗斯人对"岸"的概念却有更宽泛的理解，对于俄罗斯学生来说，shore 不是意义的区分性特征。

Is the water pure enough to drink? —— 这个问题出现之后我们才能够排除最后一个选项，而做出最终的推测：这里讲的客体是"湖泊"。但是对于学习英语的俄罗斯学生来说，由于 берег 这个词特征的不可靠性，我们还需要给出一个使学生区分出"河流"和"湖泊"的补充问题：*It is really absolutely round?*

在理解和表达性技能训练的过程中，与上述练习配套的类型是：朗读下列没有指出客体的不完整描写。说出可能与之相符的所有客体名称。然后选出一个答案并补充细节描写，使其完全与该客体的特征相符。

Я очень люблю делать это летом. Говорят, от этого быстро устаёшь, но для меня это отдых. (грести? плавать? ездить на велосипеде? собирать грибы?)

示例： *... Я даже не замечаю, если идет дождь. Но у меня одна-проблема – я не очень хорошо вижу.*

作为言语活动类型的阅读教学也要遵循听力技能训练的基本要求：从教学的一开始就要以言语意思的理解为目标，要依赖于所有的言语理解和生成的内部机制，确定言语交际任务（通常要在阅读活动开始之前），依赖于其他言语活动类型以及它们之间的平等互助关系。

（一）教学法理论文献中阅读的基本类型

浏览： 是获得基本信息或者细节信息的阅读类型。

研读： 不仅获取语料的基本信息，还要获取其隐含意义的信息，包括潜在的因果关系、暗示、讽刺、引用典故等隐含性意义。换句话说，即使是最详细的浏览阅读，与研读相比，也总是表面性的，因此，浏览阅读更适合于浅显的阅读材料或者不要求深入阐释的阅读任务。

略读： 这是一种非连续性的阅读、快速的选择性阅读，目的是在找出关键词的基础上了解课文大意、涉及哪些主要问题以及决定是否需要做进一步详读的阅读类型。

查读： 也是一种选择性阅读，这种阅读方法是指阅读者只关注具体的信息。这是一种放慢速度的略读和在关键段落转入细节阅读相结合的特殊阅读类型。细节阅读可能是浏览性的，如果需要获取某些信息的话，也可能是一种精细的阅读，如果需要详细解读这些信息的话。因此，查读是一种最灵活的阅读类型。

选择性阅读，特别是在连续阅读的基础上训练的查读，准确地说，是在以获取基本内容为目的的快速浏览性阅读基础上的查读。为此，在教学的初级阶段就需要对课文进行查找信息的训练。甚至是最传统的专题类教学课文也可以带着不同的查找任务反复阅读 2—3 次。

此外，外语专业的学生至少还要发展两种从研读衍生出来的阅读类型——语文学阅读（philological reading, literary criticism），即对课文进行详细解读（首先是文学解读）的类型和译前阅读（pre-translation reading）。关于这一问题，我们将在本书的第三部分关于师范专业和翻译专业的教学特点的章节做详细探讨。我们这里只强调一点，那就是译前阅读涵盖了所有与词汇、艺术形象、修辞手法相关的课文阐释的所有能力。与此同时，对于语言文学工作者极其重要的作品结构特点对于翻译工作者来说就不那么重要了。尽管如此，即使只需要翻译长篇作品中的一个小部分，翻译者也必须要完整地读完整部作品，以规避内容或修辞上的错误。

（二）基本能力及其对应的阅读类型

了解基本内容（浏览阅读）；

对事实细节的了解（浏览阅读）；

搜寻事实、数字、日期和读者感兴趣的其他信息（浏览阅读或查读）。阅读速度快的读者使用查读，也就是选择性阅读。阅读经验少的读者阅读所有信息，并在重要信息上放慢阅读速度；

确定基本思想（浏览阅读或精读）。阅读的类型取决于基本思想被显性地表达出来还是要通过字里行间仔细地寻找和揣摩才能获取；

预测事件、结论和理由的能力（浏览阅读、研读、语文学分析阅读）；

评价课文的逻辑，寻找冗余信息，解释形象和艺术细节的含义，理解讽刺和幽默的言外之意等（研读、语文学分析阅读或者译前阅读）；

理解作者的观点、作者对事件的态度、作者的心情等（浏览阅读、研读、语文学分析、译前分析）；

对比两个或几个同样篇幅、但表达不同观点的真实信息语料（研读）；

简略地浏览课文，以决定是否需要进一步详细阅读其内容（略读）。

（三）对话层面的阅读句子练习

1.读句子，说出你是否同意说话人的观点。

这种练习可能用于言语情景的道德评价（如：*У злых людей не бывает друзей*），可能用于检查自身的语言文化能力（如：*Два аршина больше чем три фута*），或者用于对句子词汇-句法关系的理解（如：*Being consulted means following other people's advice*）

2.评价替换语句与原文意义是否相符。说一说，下列思想是否符合原句内容？

• *Профессия переводчика сейчас очень популярна. – Многие хотят стать переводчиками.*

• *В России не хватает хороших программистов. – В России программистам очень трудно найти хорошую работу.*

3. 运用括号里的连接词把下列句子连接成因果关系的句子（*so, because, as, that is why*）。

• *Many people keep vegetable gardens. It is too expensive to buy vegetables at the market.*

• *Many people keep vegetable gardens. They do not have to buy vegetables at the market.*

4. 下列概念是否具有单一性的所指？如果不是，说一说，这个概念还包括哪些所指？（如果再给出进一步明确所指的任务，就实现了读和说的整合。）

• *An island is a piece of land entirely surrounded by water.*

• *A cousin is your aunt's or uncle's son. (→ ... or daughter!)*

• *A pouffe is a padded piece of furniture for one person to sit on* (→ so is an easy chair or an armchair! Therefore, the definition should be specified: *A pouffe is a padded piece of furniture **with no back or arms** for one person to sit on*).

注：要提醒学生注意：概念的准确性还取决于主题和述题的位置，如，

• *Брат вашей матери – это ваш дядя.*（这里的概念是准确的）.

• *Ваш дядя – это брат вашей матери*（在这里概念需要进一步明确和补充：*Ваш дядя – это брат вашей матери или отца, а также муж вашей тети*）

（四）口头假设能力

阅读下列课文的片段，说出写作者会怎样继续自己的观点表述？你们可以给出多种方案。例如：

Есть, по крайней мере, три причины, по которым не следует

злоупотреблять сладостями. ...

а) *Прежде всего,* ...; б) *Поэтому* ... в) *Во-первых,* ...: г) *Но с другой стороны,* ... ; д) *Кроме того,* ... е) *Но прежде чем о них говорить,* ...

（答案：а, в, е）.

（五）逻辑预测能力

请找出下列句子中唯一不合逻辑的句子结尾。

Лектор пытался доказать, что на Марсе может быть жизнь, но его аргументы...:

а) звучали как научная фантастика;

б) опирались на последние данные;

в) были нелогичными;

г) были не слишком убедительны.

（六）浏览、研读、查读能力（以低年级俄语专业教学为例）

1.阅读短文，找出能够证明以下内容的信息，并复述短文内容。[1]

1) *... этот человек много работает.*

2) *... для него очень важен хороший заработок.*

3) *... он очень любит свою семью и доволен жизнью.*

I am Peter Jones. I am forty-two. I live in Manchester.

I am a broker. I work at a stock exchange. I have a wife and two children: a son and a daughter. The family is not big, but I need a lot of money to keep it. My wife does not work: she is a housewife. My son is seventeen. He wants to be a doctor. It takes much money to send him to college. My daughter is a student. She likes biology. She is a good girl. She works hard. But she finds time to help her mother. I can't do it. I am very busy.

I get up at half past six. At eight I am at work. I read the "Financial

---

1 学生在表述时不应该看课文，而要遵循 Read, look up and say 这样的原则复述相关信息，也就是说，学生要根据反射记忆记住课文的相关段落，并能够面向谈话对方（老师、合作方、全班同学）讲述。

Times" to know the exchange rate. I have no time to relax. I have many business appointments. I often have them at lunch. I write many business letters. I use the phone very much. So when I come home, I don't like to talk on the phone. I talk to my wife and children. I have a good rest with them. I don't think about my work. I relax.

My job isn't easy, but I don't want to change it. It suits me.

2. 请回答下列问题。

1）说一说，你有哪些下列特征？

2）你们喜欢易怒人的哪些特征？不喜欢他们的哪些特征？你觉得易怒是好事儿还是坏事儿？

易怒人的特征：

- *неусидчивы;*
- *невыдержанны, вспыльчивы;*
- *нетерпеливы;*
- *резки и прямолинейны в отношениях с людьми;*
- *решительны и инициативны;*
- *некоторые считают вас упрямым;*
- *находчивы в споре;*
- *склонны к риску;*
- *незлопамятны и необидчивы;... и т.д.*

3. 逻辑训练：用括号中的连接词和关联词填空，使下面的短文符合逻辑。

(но, а, и, кроме того, поэтому, потому что, во-первых, во-вторых, хотя)

Мне 23 года. В этом году я заканчиваю университет. Я должен подумать, куда устроиться на работу. Мне хочется быть преподавателем. Зарплата у преподавателя невысокая. Профессия преподавателя очень нелегкая. Она очень интересная и нужная. Родители хотят, чтобы я был юристом. Юристов сейчас очень много. Юристам трудно найти работу.

4. 理解-表达性练习：从下列这封信的片段中选出你父母经常向你提出的问题。再补充几个你经常被父母问及的其他问题。然后进入说的环节：按照问题清单对每个问题进行详细的回答。

... Ты здоров? Какая у вас погода? У нас были дожди, но сейчас стало сухо и тепло, и мы ходим в летней одежде. А у вас уже холодно? Снег еще не идёт? Ты носишь свою новую куртку? Пожалуйста, не пей холодную воду, а то будет болеть горло.

Как дела с учёбой? Сколько у вас занятий каждый день? Не ленись, но, пожалуйста, не работай по ночам. Ночью надо спать! Лучше вставай пораньше. ...

5. 请说出下列短文中描写的月份。例如：

День длинный-длинный. Солнце яркое-яркое! Трава зелёная. Часто бывает жарко. Хочется плавать. Хорошо, если рядом есть река или озеро! Но свободного времени мало – экзамены еще впереди!

6. 带有语法结构变形的理解-表达性练习：朗读下列建议，用句型 "Мне надо/не надо... Я буду/не буду..." 说一说你们应该怎么做。

Чаще бывайте на открытом воздухе. Больше двигайтесь. Реже ездите на работу в транспорте и чаще ходите пешком. Ешьте меньше конфет и больше фруктов и овощей. Меньшекурите, - а лучше совсем не курите. Пейте больше воды и меньше кофе.

7. 阅读短文，说一说安娜是否幸福。说出你觉得她幸福或不太幸福的理由。

Анне 27 лет. Она замужем. Ее мужа зовут Сергей. Сергей – программист. Он работает в фирме. Он занят с утра до вечера. Он все время на работе. У них есть маленький сын. Ему два года. Он весёлый мальчик. Отец и мать очень любят своего сына. Когда Сергей дома, он помогает Анне. Он любит играть и гулять с ребёнком. Но даже в воскресенье он сидит за компьютером. Анна любит ходить в кино. Она любит детективы. Сергею это скучно. Ему интересно играть в шахматы. Но играть в шахматы нелегко. Анна этого не умеет.

8. 阅读短文，指出一个好人应该有的最主要品质。可以补充你认为非常重要的品质。

С хорошим человеком хорошо дружить. Он понимает, что интересно и что неинтересно другим людям. Он добрый и много знает. Он любит читать. Он умеет быть один, и ему не скучно одному, потому что у него есть музыка и книги. Он может много рассказать, но он также умеет слушать. Он помогает людям в учёбе и в жизни. Он не ждёт, когда его попросят помочь. Он не всегда согласен с другими, но понимает, что у каждого человекаможет быть своё мнение. Он сначала думает о других, а потом о себе.

9. 对课文信息进行评价的能力。大一阶段需要辅助手段，可使用辅助性表格的形式：

The text mentions (does not say)	that	... Shakespeare was both a writer and an actor.
The text shows (does not show)	why	
The text explains (does not explain)	how	... he spent the last years of his life.
	where	... he went on writing after returning to Stratford.
	whether	... the Globe Theatre differed from modern theatres.
		... Shakespeare found the plots for his plays... и т.д.

在确定课文中有和没有的信息之后教师提议再听 2—3 个短文，并让学生说出每个短文填补了上述短文中的哪个信息空白。因此，读短文的基本内容和听补充信息的小短文可以相互合作、互为支撑。这种练习特别有用，尤其在教学课文乍一看题目很有趣，但在浏览阅读的过程中发现它很浅显的情况下。

10. 整合性练习：请听所学过课文内容（教师可自行选择材料）的口头简述，并在课文中找出口头简述中省略的重要细节。

这里练习的是信息对比所需要的大脑内部转换技能和不按课文长度而按照所表达意义单位的数量来评价课文信息量的技能。在这个练习中，读和听结合得非常紧密，读和听的言语活动本身都既是目的、又是手段。

11. 请判断你们所学过课文里的哪个信息是第一次得知的。

这种练习不仅针对信息类文章（描写、叙述和说明）的阅读训练，还可以用于短篇小说或者包含国情文化背景信息（如地名、民俗词语、历史词语、政治事件的引用等）的政论文章的阅读。从课文中提取那些看似顺便提及的文化信息的能力，对于翻译能力的培养特别重要。

12. 读短文，说一说，你们想知道什么，你们不感兴趣的是什么。

В мире столько интересного! Есть вещи, которых еще никто не знает. Например, я хочу знать, когда были построены великие пирамиды, когда и как долго строилась Великая китайская стена. Мне интересно, когда было изобретено колесо. Я не знаю, что было изобретено раньше: компьютер или телевизор. Я не знаю, что было открыто раньше: Америка или Австралия. Я хочу знать, когда была написана самая первая книга, когда было послано самое первое письмо. Я не знаю, кто первый сказал, что Земля круглая. Я не помню, кем было найдено число π («пи» = 3,14...).

13. 读短文，说一说哪个句子最全面地表达了课文的意思，请转述能展示这个最重要句子意思的所有细节。

Юрий Гагарин – первый космонавт в мире. Он полетел в космос 12 апреля 1961 года. Ему было тогда 27 лет. Он только один раз облетел вокруг Земли, но это был самый первый шаг в космос!

Юрия Гагарина любили все люди. Он был очень смелым человеком, прекрасным лётчиком. И у него была очень добрая улыбка!

Юрий Гагарин прожил недолгую, но яркую жизнь. Он погиб в авиакатастрофе, со своим товарищем. Это был самый обычный тренировочный полёт, и никто не знает точно, почему и как произошла эта катастрофа. Это было в 1968 году. Гагарину тогда было 34 года.

14. 说一说，这个人如果按照这些指示语，在我们的城市能否找到要去的地方。请在必要时对这些指示语给出修正。

Are you looking for the Central Post Office? It is within a walking distance from the university. As you leave the university, turn to the right and walk two blocks. Turn to the left and walk as far as the circus. Cross the street at the traffic lights and you will find yourself at the entrance to the post-office. You can't miss it: there is an equestrian statue in front of it. (*equestrian* – with a rider on a horse).

这个练习的目的是培养学生对细节的关注能力。要在训练说的技能之前完成：Ask each other how to get from one point in our city to another. Check the accuracy of your fellow-student's explanation. If need be, ask him/her to clarify it.

练习 13 要求学生找出评价性的句子，而课文好像在它上面"穿上了衣服"一样，这个句子可以成为课文的标题。而在练习 14 中，学生们要学会压缩课文内容，但不能省略课文的主要信息。

15. 读短文，找出能够概括全文内容的句子。

Mr. and Mrs. Gray are lucky people. They are lucky because they are young, because they are healthy and because they are not poor. Mr. And Mrs. Gray are lucky, but they are not happy. They are not happy because they are ambitious. Mr. Gray would like to be a millionaire, and Mrs. Gray would like to be a film-star. Mr. and Mrs. Gray are unhappy because they are not realistic. They would like to achieve the impossible. (*L.L. Szkutnik, J. Pankhurst*).

示例：

М-р и м-с Грей:

а) материально обеспечены, но несчастны, ибо их мечты неосуществимы.

б) небогаты, но молоды и уверены, что добьются даже невозможного.

в) несчастливы вдвоем, т.к. она хотела бы выйти замуж за миллионера, а он – жениться на кинозвезде.

г) бедны, но счастливы, ибо любят друг друга.

16. 培养学生发现句子内容相关性的练习（理解–表达性练习）。请按照逻辑顺序把下列句子组合成一封内容连贯的信（或者录一段电话自动回答的录音）：

1) Я не могу приехать домой, потому что я готовлюсь к экзаменам.

2) Я работаю много, но у меня есть время ходить в столовую.

3) Мои друзья – интересные люди.

4) После экзаменов я приеду домой и хорошо отдохну.

5) Мы помогаем друг другу.

6) Я чувствую себя хорошо.

7) Один раз в неделю хожу в ресторан с друзьями.

8) Они тоже любят учиться.

按照这一原则可以训练课文中段落的逻辑顺序。

17. 选择适当的句子填入短文中（1）、（2）、（3）处的位置，（这个练习是许多教材里常见的练习，可以教会学生发现课文内容的相关性，这一点对于研读教学非常重要。）

Первобытные люди не знали счета. (1) Их учителем была сама жизнь. Поэтому и обучение шло медленно.

Наблюдая окружающую природу, наш далекий предок из множества различных предметов сначала научился выделять отдельные предметы. Из стаи волков – вожака стаи. Из стада оленей – одного оленя. (2) Но они часто видели пары объектов: уши, руки, крылья, и это привело их к представлению о числе: «один – пара – много». (3) Это помогло довести счет до пяти. ...[1]

а) *Поначалу они говорили «один» и «много».*

б) *Потом стали использовать пальцы.*

в) *Им не у кого было учиться.*

г) *Их жизнь мало отличалась от жизни животных.*

---

[1] Народ, который изобрел счет и запись. [Электронный ресурс]. URL: http://www.hintfox. com/article/-narod-kotorij-izobrel-schet-i-zapis.html (Дата обращения 22.09.2018)

答案：(1) в; (2) а; (3) б.

18. 用研读（语言分析性阅读）材料训练说技能的练习。以下练习以英语材料为例。

朗读教材中某页的小对话，回答下列问题。

How do you complain of being unwell? How do you express sympathy? How do you express the idea «*и без того уже*»? In what situations can you use it? Do exclamations always need a verb or can these sentences be incomplete? Give an example. What attitude does the question "*Indeed?*" reveal? Is it always necessary to say "*Yes*" when you confirm a statement? What is the meaning of "*badly*" when used with "*miss*" or "*need*"? 等。

这种练习的目的是培养学生的语言观察能力和概括词汇句法难点的能力。在完成这个练习之后没有必要让学生把所有分析过的对话都背诵下来。但所有主要的语言现象都应该应用于言语实践中，短句的反向翻译法（从母语翻译成外语）是一种很适用于这种口语表述实践的练习类型。

六、口语表达能力的训练方法

说和写的教学虽然存在一些区别，但它们的总体原则是一致的。首先，两种以表达为目的的言语活动所依托的言语结构是一致的。与书面表达相比，在口语表达中发挥更大作用的是长期记忆和预测能力（即超前概括思想的能力），因为写作者可以反复阅读写出来的东西，可以认真思考每一句话，而说话人在说话的同时要想出下一句话。其次，无论是口语还是书面语表达，信息发出者都要遵循一系列的动机和目的，这些动机和目的决定了他将要说什么或写什么、将要怎样说或怎样写，具体参见下表：

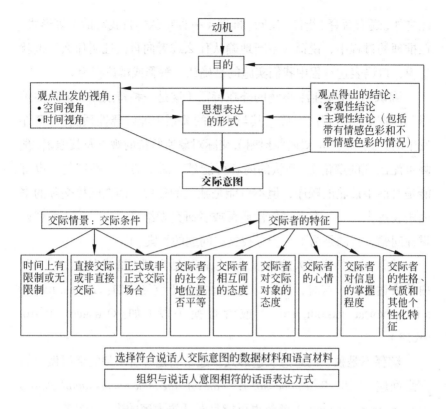

无论在口语还是书面语表达中，人有时意识不到自己的真实动机（即他为什么要参与交际），但却总是能意识到自己的目的（即他想达到什么结果）。在这种情况下，同一个目的可以通过不同的方式来实现。

如果你希望交际对方做出一个你所希望的决定，那么你就要借助承诺、理由、案例、直接要求、非强迫的建议、后果预测等手段达到交际目的。具体应该怎样操作，即选择什么样的交际策略——取决于多种交际情景因素，包括交际场合的正式或非正式、交际对象对你的信任程度、交际对象对相关信息的掌握程度、每个交际参与者的社会地位是否存在差异、交际对象的心情、掌握多少时间等因素。

（一）口语表达过程中的几种行为

口语交际在思想表达形式上（即言语结构形式上）与书面语交际相似。口语表达的基本类型包括四种：描写、叙述、说明和议论。除此之外，还有解释、祈使、反问、推理（一种特殊的自我对话）等形式。在推理的过程中，说话人不断地确认什么或者向自己证明什么，也就是说，口语表达过程中我们实施的是确认、解释或辩论行为。

确认的内容包括：事物的外在特征（这是一种特别的"描述性预测"），现象和过程的实质及其与事物的关系（即解释性预测），事件发生的方式和过程（叙述性预测），交际对象所坚持的观点及其原因（预测可能出现的辩论）。确认的内容可能是对话中的关联性答句，也可能是对话中话轮的顺序，但不可能是独立的独白（而在间接交际的书面语表达中，可能存在书面性质疑或者研究者给自己提出的一系列连贯性问题，目的是为下一步寻找这些问题的答案。）

确认还包括说话人的所指，如果他说话含糊不清或者使用了不明白的表达方式。这时，确认一方就要借助于重复（如：Что вы имели в виду, когда сказали, что...）或者替换手段（如：Означает ли это, что..?）

解释不是独立的思想表达形式。通常它是对所听到的话语做出的简短回应。（如：*Вам повезло! Ну как он мог так поступить! Этого следовало ожидать!*）解释也可能是对话语内容的进一步补充，如：Битва при Ватерлоо произошла в 1815 году. – *А именно, 18 июня.*

祈使通常与话语表达的目的相吻合，但是，拓展性的话语还经常引入行为的原因，解释为什么这样做而不那样做（即辩论），或者解释怎样做才能更好（即解释）。

思想表达的各种形式可以单一存在，但经常发生不同表达形式共同使用的情况：记叙中几乎总是伴随着描写的成分，说明总要借助于描写或记叙，而议论可以包含其他三种表达形式，也就是说，在议论的过程中，各种表达形式之间是按照"套娃"的原则层层包孕。正因为每一种思想表达形式都有自己的特点（都有自己的细节化方式和方法、都有独特的逻辑关系类型和关联手段），所以可以得出这样的结论：一方面，需要有针对性地教会学生建构每一种表达形式的口语和书面语句子，[1] 另一方面，要从教学的初级阶段就要教会学生整合使用不同的思想表达形式。

（二）口语和书面语交际的原则

无论对于口语交际，还是书面语交际，都有一些共性要求，即实现有效交际的标准。任何一个话语单位，无论是口语，还是书面语，在语言层面上都要求信息表达方式适当、信息量充足、表达正确（在此我们有意强调的是意义推理上的正确性，而不是语言形式的正确性）。

表达方式适当原则，是指不要说听话人不感兴趣的细节，例如在介绍自己一天的工作时，没有必要告诉谈话对方你每天早晨都要洗脸、刷牙和穿衣服这样的信息。第二，不要提不得体的问题（即个人私事）。至于哪些问题属于不得体的问题，取决于不同的文化。比如，对于欧洲国家来说，询问女人的年龄是不得体的，而在中国却没有这样的忌讳。适当性原则还要求话语表述要反映主要信息，不能偏离实质问题。由此，我们可以设计这样的练习：删除话语中与事件本身无关的细节：

示例：*Музей недалеко: идите прямо, а потом направо. Он рядомсо школой. Я в этой школе учился...*

适当性原则与逻辑性原则密切相关。例如，下列答句就违背了逻辑性原则：*Я – студент университета. Я люблю играть в футбол.*

因此，找出客体的逻辑性特征（理由、描写性细节等）这样的练习是非常有益的。例如：从下列选项中选出能够证明说话人观点正确的理由。

Не покупай машину, если хочешь долго жить и быть здоровым! Во первых, ...Во-вторых, ...

а) Они сейчас очень дорогие!

б) Сейчас так много несчастных случаев на дорогах!

в) Будешь часами стоять в пробках.

---

1 Колкер Я.М., Устинова Е.С. Как сделать высказывание точным и выразительным. М.: Научная книга, 2009. С. 348.

г) Ты разучишься ходить пешком!

д) Ты будешь нервничать, что ее могут украсть.

（答案：б, г, д. 如果学生能够证明堵车也会影响到身体健康的话，也可能再加上选项 в）

充足性原则——是指数量上的特征，但是与句子长度无关，而是指那些与实现交际意图有关的所有实质性的事物特征是否都被提到。有时只需要指出事物的一个特征。例如：在 Она *настоящая красавица* 这个句子中，如果把它作为对 «Почему он на ней женился?» 问题的回答的话，信息是充足的。但是如果作为对 «Как она выглядит, как мне ее опознать среди других?» 这个问题的回答，那么显然这句话的信息就不够充分了。信息的充足与否不在于句子的长短，有时最短的句子也能保证信息量的充足，如：*Сегодня погода не для прогулки. Останемся дома.* 但是如果造成听话人的误解或者提出反对意见的话，那么祈使句就要通过描写或议论的方式扩展为说明句。

表达正确这一原则指的是不仅要遵循词汇和语法规范，还要遵守语料的用法特征、话语表达的固定搭配以及句子表达的主题–述题关系。譬如，英语中放在首位的带不定冠词的主语在翻译成俄语时经常要求对词序做出改变，使重要信息处于述题的强位：*A Cadillac stopped on the opposite side of the street – На противоположной стороне улицы остановился кадиллак.* 这句译文中如果保留原文的词序，就会造成语义上的错误，造成答非所问。表达的正确性原则还包括遵循相应的修辞语体要求。如口语词 «Привет!» 不应该出现在官方正式场景，而在非正式的朋友间交谈中也不宜出现官方用语或者辞藻华丽的句套子（除非说话人故意使用讽刺性的基调）。

有效言语交际的特征还包括准确性、简练性和生动性，但是这些特征不是每个交际情景都需要。

准确性是指首先要保证该情景下的信息足够具体。例如：

– *Ты не очень хорошо выглядишь.*

– *Да, в этом месяце я* <u>*очень много*</u> *работал и* <u>*мало*</u> *спал.*

– *У тебя хорошая работа?*

– Да, очень интересная, хотя зарплата <u>невысокая</u>.

在这个对话中不需要更具体的信息。但是如果在招聘会上，用人单位应该针对工作时间和工资标准给出准确具体的信息。

有时我们为了加强语势而牺牲准确性。例如，让学生自己完成接续句子的练习：*Если преподаватель увидит на экзамене, что ты пользуешься телефоном, ..!* 但是，在现实交际情景中这样的句子实际上并不需要接续，正相反，这样的不完全句能使话语具有更强的表现力。

除了具体性，准确性还指意思的单一性、没有歧义：即信息对听者来说应该是清晰明了的。

在高年级阶段的外语教学中，应该教会学生排除因句法错误导致的语义上的不确定性。这种改错过程可以帮助学生预防错误或独立改正错误。例如：*... Конгресс обновится полностью, иСенат обновится полностью.* 这句话给人的印象是，Сенат 不是美国国会的上议院，而是一个独立的机关。所以应该改成：*Не толькоСенат, но и Конгресс в целом, обновится полностью.*

简练性原则包括：首先，要避免词汇层面的同义反复现象。如：*Я с удовольствием люблю смотреть детективные фильмы* 可以修改为：*Я люблю смотреть... = Я с удовольствием смотрю...*

其次，语言的简练性原则是指要避免语义上的重复。寻找语义性重复的练习不仅是为了使句子变得简练，而是为了教会学生使用同义结构的替换。

最后，语言的简练性原则是指要排除所有不必要的细节，把课文变成符合逻辑的缩略性转述。但缩略的一个重要标准就是要保证重要信息在压缩过程中不受到任何损失。

生动性或表现力原则。如果说表现力原则是指必须要使用修辞格和修辞手法、具有强烈修辞色彩的词汇（如：взять – схватить, быстрый – стремительный, большой – огромный 等）、具有情感表现力的词缀（如：преотличнейший, наипрекраснейшая）、具有强化意义的语气词（如：а потом как закричит на меня...）、具有强调功能的实词

（如：И давай его катать из – под стула под кровать – С.Я. Маршак）的话，那么，生动性原则却是可选择的。生动性原则在诸如科学、公文事务、法律以及其他要求用标准的修辞规范做客观性陈述的语篇类型中是不能使用的。

尽管如此，上述所有提高语言生动性的手段仍然广泛应用于日常交际、小说文学、报刊政论文本中。因此，可以设计出一些接续句子的练习或者按示例变换中性词和词组的练习形式。例如：

1. 填空，使词组具有形象比喻意义。

Сильный, как / сильнее чем; добрая, как; яркий, как

2. 请用夸张的手法加强话语的程度意义。

● *Ветер был такой силы, что...*

● *He offered me a handshake that*...(подчеркните, насколько крепким или, напротив, вялым и безжизненным было рукопожатие).

示例：*... that could squeeze carbon into diamonds.* 或者：*... that felt like squeezing a dead fish.*

但是如果一个艺术细节能够产生需要的效果时，语言的生动性也可以在客观事实的描述中体现出来，所以必须教会学生分析这样的细节，特别是在记叙文的描写中。例如：

Комната была пуста – совсем пуста, только на полу лежала сломанная детская игрушка.

实现有效交际的不同手段之间可能会彼此支撑，也可能会彼此对立，因为在不同的交际情景中它们各自的优势不同。

例如，准确性要求有足够的信息拓展（如下定义应该保证信息的完整，应该保证释义的单一性），同时又要求语言手段的简练（如在下定义时不应该有冗余的信息）。在这一点上表达的准确性与简练性相关。但是思想的准确表达却不总是简练的，因为准确表达可能要求详细列举客体的特征。

上述列举的话语特征基本上把口语和书面语的思想表达协调统一起来。但是，如果说书面语表达通常是经过事先思考的，那么，口语表达的准备程度则是不同的。两个人的对话或几个人的交谈通常具有自然的、即兴表达的特点。但是参加公开的学术辩论、学术讨论这样的口语表达都要求做充分的提前准备。

（三）口语表达事先准备的几种类型（从形式和内容的视角）

从形式和内容的视角来看，口语表达事先准备的类型有：

一是无准备的口语表达。口语表达完全是即兴发生的（如回答突然提出的问题，参与日常对话）。

二是稍加准备的口语表达。说话人整体上要考虑一下交际策略，大致估计一下谈话对方可能会做出的反应，但是要根据具体情况来实现自己的交际意图，适时调整交际策略，甚至可以完全改变最初的交际策略。口语表达的语言形式基本上是即时产生的。

三是半准备的口语表达。例如口试中的回答问题，在学术会议上的发言、学术讲座等。越是责任大的发言，事先准备的越要精细。要提前撰写发言提纲，记录中心思想，形成在讲述的过程中需要展开说明的基本原则等。在这种情况下，提前思考的过程要体现在未来的口语表述中，即语言学意义上的"口语等值替换物"上，也就是说，这是书面表达的"写便条"能力，即兴口语表达成功与否的一半取决于这种能力。

四是充分准备的口语表达。这是指说话人基本上在念事先准备好的文字稿。即使不照稿的话，可能也只是替换几个词，或者完全把准备好的稿子背下来。

有一种错误的观点认为，口语教学应该从第四种类型开始，这样就可以在高年级阶段达到完全即兴表达的程度。但实际上，对于完全没有准备的口语表达能力的培养，首先，应该持续在教学的各个阶段进行；其次，要从短句层面开始（如：由 2 至 4 句组成的对话，类似于书面形式的超句子统一体的自然交际的短小对话）；再次，对口语表达能力的要求不应该超出有效言语交际的基本标准（即正确性、得体性、信息充足性）。如果在这些即兴口语表达基本标准的基础上再加上足够的反应速度、语言手段选择的准确地道、语调表达自然流畅等要求的话，那么，我们才能探讨即兴表达流畅度的问题。

因此，我们有充分的理由认为，对于"表达流畅"这个术语——尽管对每个人来说都是耳熟能详的一般性概念，我们还是应该根据口语表达的性质做出不同的阐释。如果外语专业的大一学生把自己想说的话记录下来，然后根据记忆一字不差地复述出来，那么表达的流畅程度则取决于记忆的牢固程度、语速是否适当、发音和语调是否规范等因素。但这只是复述的流畅，而不是表达的流畅。这个观点不是要否认类似的口语实践方法。恰恰相反，这种方法对于培养语言技能来说是非常有益的。但是这种"说"的形式无论如何不应该成为"说"技能的主要形式，因为在现实交际中，这种复述形式是没有任何意义的——难道在毕业论文答辩中会因时间不够而要逐字逐句地念稿子吗？再比如，学术讲座或者学术会议的发言者如果只是逐字逐句地念演示文稿的话，那么结果就是没有人会听下去。

因此，外语专业的口语教学需要采用不同的方法对上述四种不同准备程度的口语表达进行训练，但是前三种类型都是教学的目标，而第四种只是一种辅助手段和"拐杖"，要及时地抛弃掉，否则就会变成长期的依赖。

在高年级阶段也不建议只训练没有准备的即兴口语表达，因为即兴表达不能形成有效交际非常重要的能力——准确性、简练性和表现力。的确也需要全班学生的讨论，但是在讨论过程中学生要学会评价别人提出理由的分量，在辩论中要表现得有分寸，不重复别人说过的话，不打断交际对方的话，学会支持谈话对方的话，继续发展对方的思想等。但是在即兴讨论的过程中，学生可能只是在原地打转，而不能形成把语言和推理结合起来的能力。这种能力是指从同义手段中选择适当词语的能力，为规避语言的单调性而变换句法结构和词汇结构的能力，给出全面而准确定义的能力，举出恰当例子、给出引用或引文的能力，正确使用隐喻、借代等修辞手法的能力，使用表现力手段（反义法、矛盾修饰法、对照法、反论、讽刺、在需要的时候采用大小写对比手段等）进行对比的能力。这些能力都需要一定程度的提前准备——即第二种和第三种准备程度。这里需要强调的是，外语专业学生的流畅口语表达能力基本上是在"有准备的即兴表达"的过程中形成的。

初级阶段的口语教学要从大一年级就开始以短句的形式训练，从一开始就要指出句子在什么情况下具有言语交际功能。例如，在对外俄语教学的第一堂课上给出的诸如 «Это Анна. Это Антон. Это папа. Это мама.» 这样的句子可以用于如下的言语交际功能：

介绍照片上的家庭成员；

为你的家庭成员介绍新朋友；

站在门外回答"谁呀"的问题（Кто там?）。

在训练言语的句法结构时需要强调的是，同一个句法结构可能具有不同的意思。因此，需要设计一些句法结构具有不同言语交际功能的练习，例如，не надо 表示"没必要"和"不可以"两个意思的口语交际练习。在解释这个句法结构的多个含义时，要使用学生的母语或者中介语：you needn't – you shouldn't/mustn't.

另一方面，句法结构的多义性特征还要求我们根据语言材料的逐渐积累，系统地概括同一种意思的不同表达方式，例如：

Не надо мне помогать: я могу сделать это сам(а). = Можно не помогать мне.

Не надо опаздывать. = Нельзя опаздывать. = Опаздывать нехорошо.

意思表达形式的多样化——既包括修辞技巧的多样化，也包括即兴表达方式的多样化，这时学生已经不怕忘记词语或句法结构，因为他总是有"储备好"的东西。

在教学的初级阶段，言语技能还不牢固。所以这个时期我们基本上要通过选择（从几项中选择一个成分）、组合（从多项中选择几个）、改变词序、分类、删减、补充等练习形式培养学生掌握言语表达的相关性、逻辑性、得体性、信息充足性以及做出快速反应的能力。例如：

1. 续句子（添加词语：逻辑＋语法形式的练习）。

● Сегодня холодно. Не выходи на улицу без...

● Я принёс учебник и тетрадь, но я забыл дома...

● Я не могу принести домашнее задание в среду. Пожалуйста, подождите до...

● Хорошо жить недалеко от..! Там всегда можно увидеть что-то новое и интересное.

2. 选择不同的连接词接续句子（找出对应的逻辑关系：逻辑训练）。

Ему повысили зарплату *(хотя, потому что, поэтому)*:

1) ... *он очень старательный работник»*;

2) ... *он может купить себе новую машину.*

3) ... *он обычно ходит на работу пешком.*

4) ... *он иногда опаздывает на работу.*

3. 用适当的连接词连接两个句子（添加词语：逻辑训练）。

● *Хочется погулять. (...) Надо готовиться к тесту.*

● *Не люблю осень из-за холода. (...) Осенью часто идет дождь.*

4. 请说出你喜欢什么样的人（组合方式＋语法形式练习）。

• Я люблю *(каких?)*... и... людей.	умный, глупый, добрый, злой,
• Каждый человек хочет иметь *(каких?)* ... и...друзей.	весёлый, грустный, смешной, высокий, красивый,
• Никто не хочет работать с *(какими?)* ... и... людьми.	сильный,слабый, быстрый, ловкий, ленивый,
• Я хочу найти себе *(какую?)*... и... жену ИЛИ: *(какого?)* ... и... мужа.	сердитый, верный, надёжный

5. 下面的句子是一个对话。请把这些句子变成对话的形式——在每个句子前面划上破折号。然后两个人一组演练对话（划分方法训练）。

Погода хорошая. А мне очень холодно. Пойдём домой. Еще рано. Давай сделаем снеговика. Уже темнеет.

6. 用右边的句子快速回答左侧的每个句子（训练重新组合句子的方法，培养流利表达能力和在现实交际中瞬间做出反应的能力）。人们在现实交际中可能做出的多种反应能够促使不同的交际对象做出不同方式的选择。开始的时候可以让学生做出所有可能的选项，然后再以两个人一组练习快速问答。

Пора идти.　　　　　　　*Это плохо.*

Мы опаздываем.	*Я готов(а).*
Включи телевизор.	*А который час?*
Я устал(а).	*Подожди минутку.*
	Пойдём домой.
	Нет, еще рано.
	Давай возьмём такси.
	С удовольствием!

7. "小独白"能力的训练：请根据逻辑用右边的句子接续左边的句子。

Я очень устал(а).	*Закрой окно.*
Как холодно!	*Открой окно.*
Какой тёплый вечер!	*Пора ложиться спать.*
	Вот и лето прошло!
	Вот и лето пришло!
	А каникулы еще не скоро!

8. 想一想可以用下列哪些句子组合成一个简短的独白？以什么样的顺序组合？可以添加 Но, И, Кроме того 等词语（训练组合、排序和补充的方法，同时发展逻辑思维能力）。

Сегодня очень холодно. У нас очень важная лекция. Надо надеть тёплую куртку и шапку. Хочется остаться дома. Где мои перчатки? Надо идти на занятия...

9. 两个人一组演练。从下列句子中任选出合适的句子做对话练习。可以使用 Да, Нет, Но, К тому же 等词语（训练快速组合的方法，培养学生的流利表达和做出不同反应的能力）。

Сейчас пойдет дождь. Очень холодно. Возьми (мой) зонтик. Светит солнце. Ветер очень холодный. Пойдем гулять. Я совсем промок(ла)! Давай останемся дома. Какая (не) приятная погода! А где моя куртка? Идём скорей домой!

– Сейчас пойдет дождь. – Идем скорей домой.

– Какая неприятная погода! –Да, ветер очень холодный.

10. 拓展性对话。拓展的句子建议最好使用中介语，目的是使学生独立翻译出所选择的句子。以下给出的例子中，英语作为所学外语，俄语作为母语（训练组合、排序和补充的方法）。

Let's go home.	Мне хочется остаться. Пора спать. Сейчас только девять. Я плохо себя чувствую: голова болит.
I'd rather not.	
It's late and I am sleepy.	Я очень люблю танцевать. Мне надоело слушать
It's a pity. The party is so nice!	/ Я устал(а) от громкой музыки.

示例：

– Let's go home.

– I'd rather not. I'd rather stay. I love dancing.

– It's late. It's time to go to bed.

– But it's only nine.

– I feel bad. It's my head again. I am tired of listening to loud music.

– It's a pity. The party is so nice!

11. 从下列给出的语句中选择合适语句填入对话（训练选择方法，教会学生快速记住言语礼节规范）。

– Большое спасибо! – ...

– До свидания! – ...

– Здравствуйте! – ...

– Это моя сестра. Ее зовут Вера. – ...

– Простите, это **мои** очки. – ...

（*Добрый день! Как поживаете! Не за что. Всего доброго! Извините, пожалуйста! Очень приятно!* ）

12. 鱼贯式练习。每个学生按照句型面向自己的同桌说出一个短句子，而同桌要以任意一种符合逻辑的句子类型做出回应。这个练习训练的是更加复杂的句子建构方法。按照句型说出自己的句子对说话人来说可以提前做好准备，也可以事先知道要对哪种类型的言语行为做出反应。但是说话人在此句型基础上添加的具体内容是答话人事先不知道的，所以他必须根据现实情境做出快速的即时性表达。例如：一个学生开始用《Я хочу, чтобы...》句型说出一句话，另外的同学要接续他的话语，然后这名同学再用这个句型向下一名学生说出一句话，以此类推：

Я хочу, чтобы...

Студент 1:   – *Я хочу, чтобы было тепло.*

Студент 2:   – *А по-моему, и сейчас совсем не холодно. (И далее, об-*
ращаясь к следующему студенту) – Я хочу, чтобы ты
мне помог.

Студент 3:   – *Хорошо. А какая помощь тебе нужна?*

这个练习的辅助性材料可以采用替换表格、系列问题、用母语或中介语给出的连贯性句子（可以作为快速翻译成外语的例句或语料）、用于表达自己意见和个人经历的句法结构框架等。下面我们列举几个以英语为语料的练习类型。

请用下列句型说出你是不是一个幸运的人，阐述理由。

On the whole, I would (wouldn't) call myself rather fortunate. I've never had to... I've always managed... I have practically never...

14. 向你的交际对象提出几个建议，然后让他自己做出一个选择：

Shall I make tea	or would you rather	have some coffee?
Shall we go to the movies		leave it till Thursday?
Shall we finish it now		go to a dance, take a walk?
Shall I take you home		wait for John? stay at home?

15.

1）说一说你同意下列哪个说话人的观点：同意第一个和第二个吗？还是同意第一个和最后一个？或者同意所有人的观点？还是一个也不同意？

- *I can live comfortably without watching TV.*
- *I could happily get on without a TV-set.*
- *I could hardly do without television.*

2）回答问题，并对下列答句做替换处理。

Would you feel unhappy or helpless without a computer?

示例1：– *Oh, yes, I could hardly get on without a computer.*

示例1：– *Oh no, I could comfortably do without one.*

- *I can live comfortably without watching TV.*
- *I could happily get on without a TV-set.*
- *I could hardly do without television.*

16.

1）对比、决策方法训练：请说出下列5个句子中一共表达了几种观点？

- *What's the use of studying a language if you have no inborn talent?*
- *There's no point in working hard if you have no gift for languages.*
- *It's no use complaining about lack of abilities if you are not prepared to do your best.*
- *What's the good of learning English if you have no chance of ever using it?*
- *How can you expect to succeed if you give in before you have tried hard enough?*

2）强化练习：分别说出你完全同意和不同意的观点。运用下列词语把你认为正确或不正确的观点做替换表达。

I don't agree with the speaker who thinks that it is useless to study a language if one is not gifted enough.

17. 语义决策＋语法结构变形练习：把问句变为复合句的从句。说出你能在多大程度上预测自己的未来。请运用给出的句子结构回答括号里的问题。

I don't know... if I will... I hope I'll be able to... It's hard to say when I'll... I hope I won't have to... I hope I'll be able to...

(When will you get married? How many children will you have? Will you be able to get a good job? Will you need English for your job? ...)

18. 选择、排序、局部翻译和信息补充的训练。

Who can be called really happy? Give your idea of a happy person. Select phrases from below, prioritize them, add some more criteria.

- *A happy man is a man who…*
- *A happy woman is a woman who…*
- *A happy child is a child who…*

(*…у кого есть семья/родители/ друзья, кто любит своюработу, кто хорошо себя чувствует, кому хорошо дома, у кого есть свобод-ное время, у кого мало забот, и т.п.*)

19. 选择、语义决策、逻辑思维拓展训练：你的父母非常关注你的健康、生活和学习，他们可能给你哪些建议？请把他们的建议组合成一篇独白。

示例：*Go for a walk every day in any weather, but not in the rain! Do your homework every day, but don't sit up late. Help other students, but do not let them copy your homework: this is not help*!

（提示用中介语或母语的形式给出。）

Не забывай	смотреть телевизор каждый день.	Это (не) вредно.
	чаще писать нам / звонить домой каждую не-делю.	
Старайся (не)		Это (не) полезно.
	одеваться по погоде / ходить зимой без шап-ки.	
Помни, что		Это нехорошо.
	списывать домашнюю работу у других.	
важно	давать другим списывать у тебя домашнюю работу.	Тогда у тебя всё будет в порядке.
(Не) надо /	помогать друзьям в учёбе, если им трудно.	
	заниматься на занятиях другими делами.	Тогда ты будешь
(не) нужно	заниматься спортом (по три часа в день).	здоров(а).
	гулять в любую погоду (даже/ но не под до-ждём!)	
Нельзя		Тогда мы будем за тебя спокойны.
	делать домашние задания каждый день.	
	утром есть что-нибудь горячее.	
	есть на бегу.	
	опаздывать на занятия / пропускать занятия.	
	заниматься до поздней ночи.	
	работать на компьютере целый день.	
	спать восемь часов; / спать на лекциях	

20. 两个人一组互相提出尽可能多的问题。

示例：*Ты умеешь..? Ты любишь..? Тебе нравится..? Тебе трудно..? Тебе интересно..?*

然后总结你了解了同学的哪些方面。

21. 请根据老师说出的句子开头向老师提问并与老师展开对话（10—15 个问答）。例如：

– *Дома вы работаете или отдыхаете?*

– *В основном работаю, но немного отдыхаю.*

– *Вы работаете по хозяйству или готовитесь к занятиям?*

– *И то, и другое.*

然后总结你对老师了解了什么。

示例：*Теперь я знаю, что... Я рад, что... Плохо, что... Странно, что...*

在高年级阶段建议要完全拒绝逐字逐句地记录要表达的话语，取而代之的是要教会学生使用书面语表达的修辞手法，因为在这一教学阶段，书面语和口语的句法特征有很大差异，无论是在句子长度上，在客体特征相互关系的复杂程度上，还是在整个句法结构上。譬如，俄语口语中基本上不使用形动词和副动词短语。英语口语中也很少使用分词，而绝对不能使用"独立主格结构"（如：*His face wrinkled and his hair white*, he was difficult to recognize）。口语和书面语中都可以使用省略句,但省略的方式却完全不同。请比较口语和书面语中的省略：*Going already? Classes over*, the students went home.

对于"说"技能的训练，练习中既要有即兴表达的要求，也要有半准备表达的要求。与此同时还要使用辅助性手段，但是以理解为目的的输入性言语活动（即带有一定变形程度的句子复述练习）和以表达为目的的输出性言语活动（即完全创造性的言语表达练习）之间的比例关系却发生了变化。

（四）即兴口语表达的练习类型

1. 训练长期记忆、替代、决策方法的练习：请对老师的观点表示同意或不同意，并说明理由。下一个学生以同样的方式支持或否定上一个学生的观点。无论是形式上还是内容上都不允许重复已经说过的观点。例如：

Teacher: *The best way to travel is by car.*

Student 1: *I agree that a car is the best kind of transport. You can get anywhere you like and when you like.*

Student 2: *But on the other hand, you spend hours at the wheel, and it is very tiring.*

Student 3: *Yes, driving is hard work. But think of the sense of freedom it gives you!*

Student 4: *But on the other hand, your freedom is limited: you feel caged within your car, instead of breathing fresh air.*

这个练习对于第一个学生来说是最难的，因为他需要瞬间做出反应，对于最后几位学生也是比较困难的，因为所有能够快速想到的情景可能都已经被前面的同学说过了，尽管他们有一定的准备时间，但对前一个同学的说法是无法预测的，因为前一个同学的回答取决于更前一个同学的观点。

2. 请编写出一套心理测试题，最终要根据这些问题得出结论：被测试者中谁是内向的人？谁是外向的人？谁是积极乐观的人？谁是消极悲观的人？用这些问题对班级同学进行测试，并告诉他你得出的结论。这个练习中对于负责测试的学生来说要同时兼顾问题的设计、长期记忆训练、数据的对比和得出结论等几个环节。而被测试的学生需要即兴、快速地给出拓展性回答。

3. 全班学生集体编写一个口头作文。这种练习的目标是培养学生的逐字逐句记忆能力和想象能力。作文的开头由老师给出。第一个学生重复老师的开头句再补充上自己的句子。第二个学生在重复前两句的基础上再加上自己的句子。以此类推。这个练习的价值在于，学生们不得不想出各种可能的情节发展方案，因为前一个学生的补充可能迫使后一个学生完全改变下一个情节发展的思路。这种练习可以两个人一组来完成。与此同时，共同完成任务的学生之间可以面对面，那么逐字逐句记忆的准确度将会更高。这种面对面的交流对各种形式的交际来说都会起到辅助作用。因此，班级学生之间理想的排座方式就是"马蹄状"的排座方式，即半圆形的座次。

4. 智力游戏：找出"A 和 B 之间的共性特征"。这是一种训练大脑思维的特殊练习形式，培养学生的观察能力、随机应变能力和解决问题的创新能力。例如，找出"平底煎锅"和"电熨斗"之间的共性特征：*Both objects are found in every household. Both are made of metal. Both are useless unless heated. Both can burn you if you are careless. Both are heavy and can be used as a weapon.*

（五）半准备性的口语表达练习

半准备性的口语表达要求提前思考和预先写出反映思路发展步骤和关键性词语的"等值替换"提纲。这是口语和书面语能力融合的一种训练类型（即写便条的过程）。

辅助性手段主要是用来帮助建构话语内容，而不是解决话语形式。辅助性手段主要有：

1. 曾经阅读过的小说简介，可以作为总结另外一部小说情节的示例；

2. 提供一个以事件参与者身份讲述所发生事件的样本，目的是让学生以另外一个主人公的视角看待同一个事件，使学生同时兼顾到该主人公的性格、性情、了解事件信息的多少、智商、他与其他事件参与者的关系等要素；

3. 以一个观察者身份对别人的对话内容进行主观转述（给出两三个表达主观态度的示例：如表达同情、愤怒、讽刺等的主观性表达示例）；

4. 给出以某种视角描写同一现象、促使人们产生情感共鸣的名人名言，例如给出"描写深秋"主题的名人名言：有的是描写深秋的忧郁，有的是描写深秋的凋败，有的是描写大自然陷入冬眠的沉静（*«Дремлет тихая дорога»* – С.Есенин）等等；

5. 不同角色演练的准备，在参与社会问题的辩论中，每个学生都被确定为正方或反方观点的代表，在此情况下，学生预先准备好的材料在辩论过程中只是即兴发言的要点；

6. 从多项选择中选择出一项针对所读作品主题思想的压缩性阐释，并对自己的选项给出详细的解释或者提出其他不同的观点。

（六）其他练习类型

一个最常见的口语（口语教学或口语检测）练习类型是 Translate and go on speaking（翻译＋观点表述）。这种练习可以从第一学期一直持续到最后一个学期。先用母语或中介语说出 2—3 个导出问题的句子，把它们翻译成外语之后让学生做自由的接续性陈述。通常会给学生 1—2 分钟的思考时间。这个练习综合了语言技能（特别是在初级和中级阶段）训练和逻辑推理能力、得体表达能力、信息的详细阐述或说明理由的能力、由一个主题向另一个主题平稳过渡能力的全面培养。但是在初级教学阶段要先培养学生的虚拟交际能力和进入角色的能力，以词汇-语法技能训练为主。例如，用母语给出下列句子并让学生先翻译成外语，然后再做接续句子的练习（大一阶段，所学外语为英语）：

● *Неужели мне нельзя пойти спать? Я не могу работать до поздней ночи. Но я могу завтра пораньше встать...*

● *Я не могу заставить его любить английский. Если изучение языка не приносит ему удовольствия, пусть он его бросает.*

在中级和高级教学阶段，进入角色的练习即虚拟交际的练习也是十分必要的，因为这种练习能够培养学生的情感表达能力以及相应修辞手段的使用技巧。但是中高级阶段的教学要以真实的交际情景为主，要引入严肃的问题，需要认真思考才能做出回答的问题。例如下面的练习（针对大三年级，所学外语为英语，主题是"教育"）：

● *В вузы сегодня идёт поступать абсолютное большинство выпускников школ. Вроде бы факт отрадный, свидетельствующий о тяге к знаниям. Но у тотального обучения в вузах есть и обратная сторона. Имеет ли оно смысл, когда стране не хватает квалифицированных рабочих, а до 60% выпускников университетов не идут работать по специальности? ...*

•*Первые полгода в пятом классе большинству ребят даются трудно. Многие учащиеся не готовы к общению с разными учителями и совершенно другим требованиям к осмыслению материала. А нельзя ли решить эти и другие проблемы, продлив пребывание детей в начальной школе? ...*

综上，在口语能力的培养中，要综合考量学生的承受力和教学难点的数量，要结合即性表达和有准备表达，要同时关注语言的形式和内容，既要使用辅助手段又要给学生创新表达提供自由选择的空间。

七、写作（即书面语表达）能力的培养 [1]

在训练写作能力之前，也与口语教学一样，要先分析现成的语篇。但是与口语表达相区别的是，写作者不用考虑时间因素的限制。学生可以写草稿、可以用词典、可以事先商量、可以删除某些语句、可以重写、可以扩展或删减内容，也就是说，既可以在形式上，也可以在内容上编辑写作内容，这一点在口语表述中几乎是不可能做到的，除非学生在口语表达的过程中自己做出调整和修正，如：*Я имел в виду, что... То есть я хотел сказать...*

另一方面，如果不能把书面语看作是以书面形式记录下来的口头语言的话，那么对书面语就要提出更高的要求。在即兴口语表述中可以允许学生有一些错误的重复、停顿、思维的随意跳跃（因为在直接交际中可以回归到论证的原始思路上），而在书面语中上述类似的推理性错误是严重违反规则的错误。

在听说读写四种言语活动类型中，关于写作方面的教学法研究是最少的。写作教学经常被看作是教学的辅助手段，这种观点在某种程度上被证明是正确的,但从总体上来说,这种说法是不正确的。一方面，书面语教学不可避免地带有实用性特征（如必须要学习的书面语体裁类型），另一方面，书面语表达应该是外语教学本身不可分割的部分。现实的问题是，在中学阶段，即便是用母语的书面语教学，也没有被

1　这里谈到的书面语表达不包括正字法和标点符号的用法，因为正字法和标点符号的教学在很多教学法著作中都有详尽的阐述，此处不再赘述。

看作是一个系统和一个独立的教学层面得到单独的阐释和训练。

因此，在大学阶段，应该给学生介绍书面文本的基本类型（既包括具有教学目的的书面语文本类型，也包括具有真实交际目的的书面语文本类型），他们要学会用外语完成这些文本的写作（这也意味着，他们首先应该掌握这些书面语类型的母语写作能力）：

- 笔头叙述课文内容（用源语和译语）；
- 概述（summary）课文内容；
- 摘要，即在对比事实和观点的基础上写出两个或几个参考文献的概述；
- 专题报告，即对几个参考文献的观点进行对比分析、有理据地阐述自己对所获信息的态度；
- 提纲：为下一步的口头复述撰写的要点（note-taking 写便条）或为未来的个人发言撰写的纲要（note-making）；
- （文章或书刊的）简介；
- 各种类型的时评：包括政论时评或哲理性随笔、文艺作品的分析、对一幅静物作品（如风景画）或对新闻事件的感想等；
- 各类公务用途的文本，如：个人简历，即介绍自己个人成就的简介、申请信，包括入学或入职的申请信。

除此之外，翻译专业的学生应该学会用源语和译语创建各类书面语文本，也就是说，要学会用母语撰写所听到的外语内容的提纲，或用外语撰写所读的母语文本的摘要。

书面语表达类型的任务清单本身就可以使学生坚信系统掌握书面语表达能力的必要性，书面语表达类型也与其他言语活动类型一样，需要系统掌握。

各种书面语表达能力培养的步骤是一样的，不取决于学生在中学阶段是否学习过这门外语或者处于这门外语学习的哪个阶段。无论什么情况下，书面语表达既是教学目的，同时又是其他言语活动类型教学的辅助手段。作为一种教学手段，书面语教学在开始阶段也和口语教学类似，因为在任何情况下我们都要从中性语体的规范性言语表达开始。最主要的是，无论是书面语表达，还是口语表达，都要具有实用价值，即具有明确的交际对象，如 «*Опишите.., расскажите.., объясните... / возразите... / посоветуйте.., расспросите...*» 等等。书面语教学具有明显的实用性特征还因为在日常真实交际背景下书面语表达通常具有滞后的特点，这一点使书面形式的细节性描写或评论具有更大程度的完整性和理据性。

书面语表达的实用性任务可能具有虚拟交际的特点（例如：宾馆最近几天只有一个空余房间。你询问这个房间的详细情况，以确认自己是否对这个房间满意），但是不能给出形式上的练习，如："转述课文内容"或者"根据课文内容提问"。练习一定要包含交际对象和交际目的。例如，为了引起读者的好奇心可以让学生转述侦探小说或探险小说的开头，为了展示事件意外转折的例子可以让学生转述个别段落，可以把一系列事件的简要概述作为对作品分析的序言等。而在作品内容层面，如果需要弄清事件的原因、评价主人公的行为、弄清事件发生的背景信息时，也就是要弄清课文中没有直接提到的内容时，那么完全可以向老师提问或向班级的同学提出问题。

如果一年级的学生具有一定程度的中学外语学习经验，那么就可以依赖他们的词汇积累，从第一周开始就给出听和读的练习。可以让学生阅读改编过的文学作品。对每一本读过的外文作品可以要求学生用母语进行汇报。对于没读过作品的学生可以先要求他们做作品情节的简要转述（即带有描写成分的叙述），然后给出自己对作品人物的分析和评价（通过叙述手段的说明），最后根据所读作品的主题进行理据性的观点阐述（辩论）。外语快速浏览阅读技能的培养要与概述系列事件能力、找出关键词和句子的能力、对句子和段落进行逻辑衔接的能力以及为避免冗余性重复而变换语言形式的能力培养结合起来。在检查书面语作业时，教师不是简单地指出学生的母语错误，还要向学生解释其错误的根源，并帮助学生自我修正错误。

因此，母语具有双重功能：既是检查学生对读过的经过改编的作品理解能力，也是形成书面语有效表达（信息是否充足、语言是否简练）的语料，这对于教学过程来说不是浪费时间，因为中学阶段的教学在母语的写作能力培养方面是不够的。对于大学阶段外语零起点的学生来说，可以通过学生用母语读过的外国作品作为语料来教会学生的书面语表达，这有利于同时培养学生的修辞能力与对外国文化的感知能力。

书面语表达的系统化教学要求学生掌握书面语篇建构的基本规律。

（一）书面语的思想表达形式

我们先从"口语表达能力培养"这一部分开头所描述的思想表达形式谈起。根据某种思想表达形式的需要，形成说和写这两种输出性言语表达类型所共有的推理能力，即列举事物的基本特征、按照时间顺序对事件进行排序，找出因果对应关系、给出建议并阐述理由、表达自己对事物的态度并说明原因、给出几个巩固自己观点的理由。下面我们给出几个练习的例子（如果是针对高级阶段的教学，课文可以用外语给出；如果是针对初级阶段的学生，练习可以用母语给出）：

1.阅读下列短文，确定思想表达属于哪种基本形式：描写、叙述、说明、辩论、询问、议论。

Утром я делаю домашние задания, а после обеда иду на заня-тия. Они заканчиваются в семь.Домой иду пешком – люблю гулять. После ужина слушаю песни на иностранном языке. Это приятно и полезно (повествование).

Я не знаю, где ты живешь. Проспект Мира – это центр города? Это далеко от университета? Туда можно дойти пешком или надо ехать? Какой транспорт туда ходит? (Расспрос-выяснение) и т.п.

2.读短文，划出反映写作人目的的句子。示例：

● *У нас прекрасная погода. Еще тепло, хотя листья уже жел-тые.Дни стоят сухие и солнечные.*

● *Погода пока сухая и теплая. Я предлагаю в воскресенье пое-хать в лес. Там сейчас много грибов. Надеюсь, вы свободны в воскре-сенье? Мы все поедем в моей машине.*

3.下面是信件的片段。从右侧句子中找出与左侧句子的衔接性接

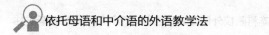

续句，然后把两句话抄写下来作为一个段落插入到一封信里。

Детский сад почти напротив нашего дома.	А через год сыну будет семь лет. Что будем делать?
Напротив нашего дома – детский сад.	Поэтому днем бывает очень шумно.
Детский сад рядом, но школа далеко.	Но голоса детей – это приятный шум.
	Поэтому я отвожу туда детей за десять минут. Это очень удобно.

4. 学生按顺序对下列描述逐个进行口头拓展，每次补充一个客体特征，然后把最长的句子抄写下来。示例：

Студент 1: *У нас большая квартира в новом доме.*

Студент 2: *У нас большая и уютная квартира в новом доме.*

Студент 3: *У нас большая и уютная квартира в новом доме недалеко от центра.*

Студент 4: *У нас большая и уютная квартира в новомвысотном доме недалеко от центра.*

Студент 5: *У нас большая и уютная квартира в новом высотном доме недалеко от центра, на улице Свободы.*

（二）思想具体化表达的基本途径和手段

在大学一年级阶段，学生应该了解思想具体化表达的基本途径和手段。思想具体化表达的基本途径包括限定、明确和分解等方面。

限定是通过列举事物的特征来缩小言语对象的方法，例如：Она мечтала иметь *послушных, тихих и хорошо воспитанных* детей. Он работал *медленно, но очень тщательно.*

明确是指对读者已经了解的客体进行信息补充的方法。这些信息是指客体的整体性信息，而非客体个别方面的信息。如：Дом был очень старый – *ему, наверное, было лет двести»*（明确房子古老的程度）。具有明确功能的信息也可以放在客体的基本特征之前：*Молчаливый и застенчивый,* он не умел быстро заводитьдрузей.

分解是一种明确信息的方式，是指信息的补充不是针对整个客体，而是针对它的个别方面所做的进一步明确：Отдых прошел отлично –

удобный отель, море совсем рядом, тёплая и сухая погода.

思想具体化表达的基本手段包括：列举、时间和空间顺序排列、下定义、分类、对比，也就是保证话语逻辑的修辞手段的使用。同时，如果客体属于某个种类并区别于该种类中的其他客体时，可以借助于同义词（*перечить – спорить, возражать*）、带否定前缀的同义手段（*печальный – невеселый*）或者给事物或现象下定义的释义法（*Планета – это крупное небесное тело, которое вращается вокруг звезды*）。而事物和现象的对比可以采取下列方式：

1. 相似性对比（*Плавать так же полезно и приятно, как и танцевать*）；

2. 差异性对比（*Львы, в отличие от тигров, живут и охотятся в стае*）；

3. 仿拟性对比，即不同领域的相似现象之间的对比（*Сема – такой же компонент значения, как атом – компонент молекулы*）。

每一种思想表达形式都有自己典型的具体化手段。例如，对于描写这种表达形式来说，典型的具体化方式是按照空间位置对事物进行排序、对比及列举所有的事物类型。对于说明这一表达形式来说，最常用的具体化手段是释义法和分类法。但是大多数思想表达的具体化手段都具有普遍性特征。譬如，借助于仿拟手段既可以形成对事物静止状态的认识（描写）、也可以形成对事物过程的认识（叙述）、还可以形成对新事物、未知概念实质的认识（解释）。

思想表达的具体化手段的训练可以通过非常简单的语言材料进行。开始阶段，学生首先应该学会识别语言材料里已经使用的具体手段，例如：

Люди способны учиться до восьмидесяти или девяноста лет. Возрастного предела нет. Моей соседке не меньше пятидесяти, а она изучает иностранный язык. —— 这里使用的是举例手段。

Обучение на протяжение всей жизни вполне возможно – ведь учиться никогда не поздно. Конечно, есть некоторые ограничения, но не возрастные. Если человеку за шестьдесят, а он учится играть в футбол, это неразумно с его стороны, но только потому, что стареет организм, а не мозг. —— 这里使用的是仿拟性对比的手段。

思想表达具体化的途径和手段表现在不同长度的书面语单位。"在书面语交际教学法中经常使用'句子''段落'以及'超句子统一体'这样的单位，而很少以'交际模块'为单位。所有这些单位都同时属于语言学单位和逻辑单位。前两个单位可以称作'以形式结构为条件'的书面语单位，因为它们有明确的形式界限。而超句子统一体和交际模块这两个单位，则可以称作'以功能为条件'的书面语单位"。[1]

超句子统一体—交际模块与句子—段落的区别在于，它们没有形式上的界限。超句子统一体是一种被客观划分出来的单位。这是一种"复杂的句法统一体"，是"由两个及以上独立句子按照一定顺序组成的、由共同主题连接成一个意义群的连贯性话语片段"。[2]

交际模块与超句子统一体的区别在于，它反映思维发展的全过程。从这个意义上来说，整个语篇是反映写作者意图的最大交际单位。[3]语篇的建构体现出阶段性过程。从心理语言学的视角看，这是话语内部建构方案分阶段外化表现的过程，也就是说，话语建构是从语言外的意图先转化为不同意义的模块，进而再转化为句法和词汇单位的组合和话语的语言内化过程，最后表现为口语或书面语的外部输出形式。从写作者的角度来看，创建语篇的过程即是对假设的读者提问做出回答的过程。如果话语的客体在第一个句子中出现，那么被假设的问题就需要对客体的特征进行具体化分解。而因为客体的特征可能是共性的，也可能是个性的，所以话语的客体特征就要依次划分为基本特征、特征的特征等。特征具体化的分解程度首先要取决于写作者的目的。

1 Колкер Я.М., Устинова Я.М. Обучение письму// Методика обучения иностранным языкам: традиции и современность /под ред. А.А. Миролюбова. Ч.II, глава 4. Обнинск: Титул, 2010. С. 192.

2 Большая российская энциклопедия [Электронный источник]. URL: https://bigenc.ru/linguistics/text/3540442

3 Колкер Я.М. Теоретическое обоснование последовательности обучения письменному выражению мыслей на иностранном языке (английский язык, языковой вуз). Дис. канд. пед.наук. М.: [б. и.], 1975. С. 242.

（三）书面语篇构建的原则

尽管书面语表达的句法关系取决于语言体系的特点和约定俗成的惯例，但也存在一些书面语篇建构的普遍性原则，即信息补充原则、客体特征与客体关系变化原则、客体具体层级变化原则和篇章信息充实原则。[1]

信息补充原则是显而易见的：任何一个语篇都是信息不断增加的过程。

客体特征与客体关系变化原则是指在话语建构的过程中每一个被补充的客体特征放在客体之前和放在客体之后句子结构关系会发生变化，请比较：*Уставшие после долгой ходьбы*, путники отправились спать сразу после ужина 和 Сразу после ужина путники отправились спать, *так как провели весь день на ногах и очень устали*.

根据客体具体层级变化原则，每一个补充的特征都与前面提到的特征之间存在并列或者主从的句法关系，并且在句子、段落或片段的内部也可以有几个层次的并列从属关系。这里指的是客体特征层级细化的程度。例如：

... никто не знал причины, побудившей его выйти в отставку и поселиться в бедном местечке, где жил он вместе и бедно, и расточительно: ходил вечно пешком, в изношенном черном сюртуке, а держал открытый стол для всех офицеров нашего полка (С. Пушкин. Выстрел).

第一层级：*... никто не знал причины, побудившей его выйти в отставку и поселиться в бедном местечке;*

第二层级：*где жил он вместе и бедно, и расточительно;*

第三层级（并列关系）：

ходил вечно пешком;

(ходил) в изношенном черном сюртуке;

---

1 Christensen, F. Notes Towards a New Rhetoric: Six Essays for Teachers. L.: Harper and Row, 1967. p. 110.

а держал открытый стол для всех офицеров нашего полка.

第二层级的句子整体上描述了主人公在这个"贫穷的小地方"的生活情况，也就是说利用了插入基本特征的进一步明确信息的手段，而在第三层级的三个并列关系的句子中通过进一步的切分和对比手段解释了"日子过得既拮据又奢侈"这一特征的具体特征。

篇章信息充实原则是指信息的补充是否充足，客体是否得到充分的展示，是否实现了写作者的真实意图。但是过分的具体化也与信息不足的效果一样，会造成对篇章结构的破坏。

这些原则适用于句子、超句子单位和整个篇章等类型的语篇层面。运用各种具体化途径和手段对思想发展过程进行跟踪，从而把语篇分析转化为练习形式，以培养学生预先猜测读者可能提出的问题并给出答案的能力，从而保证书面语的有效交际。

（四）以交际模块为单位的书面语教学

"对每一个假设读者问题的回答都是一个独立的交际模块。正因为这些问题可能具有最广泛的性质或者极其个性化的特点，所以交际模块可以对应不同长度语篇的各个部分。较大的交际模块可以根据假设问题的具体化程度分解成更小的模块。最小的模块单位，如果它可以回答一个假设性问题的话，可能是一个词组，也可能是一个单词"。[1]
下面我们来分析两个例子：

● *Но возвратимся к добрым ненарадовским помещикам и посмотрим, что-то у них делается. А ничего.*

● *У добрых ненарадовских помещиков тем временем ничего не произошло.*

第一句话出自普希金（А.С. Пушкин）的《暴风雪》（*Метель*），在这部作品中，最后一个词不仅被有意地用句号隔开，划分为独立的句子，还单独成一个段落，目的是强调没有事件发生。第二个交际模块使第一个模块的意义发生了变化（对第一句话起到反向的强调作

1　Колкер Я.М., Устинова Я.М. Обучение письму // Методика обучения иностранным языкам: традиции и современность /под ред. А.А. Миролюбова. Ч.II, глава 4. Обнинск: Титул., 2010. С. 194.

用）。在第二个转述中只剩下了一个交际模块，也就是说，失去了强调意义模块。

如果说在叙述和描写中经常使用事物朝两个方向的变化趋势，那么在说明和辩论中则首先要给出基本观点，然后再给出解释观点的细节。语篇一般要从代表思想细节化第一层级的观点开始。然后再解释写作者为什么这样认为。如果存在几个原因的话，那么这些原因之间就处于并列关系（即第二层级的具体化），但是其中的某一个原因还可以进行下一个层级的细化分解。

因此，早在半个世纪之前 F. 克里斯滕森（F. Christensen）就曾指出，从交际模块的角度看，段落或超句子统一体的基本观点在地位上类似于主从复合句中的主句，也就是说，交际模块的句法结构不是从形式上来界定的，而是从功能上来界定的。

交际模块无论大小，它在书面上总是被隔开的——用逗号、句号、破折号或另起一行的形式。相应地，客体的限定词和词组不是独立的交际模块，而具有明确或划分客体特征功能的词和词组却具有独立交际模块的地位。顺便指出，在这个方面，英语的标点符号与俄语的标点符号相比，具有更多的功能意义而非形式手段。英语中的定语从句如果在限定客体的同时还解释客体本身的话，则不用标点符号隔开，如：*The teacher who taught us geography relied on imagination and thinking rather than on storage of facts.* 这句话里没有使用逗号，因为这个交际模块是不可分割的，如果不用定语从句，就不明白这里讲的是哪位中学老师。如果使用逗号，那么这句话的意思就发生了改变——从句的意思是：用地理这种方便的材料有利于发展人的想象和思维能力。这时，语篇就由两个交际模块构成，而且在这种前提下，更低层次的交际模块会进入主模块的中部，也就是说，划分为更低层次的交际模块具有两个方向的句法连接关系。

在一个段落里可能包括第一层级的两个模块，如果它们的重要程度相当的话。这些模块可以作为段落的开头，如：*Многие считают, что.., однако нельзя не учитывать, что, ...* 这两个交际模块之间彼此依赖，缺一不可。陈述性的句子也可以从回忆基本事件开始，然后再解释这个事件是由之前发生的哪些事件引起的，在结尾的时候再用替换性的语句重复基本事件，如：*Bom почему...* 这时，第一句和最后一句处于最主要的具体化层级上，尽管结尾的重复主要起到修辞作用，而不是逻辑作用，而且原则上这个重复性的结尾是可以省略的。段落或超句子统一体也可以从描写的细节或说明事件的理由开始，而以概括性的观点来结尾。

我们建议对连贯性书面表达的教学不要从由几个交际模块构成的句子开始，而要从由几个简单句构成的连贯性语篇开始，这样在句法结构层面就简单得多。

当然，书面表达可能只由一个句子构成，如果写作者的交际任务能通过这一个句子完成的话，那么这一个句子可能就是一个独立的交际模块。比如一句话的便条就能完成一个交际模块：*Let's meet at the corner of Park Street and Peace Street at 7:30.* 但是一个完整的书面语篇的基本单位还是以超句子统一体为主，即类似于口语表达中的扩展性句子。

以交际模块为单位进行的书面语教学，并没有否认传统的书面语教学方法，而是对在此之前形成的所有书面语教学方法的系统性概括。当一个书面语篇分解为几个交际模块时，可以看出，一个模块可能是对另一个模块的解释或加强，它们之间也可能是对立或冲突的关系，也可能结尾句是上述所有句子的总结。也就是说，这种分析可以帮助我们弄清的不是主语和谓语的关系或者主句和从句的关系，而是个别细节描写和整个语篇的关系、标题和语篇内容的关系。如果学生能清楚练习的这种功能，那么这些练习对学生来说就不是硬着头皮去完成的负担，而会成为一种主动完成的交际认知性任务。因此，在句子层面我们分析的不只是它的"主语 - 谓语"结构，而是每个词语在完成具体语篇功能时的具体使用技巧。

（五）不同书面语体裁的要求和相关练习示例

非正式的便条：

这是一种最简单的书面语篇形式，结构上相当于超句子统一体，功能上相当于口头交际的拓展语句。与其他书面语交际类型不同的是，非正式语体的便条有具体的交际对象，并期待对方做出快速的回应（口头的或非口头的）。因此在语体特征上，便条相当于中性语体或标准化的口语体。便条的基本功能主要是向信息接收者发出通知或促使对方完成某个行为。我们日常生活中的手机短信、微信等就属于这种书面语类型。

如果学生所学外语是英语，那么在初级阶段最好要避开虚词的省略现象（如：*Gone to library. Back at 9.*），因为省略的结构对掌握规范化的语法结构会造成负面影响。

如果我们教授的外语是俄语，那么可以教会学生在兼顾逻辑和主题述题关系的基础上完成接续句子的练习。例如：把下表中左侧和右侧的句子连接起来，完成便条形式的通知。

Сегодня не будет последнего урока.	*А во вторник вместо него – физика.*
Урок биологии будет в среду.	*Так что кино отменяется – надоготовиться.*
На уроке физики будет контрольная.	*Учитель заболел.*

或者：根据下列提示完成便条。请给出一个以上方案。

●Не выходи на улицу без... (*шапки, перчаток, разрешения врача, необходимости*).

●Примите его на работу. Он трудолюбивый и порядочный человек, хотя и не очень... (*организованный, опытный, общительный*...).

或者：根据收信人的回复内容编写一条短信。

Не могу. У меня сегодня нет с собой ни денег, ни карточки.

（提示：可以是任何一个包含请求对方回家路上买任何东西的信息）

复述课文内容：

这是一种比较复杂的书面语写作形式，要求学生具有良好的记忆力以及剔除非实质性细节信息后再把句子进行逻辑性整合的能力。为了使写作练习具有交际意义，建议在写作之前要先设立一个虚拟性的写作动机，因为课文内容已经是所有学生都了解的。

例如：复述短篇小说的主要事件直到小说的高潮部分，使未读过小说的读者对小说的阅读产生兴趣。或者：以小说事件直接参与者的名义叙述小说内容。这种类型的写作练习可以教会学生使用不同的衔接手段：包括典型的书面语关联词和词组（*К тому же.., невзирая на.., по мере того, как...*）、形动词、副动词和动名词的使用，其中包括表示行为同时发生或先后发生的标志性词语（*Upon her return.., по возвращении из.., having done it, he.., закончив все дела, он...*）

课文摘要（包括总结、概述）：

这是一种更为复杂的书面语类型，要求同时在句法层面和词汇层面对信息进行压缩。这种书面表达形式主要用于学术交流（摘要性概述）和作为文学作品分析序言的文艺批评类文章的写作。文本压缩的程度不同，从原文本的三分之一到以一个段落来概述一部长篇小说。这种书面语类型的教学要从大学一年级持续到大学四年级，不断提高写作要求。

最简单的摘要形式是从课文里选取句子。如果文章不长（只有几页），比较方便的写作方法是在挑选出文章里的关键语句之后用母语或中介语写出内容摘要。这种练习可先以口头形式完成，因为它是建立在复述原文内容的基础上，而不需要独立创作，而且其目标是实现学生的快速口语表达。

例如：运用小说的开头和用俄语给出的小说原文中的句子概述小说的主要内容。以下短文摘自英国作家 W.S. 毛姆（W. S. Maugham）的短篇小说《逃脱》（*The Escape*）。

I have always been convinced that if a woman once made up her mind to marry a man nothing but instant flight could save him. ... I have only once known a man who in such circumstances managed to extricate himself. His name was Roger Charing...

● Рут Барлоу (Ruth Barlow) обладала обезоруживающим свойством, лишившим Роджера осторожности и здравого смысла: у нее был чрезвычайно трогательный взгляд, внушавший мысль, что этот грубый мир не для неё.

● Она, похоже, была из числа тех невезучих, у которых всё не клеится.

- Я считал её глупой, но расчетливой и жесткой.

- Роджер повсюду бывал с ней, и об их свадьбе было уже объявлено.

- И вдруг он внезапно разлюбил Рут. Ее трогательный вид больше не задевал его сердечные струны. И он поклялся, что ничто в мире не вынудит его жениться на ней...

更为复杂的文章摘要撰写是要求在句法结构上做出重新调整。据此，我们可以给出句法结构压缩的练习模式：请用一句话转述下列短文的意思。

Прошло два года. Матрос вернулся домой. Но здоровье его было подорвано болезнью. И любимая девушка отказалась выходить за него замуж. Разве он мог теперь зарабатывать на жизнь достаточно, чтобы обеспечить жену и детей? (33 слова)

示例：

По возвращении домой через два года, он обнаружил, что любимая отказывается выходить за человека, не способного из-за болезни содержать семью. (20 слов)

在概述课文内容的写作教学的下一个难点是要求用简短而意义浓缩的词语进行词汇层面的压缩以及通过改变全句结构而进行的词汇句法层面的压缩。

这里要教会学生使用不同的压缩手段。我们以 A.I. 库普林（А.И. Куприн）的短篇小说《蓝星》(*Синяя звезда*) 的开头为例进行写作教学的分析：

Давным-давно, с незапамятных времен, жил на одном высоком плоскогорье мирный пастушеский народ, отделенный от всего света крутыми скалами, глубокими пропастями и густыми лесами. История не помнит и не знает, сколько веков назад взобрались на горы и проникли в эту страну закованные в железо, чужие, сильные и высокие люди, пришедшие с юга.

在这段话里，我们在使用排除冗余信息策略（把 Давным-давно,

с незапамятных времен 压缩成 *Давным-давно*）的同时，还要教会学生对一些句套子进行改写性替换（如把 сколько веков назад 改写成 *много лет назад*）、解释性替换（如把 закованные в железо люди 解释替换为 *люди в доспехах / в броне*）以及利用重要词素语义的凝聚对课文内容进行压缩的能力（如把 отделенный от всего *света кру-тыми скалами, глубокими пропастями и густыми лесами* 这句话压缩为 отделенный от всего света *непреодолимыми препятствиями*；把 закованные в железо, чужие, сильные и высокие люди 这个词组压缩为 *воины-богатыри* 或 *атлетически сложенные воины*。

在高年级阶段的写作教学中，类似的练习模式要求学生独立完成压缩性的"语言内部翻译"，然后再把压缩翻译的结果拿到全班进行讨论，根据是否"保留原意、是否采取了压缩策略、是否保留了语言的地道性和情感表现力"等因素对压缩翻译的结果进行评价。示例：

The parts this actor played can be **counted by the hundred,** and **none** of his characters **resembles the others**. (19 слов)

压缩替代的方式有：

• *The actor played **numerous** parts, **each unlike the others.*** (9 слов)

• *He played **innumerable parts, each of them unique.*** (8 слов)

• *He lent **an inimitable personality** to each of his **numberless** characters. (11 слов)*

两个以上文献的摘要：

这是一种难度系数更大的摘要撰写类型，要求以压缩的形式对事实或观点进行客观的对比。这里除了要运用简单摘要撰写时形成的选择主要信息的能力和使用词汇语法压缩手段的能力之外，还要使用对比 2—4 个篇幅相当的文本的能力。这种摘要具有相对严格的结构，练习类型如下：

1. 指出下列事实或观点的相似性。

• *Both texts deal with... Both (all the) authors believe... They all doubt the possibility of...*

• *Оба автора (все авторы) говорят о.., упоминают (утвержда-*

ют, считают, что...), сомневаются в...

2. 按照给出的句子结构对某个参考文献进行信息补充。

- *Besides, the first author says... The second text mentions...*

- *Кроме того, первый автор упоминает о... Только в последнем тексте дана информация о...*

3. 写出一个参考文献与另一个（或其他所有）参考文献里截然相反的事实或观点。

- *The third author, unlike the others, ... (is less/more optimistic/ skeptical about...)*

- *Третий автор, в отличие от остальных, (не считает, что.., приводит иную статистику, не согласен с тем, что...)*

4. 概括上述内容。

- *Thus all the authors provide information about... and agree that... The basic debatable issue is whether... (is the cause/possibility/desirability of...)*

- *Таким образом, все авторы приводят данные о... (описывают, объясняют...). При этом последний автор относится более скептически, чем первые два, к необходимости (возможности, желательности)*

提纲：

还有一种重要的书面语类型——为自己发言而准备的提纲，尽管这种写作类型不进入任何考核的范畴。这种提纲与两种简要信息记录的类型密切相关：note-taking（即对所读或所听材料的摘要性记录）和 note-making（即为自己即将进行的书面语或口语表达所做的摘要性记录）。提纲的写作要从外语教学的中级阶段开始，因为记录的形式首先是在打破标准化的句法结构的同时要满足于语言内化机制的规律（这一点也适用于上文阐述的非正式便条的撰写）。其次，提纲（特别是为自己的发言准备的）经常是隐秘性的，只有记录人自己能看懂。

提纲写作教学的练习例子：

1. 请比较一段原文和它的提纲。请在原文中对提纲里缺少的信息划上线。说一说这些信息是否可以省略，提纲是否表达了原文的意思，提纲作者如何做到了在压缩课文内容的同时保证了课文的意思。

| At first, a lord gave his vassal land for lifetime only, and the vassal promised in return to fight for him. But as time passed, it became difficult to prevent the son of a vassal inheriting his father's land, even though it had been given to his father only for his lifetime. As a result, the custom slowly grew of treating the fiefs (as they were called) as hereditary. | At first, vassals were given land (fiefs) for life. Then - hereditary.[1] |

2. 请比较课文及其提纲。盖住提纲，根据记忆对照原文内容写出提纲。

3. 给出一篇课文及其提纲。对它们进行比较。然后先从提纲中删除不必要的详细内容，如果缺失了某些重要内容，请补充。

4. 根据给出的课文独立撰写课文提纲。示例：

1) *Как в России принято вести себя при знакомстве*.（括号中给出了课文的词语数量；提纲的示例要在检查学生独立完成情况之后再给出。）

| В России при знакомстве принято пожимать друг другу руки – обмениваться рукопожатием. Как правило, это делают мужчины. Старший первым протягивает руку младшему, преподаватель – студенту, начальник – подчиненному. При знакомстве с мужчиной первой протягивает руку женщина. Не удивляйтесь, если женщина, знакомясь, не протянет вам руку. Но наиболее распространенное движение у женщин во время знакомства – слегка наклонить голову, кивнуть. (55) | *Ключ-образец*:

Мужчины обмениваются рукопожатием.
Старший протягивает руку младшему, преподаватель – студенту, начальник – подчиненному, женщина – мужчине, но не всегда – можно просто кивнуть. (19) |
| В России не принято обниматься и целоваться при знакомстве, как это делают, например, итальянцы или испанцы. Иногда можно увидеть, как мужчина целует женщине руку. Правда, это встречается всё реже, считается старомодным жестом. (34) | Не принято обниматься и целоваться при знакомстве. Иногда мужчина целует женщине руку (редко!) (13) |

1 Hill, L.A. Note-Taking Practice. L.: Longman, 1976. p. 38-39.

2）请写出下列短文的基本信息的提纲，然后再按照提纲说出古代是如何进行测量的。

В древности были такие меры длины, как пядь, локоть, сажень и верста. Многие из них существовали очень долго – по 500-600 лет и даже более.

Что же обозначали эти меры длины? Самая мелкая из них – это пядь. Она определялась расстоянием между вытянутым большим и указательным пальцами руки. Иногда пядь означала меру, равную ширине ладони. Её название сохранилось до наших дней: «семь пядей во лбу» «бороться за каждую пядь земли».

Другая мера длины – локоть. Это расстояние от локтевого сустава до вытянутого среднего пальца.

Размахом рук человека в стороны определялась сажень. Она не имела строго определенной длины. Самая большая сажень была так называемая «косая», равная 216 сантиметров. Она определялась расстоянием от пальцев ноги до конца пальцев вытянутой вверх руки. Причем это расстояние от левой ноги до правой руки или наоборот. Вот почему она называлась косой саженью.

Самой крупной единицей измерения была верста. Она также первоначально не имела строго определенной длины. По одним данным, она складывалась из 500 (пятисот) саженей, по другим – из 750 (семисот пятидесяти). В 19-ом веке верста равнялась 1,06 (одной целой шести сотых) километра. **(173 слова)**

提纲示例：

В древности – **пядь, локоть, сажень и верста.**

Самая мелкая – **пядь**: (ширина ладони).

Локоть – от локтя до вытянутого среднего пальца.

Сажень: размах рук в стороны. Самая большая сажень -«косая»: от пальцев ног – до конца пальцев вытянутой вверхпротивоположной руки (216 см).

Самая крупная мера длины – **верста** (1, 06 километра).

(50 слов)

3）请听下列短文，对用母语或中介语给出的主要信息进行扩展，做成一个口头的小型演讲稿。然后从课文中找出不足的信息填入下列短文。下面的例子来源于卡尔·萨根（Carl Sagan）的视频资料《太空日历》（*Cosmos*），适合于学习英语专业的大三、大四年级的学生。

Life on earth arose in September of cosmic "calendar", when our world was still heavily battered and cratered from its violent origin.

… сентября – первые проявления жизни, которые были куда скромнее одноклеточного организма и ограничивались молекулярным уровнем. Появление первой молекулы, способной к самовоспроизведению.

В начале ноября – …

К… декабря – первые рыбы и позвоночные.

К Рождеству – …

… декабря – робкий дебют первого млекопитающего.

… – вымирание динозавров. (Известна ли причина?)

… – первые человекоподобные существа; значительное увеличение мозга.

А вся история человеческой цивилизации укладывается в последние… (*какой промежуток времени?*)

4）请听下列视频资料的片段（材料来源：西蒙·沙玛《不列颠的历史》"燃烧的信念" <Simon Schama «History of Britain» "Burning Convictions" >），在空白处补充上关键词语，使下列短文内容足够解释视频材料中的情景。

Explain how Henry VIII gradually came to the idea of reforming the English Church. (It is the story of a man who, without really meaning it, turned a Catholic England into a Protestant nation.) Use the following keywords and continue the list:

Recoiled from.., no legitimate male heir, an assiduous reader of

Scripture – Leviticus Ch. XX: "an unclean thing"; marriage divinely cursed; seized on divorce as...; fear of dynastic extinction; a Papal annulment; Pope – couldn't oblige: a virtual prisoner; ... etc.

5）按照下列压缩性提纲写出拓展性全文。（针对俄语专业二年级学生）

Ходить в гости: можно без подарка, но лучше с маленьким подарком (конфеты или цветы). Приходить вовремя или минут на 5-10 опоздать. Приходить раньше не надо: хозяева еще не готовы. Цветы – в нечетном количестве (четное – на похороны).

На день рождения – подарок. Не надо дорогой: важно, чтобы человеку понравился. Разворачивают сразу: показать, что понравился. Садятся за стол, кому где хочется. Сначала холодные закуски, потом – горячее, потом – сладкое и чай. Сладкое: торты, конфеты, фрукты. Темы за столом: чтобы всем было интересно. Иногда танцуют.

因此，两种类型的提纲写作教学都可以借助于同一类练习进行：对别人的文章所做的简要记录提供了如何为自己的发言撰写提纲的样本，也就是说，按顺序记录别人口头或书面表达中具有"等值替换"功能的词语，然后在这些"等值替换"词语的基础上添加细节，恢复整个语篇内容。

不同类型的短论：

包括政论时评或者哲理性随笔、文艺作品分析、静物画面（如风景画）的描写或者动态画面（事件）的描写。

一方面，短论具有严格的结构和语言上的要求：包括简练性，具有引言、立论和结论，主题要一致，要有段落层次划分和连接手段的应用。另一方面，短论应该反映作者的个性化特征、情感、思想和生活经验。任何一种思想表达形式都可以是短论的主要表达方式，也就是说，可以有描写性、叙述性、说明性和辩论性的短论形式。

对于短论的写作教学要从大学一年级开始，但是只要求达到最基础的书面语有效交际效果，也就是说，只要求书面语表达的正确、得体（包括逻辑的正确）和信息充足。在这个阶段要形成一些基本概念，包括思想表达方式、书面语表达的基本观点、独立表达思想的单位划分等。思想表达的要求如下：

论点→（证明其正确性）→ 被确定的论点；

建议、提议→（证明其合理性）→ 得出结论，促使行为的实施；

问题→（分析事实和它们之间相互关系）→ 作出决定；

原因 ↔ 结果

手段 ↔ 目的

……

准确性、简练性和情感表现力等言语特征需要在高年级阶段进行训练，因为这些言语特征要求掌握更大的词汇量和语法知识。这些书面语表达能力要求使用复杂的句法结构、词汇替换以及多义性词汇，而在修辞层面则要求使用细化和切分手段来分析句子的聚合关系。

下面我们列举一些训练短论（主要是说明文和议论文）写作的练习类型：[1]

1. 从给出的说明文（或议论文）中找出表示逻辑结构关系的句子，抄写下来，并说出它们所表达的观点。

2. 从给出的说明文（或议论文）中找出表达论点的句子。用一句话表达作者的意图。

3. 依据文章的论点，用一句话概括出文章中缺失部分的大致内容。

4. 给出论点。列出读者可能提出的问题。依据论点的内容把上述问题按照回答的先后排序编号。

5. 给出一篇叙述性（或描写性）的短文。对短文内容进行必要的改变和补充，使它变成一篇说明文。

6. 给出论点。说出写作者最可能选择哪种解释手段：通过描写、叙述还是议论来证明其论点的正确性。请确定作者最有可能使用的句子的逻辑结构关系。

7. 给出一个指令性说明文的片段。写出短文的结尾部分，对指令

---

1 Колкер Я.М., Устинова Е.С. Обучение письму// Методика обучения иностранным языкам традиции и современность / под ред. Миролюбова. А.А. Глава 4. Обнинск: Титул, 2010. С. 208–210.

中列举的行为结果进行总结。

8. 按照给出的题目写出一篇说明文。要使用表达思路发展过程的关键性结构（如 "*Have you ever asked yourself why/how ...? To begin with, ...*" 等等）。

9. 阅读一篇议论文。抄写文章中的正方观点和反方观点。如果这两种观点在一个句子中给出，那么请把这个句子分割成两个句子。分别写出两种观点的论据。然后根据自己的观点补充你认为不够充分的论据。

10. 给出两个具有完全相反论点的文章。你自己确定把哪种观点作为正方论点，哪种作为反方论点。请找出文章中支持论点的理由，并在此基础上做出结论。

11. 给出可能成为正方论点或反方论点的肯定句。写出与其意义相反的句子，并给出两种论点的论据。然后按照下列顺序排列：先写出反方论点及其论据（*Some people think that... because...*），再写出正方论点及其论据。最后写出自己的结论。

12. 给出一篇隐含反论观点的议论文。找出反论观点，写出论据并把它们穿插到课文里，并使每个论据都与课文里给出的某个论据构成对立关系（*On one hand, ... But on the other hand, ...*）。可以再补充一些支持正论的其他论据。

13. 请把一篇说明文修改成议论文。

14. 请根据可能成为正论或反论观点的反问句，写出一篇议论文。

在撰写短论的过程中，学生们应该根据补充、变形、具体化（即交际模块主从关系的层级密度）和信息的丰满程度把文章切分为段落。此外，根据简练性和作者个人情感表达的要求，学会选择文学细节化手段，以达到个别细节化描写的形象概括功能（这里可以使用学生母语中的文学知识）。描写性和叙述性短论中细节描写的主要类型是形象描写，这种描写不仅包括事物或现象的静态特征，而且包括事件发生过程的动态特征。因此，"描写性"细节既是描写性和叙述性短论获得情感表现力的手段，也是建立文章言外之意的手段。在说明性和议论性的短论中，文学细节描写可以作为解释过程或现象实质的总结性类推手段或作为有说服力的论据。与此同时，文学细节描写还可以作为一种语言节约的手段，因为一个细节描写可以替代几个事件的详细阐述。

短论写作的教学法需要的不是"技能训练"类的练习，而是教师要指导学生实现自己的写作意图。为此，需要采取下列步骤。

选择写作对象、写作视角、确定思想表达的主要形式。确定文章发展的逻辑结构。如果作文是叙述性的，那么要确定是按照事件发展的时间顺序叙述还是为达到一个意外效果（即虚假期待）而返回到之前发生的事件？还是直接跳到事件的结尾（如：*Тогда я еще не знал, что всего через год...*）？如果作文是描写性的，那么事件应该以什么样的方式展开：是从大的框架到小的细节还是相反？写作人对事件描写的着眼点是什么？是从左向右还是从上向下？

要确定书面语叙述的关键语句，也就是事物的基本特征。这些特征可以按照相对传统的方式陈述，也可以表现为读者感兴趣的基本问题的假设，或者只是一些具有语义关联但没有语法关系的关键性词组，也就是说只反应大脑内部思考的脉络。这些关键语句很可能就是相应段落的主要句子。

要决定如何写开头段落：直接从论点（正论和反论）出发？还是从例证出发、以论点结束段落？把论点作为肯定性的观点陈述还是作为反问性问题提出而在文章的结尾处再给出回答？要选择合适的词汇手段来写段落的开头儿，再以能帮助读者预测文章下一步发展方向的过渡句作为段落的结尾。（下面是用于段落结尾和帮助读者预测文章未来思路走向的例句：*There are at least three reasons why teenagers should work in summer.* 或者：*But is it really necessary to take examinations every year?*）

要确定每个段落中每个可分割的客体特征在多大程度上可以再做细节化阐述。相应地，要选择思想表达细节化的方式（限定、切分、明确）及思想表达细节化的手段（分类、例证、对比、类比等）。要确定哪些细节是重要的，而哪些是可有可无的。还要选择段落内部句子之间的连接手段以及段落之间的连接手段。

要选择有效的短论结尾。在说明或议论文中可以用被证实的论点、套用格言形式的论点、祈使句或者引人深思的问题等做文章的结尾。在描写或叙述文中可以用表达写作者对事物态度的概括性句子做文章的结尾。

要对写完的短论进行检查，不仅要从语言是否正确的角度，还要从修辞效果的角度。要看文章里是否有无关紧要的冗余性信息？是否可以在不破坏主要信息的前提下对文章进行压缩？是否可以用更简短、更概括的语句替换长句子？是否有必要使用为达到特有修辞效果的语句重复？引文是否使文章具有更大的说服力或表现力？等等。

公文事务语体类文章：

此外，还必须要教会学生写公文事务类语体的文章，如个人简历，即介绍自己成就的简介，或者申请信，即请求入学或入职的申请。如果说个人简历通常具有固定格式的话，那么求职信则完全是一种自由的文体形式。这种文体的写作要包括下列要素：

写明自己的受教育情况和从业经历；

列举自己的成就和对该职业活动所需要的个人品质；

希望进入该工作岗位的动机和理由；

说明所受的教育将会帮助学生成为对未来行业有用的人。

对于公文事务类型文体的写作教学来说，非常有益的练习模式是分角色对比分析几个求职信案例：你们自己担任招聘考试委员会成员，由你们自己根据应聘者的学业成绩和求职信内容来决定是否聘用每个应聘者。

示例：你们是一家国外大学招聘委员会的成员。你们在审核四个应聘者的求职申请。写出你们将接收哪个应聘者？拒绝哪个应聘者？原因是什么？

最后，我们想再一次强调的是，创新性写作教学对于撰写形式化性质的文件写作具有辅助作用。我们给出的写作教学方法在继承这种言语活动能力培养传统方法的同时也注重写作能力与其他言语活动能力教学的协调发展。虽然在写作教学中我们不能忽视它的实用性目标，但写作教学的重心依然是对学生创新能力的培养。

第三部分

本科院校外语专业语言实践类课程的课堂教学设计

第一章 课堂教学各练习之间的关系

整体大于部分之和。

——古希腊哲学家亚里士多德（Aristotle）

任何一堂外语实践性课都要依据确定的教学目标来设计。一堂课的主要目标一般来说只有一个，课堂教学的类型及其基本结构特征也正是由这一主要教学目标决定的。但在基本教学目标之外，还要同时设定几个与基本教学目标紧密相关的补充目标。在这一章我们需要阐述一堂实践课教学内的各练习之间是怎样联系起来的，练习的设计是如何体现各个教学目标之间的相互关系的。练习之间的关系体现在它们的相对难度系数上，也就是说，练习的排列顺序要体现后一个练习比前一个练习"增加一个难点"的原则。练习之间的关系也要体现出不同言语活动类型之间的相互作用原则。此外，练习之间的关系还要体现出在一堂课范围内如何实现看似属于不同层次的目标——言语技能的习得、交际能力和逻辑思维能力的形成、语言文化背景知识的掌握等。这些目标能帮助我们确定如何在同一个环节内设计这些练习的次序。譬如，在第四个环节中，在分角色演练的虚拟交际中以形成语言技能为目标的各个练习之间的难度系数是不同的。比较简单的是具有书面辅助性工具且有时间思考的练习类型；比较难的是要求按照给出句型快速做出口头表述的练习类型，难度更大的是要求独立续完句子的练习类型。例如：

1. 从疑问词开始读出下表中的问题。这些问题可能是由父母向去外地读大学的孩子提出来的。

2. 两个人一组演练：提出问题并找出问题的答案。

Что...	Ты себя чувствуешь?	– Три раза в день. Раз в неделю.
Чем	дела?	– Хорошо. Неплохо. Не очень хорошо.
Куда	ты ешь?	
Где	ты спишь?	– Мясо и рис. Рис и овощи. Сыр и фрукты.
Когда	у тебя занятий каждый день?	
Как	ты встаешь и ложишься?	– Каждый день.
Как часто	у тебя свободного времени?	– Три или четыре.
Как долго	ты занимаешься?	– В столовой. В ресторане. В общежитии.
Сколько	ты гуляешь?	
	ты отдыхаешь?	– Два (3,4) часа. Пять /6/7/8 часов.
	занимаешься спортом?	– В... часа (часов).
	ты занимаешься по вечерам?	– На стадионе. В парке. В библиотеке.
	ты ходишь в свободное время?	
		– На стадион. В парк. В кино. В кафе.
		– До шести (восьми, двенадцати) часов.
		– Шахматами. Волейболом. Чтением.

3. 编写父母在给儿子写信时提出的一系列连贯性问题。可以运用练习 1 中的问题，也可以再补充几个问题。例如：*What do you do after classes? Where do you have supper? How often do you go for a walk? When do you go to bed?* (Look up and say!)

在第一个练习中，只要按照表格编写几个短小问题就可以了，而且可以经过思考之后用箭头把疑问词和其他部分连接起来。在第二个练习中，需要在听到伙伴提出的问题之后迅速选择答案，但是仍然有时间先思考一下应该如何连接问题和答案。在第三个练习中需要设计出一系列问题，除了借助于表格之外，还要提出一些补充性问题（注意：补充问题的示例是用中介语形式给出的）。与此同时，这些问题是一个接着一个给出的，所以它们之间的顺序要符合逻辑要求。也就是说，要使用建构句子和调整句子结构的大脑程序。毋庸置疑，建构句子的思维程序要难于从多个选项中做出选择的思维程序。因此，这些练习之间不能调换位置，因为它们是按照难度系数逐渐加大的次序排列的。

因此，在确定练习的排列次序时，需要注意几个因素：语言难点的数量、形式与内容之间注意力分配的比例关系、大脑思维程序的组合方式、是否有辅助性手段、是否有思考时间或者是否需要瞬间做出反应。

但也可能会出现两个或三个难易程度相当的练习。那么在这种情况下这些练习是否都需要？还是可以只给出一个练习就足够了呢？如果都需要，那么它们之间的顺序是否可以随意安排呢？它们之间是否可以各自独立呢？如果一堂课之中可以有相互之间无联系的练习，那么是否可以用这些练习来结束这堂课的教学或者结束这堂课的一个阶段呢？

下面我们就来回答这些问题。我们的观点是，一堂课的练习之间必须要相互关联、互为条件。与此同时，属于同一个难度的练习属于同一个环节，而具有不同难度系数的练习既可以属于不同的环节，也可以属于同一个环节。

通常认为，一堂课应该按照循序渐进、逐渐增加难度的原则来设计，每个练习只需要设计一个新的难点。在这种条件下，每一个练习的目标应该成为下一个练习完成的基础，心理学的研究数据表明，这一点是增强无意记忆的基础。

一、行列式关系

行列式关系是指各个练习之间具有主从关系或者限定关系，也就是说，它们之间按照一定顺序排列，每一个练习都是完成下一个练习的基础。行列式关系是练习之间最普遍的关系类型。例如，单个音的发音是音组发音的基础，而音组的正确发音又是确定句子调型的前提等等。原则上整个课堂教学都可以建立在这种行列式关系练习的基础上。在本章的一开始呈现的一连串儿练习正是这种行列式关系的

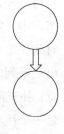

练习。

行列式关系练习的变体形式是具有 **"包孕"** 关系的练习。在这种情况下练习之间不能调换位置，前一个练习也能降低后一个练习的难度。但是前一个练习不仅是成功完成后一个练习的条件，而且还要成为后一个练习的组成部分。例如，在新知识讲解阶段的练习中，我们在逐渐引入新信息的同时，还要求学生完成某些教学行为，在这一过程中我们逐渐扩大语言现象的使用范围或者引入更多的因素。例如，在对外英语教学中，在讲授英语定冠词和不定冠词或零冠词的基本用法时，要先给出这样的练习："从同类词语中找出一个不一样的词语"（ *этот, вон те, наши, тот, о котором идет речь* ）或者"找出下列词语中的同类词语"（ *какой-нибудь, один, любые, какая-то* ）。这种练习可以依据"符号翻译"的原则借助于出示相应颜色卡片的方式来完成（ 如红色卡片代表使用定冠词的情况，蓝色卡片代表使用不定冠词的情况，黄色卡片代表使用零冠词的情况 ）。与此同时，要教会学生借助于上下文来恢复句子里缺失的冠词替换性词语：

- *Одинокий* **человек** *имеет меньше шансов на долголетие, чем* **человек***, имеющий семью.* (这里指的是任何一个人，所以用不定冠词 a)

- **Девочка** *с красными бантиками – лучшая подруга нашей дочери* (这里是确指那个女孩儿，所以用定冠词 the)

第二个练习指令与第一个练习相同，但是这里关注的是补充性信息，例如，对影响到名词可数性特征的多义性的关注。换句话说，在练习要求完全一致的情况下拓展了需要考虑因素的数量。

请看以下具有包孕关系的句子。

二、包孕关系

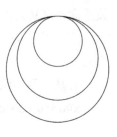

- **Дерево** *стояло прямо против моего окна.*

- *Стол сделан из* **дерева***.*

- *Каждый мужчина должен в своей жизни-*

*построить дом, посадить **дерево**, вырастить сына.*

- ***Бумага** была изобретена в Китае.*

- ***Бумага** слишком плотная для этого принтера.*

- *Я потерял очень важную **бумагу**. Ее необходимо найти.*

在第三个练习中，在保留练习指令不变的前提下可以再增加一个新的难度，例如，如果学生可以同时举起两种颜色的卡片，就说明给了学生做选择的机会。给出的句子或者需要上下文的拓展（*–Дети любят играть с мячом. –* Наши дети или детивообще?)，或者冠词功能上的对立关系被削弱：在单个客体代表一类客体的概括意义时，可以使用两种类型的冠词：*A lion / the lion is a very strong animal* —— 在这个上下文里，狮子作为整个猫科动物的代表，所以定冠词和不定冠词都可以使用。

"包孕"关系的练习类型经常用于查读技能的训练，特别是在后一个（或后几个）练习比前一个练习包含更多事实性信息的时候。譬如，在关于古代中国文化专题的文章中，可以先让学生找出欧洲人从中国引入技术发明的所有事实信息，然后可以再给出扩大查找范围的指令："找出关于中国古代文明在技术和人文领域和谐发展的信息。"

三、交叉关系

下面我们来探讨一下同等难度的练习之间的关系。这种练习之间要么通过基本思维过程的一致相关联，要么通过共同的技能或能力目标相关联。此外，共同的主题也可以使各练习

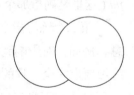

之间相关联，尽管主题本身并不是主要因素。我们把练习之间的这种关系称为**交叉关系**。

交叉关系的练习原则上可以调换位置。例如：（以对外汉语教学为例）：

1. 从下列症状中找出与感冒相关和无关的症状：

xīnzàng bù shūfu 心脏不舒服, tóu téng 头疼, guānjié téng 关节

疼，bèi téng 背疼，ěxin 恶心，dùzi téng 肚子疼，sǎngzi téng 嗓子疼，fāshāo 发烧，késuo 咳嗽，liú bíti 流鼻涕。

（*что-то с сердцем, головная боль, боль в суставах, боль в спине, тошнота, болит живот, болит горло, жар, кашель, насморк*）

2. 说出上述症状中哪些属于危险的症状，哪些不会引发危险。

交叉性练习类型对于有些技能和能力的培养是非常重要的：

首先，如上文所述，在生词的归类过程中设计两三个交叉性的练习可以提高学生的无意记忆能力。

其次，交叉性练习可以在大量的、非单一技能的条件下形成语言材料的使用技能。在单一技能还没有完全形成、还不能排除干扰的情况下，交叉性练习可以解决难度相当、但交际意图不同的虚拟性交际任务。例如，对于外国学生难以掌握的俄语句式 *чтобы кто-то что-то сделал / чтобы что-то произошло* 就可以通过下列口语变形的练习形式使学生掌握：

3. 请表达你也希望（或不希望）这件事情发生。

示例：

– *Я надеюсь, что завтра не будет дождя.*

– *Я тоже не хочу, чтобы завтра был дождь.*

4. 假设自己是父亲或母亲。听听你的某个家庭成员做了什么，并请求转告他（她）不要这样做。

示例：

– *Мама! Катя опять взяла твой телефон.*

– **Скажи ей, чтобы она не брала мой телефон.**

5. 请说明这件事儿对你很重要。

Образец：

– *Не знаю, приглашать соседей на Новый Год или нет.*

– **Мне очень хочется, чтобы мы их пригласили.**

再次，在言语实践阶段，交叉性练习是一种特有的"缓冲器"。哪怕只完成几个练习之中的一个，课堂教学目标也能实现。相反，如果课堂教学的进度比你们计划的进度快的话，那么学生们有可能完成所有的练习。一个最有效的用以结束课堂教学（特别是针对翻译专业的学生来说）的练习类型是"翻译并接续句子"的练习（Translate and go on speaking）。这种练习能够同时检测词汇、语法和成语的应用技能，还能够检查学生的逻辑思维能力和自我表达思想的能力。建议用学生的母语给出 3—4 个句子的开头部分。学生可以任意选择其中的一个句子作为开头儿，也就是说，他们会以能促进其思维连贯表达的句子作为开头儿。在一年级阶段，这个练习可以设计为分角色进行独白演练的练习（如下面的两个例子），这种独白练习可以同时检测学生语言技能的掌握程度和即兴表达的能力（在下面的例子中训练的是动词的时间和体的灵活搭配能力）：

● *Когда вы переехали в Рязань? Как долго вы уже здесь живёте? Вы уже привыкли к нашему городу? Друзей завели? Познакомить вас с несколькими интересными людьми? Я смогу вас представить, если вы навестите меня в субботу вечером...*

● *Что это за человек, с которым она разговаривает? Она кажется совершенно счастливой. Посмотри, как она улыбается. У неё не часто увидишь такую улыбку! Как давно они знакомы? Где и когда они повстречались?*

或者在交叉性练习的结尾部分给出用所学外语描述交际情景的指令。例如，在英语专业一年级结束阶段，在"个人交际与化解矛盾"这一主题下的独白表述中，给出下列指令：在下列情况下你将说什么或写什么？（请做独白陈述）

● You have received an angry note from your neighbour who complains of the disturbance your pet causes her and insists that you should get rid of it. Phone her and leave a message on her answering machine.

● Write a letter to the landlord (the man who owns the block of flats) insisting that one of the tenants (the people who rent the flats of the building) should be asked to leave at once because his/her behaviour is too much to put up with.

● A new family has moved into the next-door flat. You want to make friends with them. Call on them and tell them what sort of people live in the block of flats, which of them are easy to get on with and which can present some problems.

有时难易程度相当的练习之间具有相对的独立性。它们之间本身没有互相依存的关系，所以它们之间看起来是没有什么联系的。唯一让它们之间有联系的是它们对完成后续的练习具有同等程度的辅助作用。这些练习之间有时可以调换位置。

四、星座关系

我们把练习之间的这种关系称之为星座关系，因为一个星座里的星星是被固定在一排的。但实际上它们彼此之间的距离很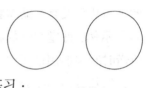远。例如，下列练习就属于"星座关系"的练习：

1. 听母语句子，说一说，下面句子在翻译成英语时是否需要 *there is / are* 这个结构？

桌子在角落里。桌子上面摆着一个插满花的花瓶。

2. 按照节奏统一的原则朗读下列句子：

Is there a map on the wall? Is there a globe on the desk?

在练习 1 中，学生们训练的是句子结构的正确选择，但没有发音技能的训练任务；而在练习 2 中，正相反，没有任何语义上的难点，训练的目标是语音语调。这两个练习之间没有相互依赖的关系。所以它们排列的顺序可以是随意的。但是，我们依然不建议调换它们之间顺序的唯一理由是：在课堂教学过程中不建议从外语转换为母语，因为这样做会破坏初级阶段学生还不牢固的发音技能。

对具有星座关系的练习的基本要求是，这样的练习在下一步一定要整合起来。此外，这种练习的数量不宜过多，以 2—3 个为宜。否则，整个课堂的结构就会变得松散、模糊，哪怕它们在最后阶段得到整合也于事无补。

五、练习的整合

例如，训练基数词和序数词记忆的练习之间几乎没有联系，唯一的联系就是它们属于同一个词类。这些数词变格的方式不同，使用的范围也不同——基数词回答"多少"的问题，序数词回答"第几"的问题。因此，下列训练数词记忆功能的练习就可以算作"星座"型的练习，也就是说，它们彼此之间几乎没有互助作用。

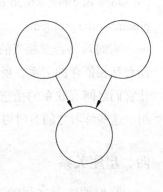

示例：课堂教学的起始阶段，练习的目标——教会学生能用俄语听懂时间并能用俄语说出准确时间。为此，需要学会快速使用第二格形式的基数词和序数词。

1. 口头运算练习。先完成老师提出的问题，然后学生之间互相提问，如 *3 плюс 9, 24 минус 13* 等。那么用俄语还可以怎么说 15 – 4 呢？ – *Пятнадцать без четырёх*! 请再举出几个这样的例子。

2. 请回答老师的问题：*Как зовут второго студента справа? А первого студента во втором ряду?* 那么现在我们一起做一个游戏：你们向我提出同样的问题，我把眼睛闭上，根据记忆回答你们的问题。

由于这些情景之间没有关联性，所以各个练习之间具有相对的独立性，同时这些练习也不是毫无目的地训练数词的间接格，因为基数词和序数词的这些变格形式在表达钟表的时间时同等重要，因此，这两个练习必须要在下一个练习之中得到整合：

3.

1）以任何一个时间点为起点，说出每隔五分钟之后的时间。要使用以下两个结构：*десять минут седьмого* (06:10) *и без десяти семь* (06:50).

2）说出下列钟表上的时间。

因此，整合是难度系数大的练习运用难度系数小的、类型不同的两个或三个练习结果的一种练习形式。

4. 钟表有时走的不准。示例：

• *Сейчас четверть шестого. А по моим часам уже половина шестого. Значит, мои часы на пятнадцать минут спешат.* (My watch is fifteen minutes fast).

• *Сейчас пять минут девятого. А по моим часам еще только без пяти восемь. Значит, мои часы на десять минут отстают.* (My watch is 10 minutes slow).

仿示例说一说，你的手表快多少或者慢多少。

第四个练习比上一个练习增加了一个难点。这个练习与第三个练习一样，除了要说出几个数字之外：*8:45 – без пятнадцати девять, 16:05 – пять минут пятого*，还需要计算钟表上的时间和准确时间之间的差，也就是说，增加了计算过程。所以练习 3 和练习 4 之间的关系是限定关系。

5. 请每个学生说出两个钟表走得不准的例子。

这个练习又增加了一个难点：计算并说出时间差。这两个练习之间也是限定关系：第四个练习对第五个练习起到辅助作用，相当于为第五个练习提供了现成的例子。

6. 对话演练（至少找五组学生）。一个学生的表走的不准：快或者慢。最后要说出现在几点了。

示例：

– *Который час?*

– По моим часам без двух минут три. Но мои часы на пять минут отстают.

– Значит, сейчас три минуты четвертого.

这个练习又体现出"滚雪球"的原则,也就是说,只增加了一个难点。这个难点就是:时间要通过观察钟表上的指针或数字,而没有词语上的辅助,交际对方要在听懂的基础上毫无准备地说出现在的时间。也就是说,这个练习训练的不是新的技能,而是快速地把已经形成的部分技能用于解决交际任务。

7. 在空白处填入适当信息,完成句子的扩展。

● Уже 19:40. Фильм начинается в 20:10. Давай...

● Как? Ты всё еще завтракаешь! Занятия начинаются в.., а сейчас уже... У тебя осталось только... минут.

● – Поезд уходит в 18:20! Мы опозд*а*ем! – Не волнуйся, мы успеем. Твои часы сильно спешат. По твоим часам.., а по моим – еще только... У нас еще много времени – ... минут! Можно (не)...

这个练习与前几个相比,要求在说出时间、计算剩余时间和使句子逻辑完整等三个方面分配注意力,属于第五个环节的技能训练,也就是难度上高于上一个练习,但又以其为基础。我们发现这两个练习之间仍然是限定关系。

8. 把下列句子从中介语翻译成俄语,然后再用俄语接续句子。

Are you still working? It's already a quarter to one a.m. It's time to sleep! How many pages do you still have to translate? You can get up at half past six tomorrow and translate them in the morning.

这个练习可以划归为言语实践阶段的练习,这里要运用到数词,而对剩余时间的计算是保证正确翻译的前提,也是下一步在确定的交际情景下和半准备状态下做出即兴表达的基础。

因此,前两个练习虽然各自独立、互不关联,但在第三个练习中它们已经发生了整合。在整个课堂教学过程中始终以练习之间的一种关系类型(相当于教学过程的脊柱)为主,也就是说,课堂教学的各个练习之间始终保持着连贯的并列主从关系，每一个练习都是完成下一个练习的基础。

上述我们列举的练习之间的关系不是最终的、唯一可能的关系类型。但尽管如此，这些练习之间的关系类型也能充分展示出外语课堂教学的各个部分都应服从于整体教学目标这一原则。依托于这五种课堂练习之间的关系类型，并把这些练习类型与教学过程的各个环节结合起来，教师就可以在课堂教学的过程中检查某一个练习是否符合既定任务目标的要求，是否是上一个练习的延伸，是否有助于下一个练习的完成。

因此，练习之间关系的基本类型是限定关系，这种关系在一堂课之内扮演着一种特殊的"脊梁"作用。但是在外语课堂教学中不可避免地会发生偏离绝对意义上的限定关系链条的情况。譬如，课堂教学的开始阶段练习之间经常是一种星座关系，这种关系对于语言技能和能力形成的第一个环节来说是很正常的，因为在这一环节的练习要依次考虑它的不同组成要素。或者对于第三个环节的练习来说也是很正常的，因为在这一环节要依次排除语音、词汇和语法上的难点。

在外语教学的初级阶段，练习之间的限定关系链条是非常短的，例如，学生们在学习辨音和发音、朗读带有这些音的单词、记住几个单词并把它们应用到短句子之中，在这个地方限定关系的链条就断开了，开始转入下一个音的学习。这种截断的链条在一堂课中可能会出现几个，因此很重要的一点是在最后阶段的练习中要把这些独立的"断头儿"整合成一个交际整体，这样就使一堂课上学过的每个单词都会变成有用的。（正是因为这一点，在词汇教学那一章我们特别强调了词汇单位之间的搭配原则以及它们在学过的句法结构中的应用原则。）

在一堂课教学的结尾阶段，练习之间的关系可能会发生临时断裂，继而转入新的教学阶段。如果一堂课设计两个基本目标的话，这种情况会时有发生，例如，同时训练词汇和语法技能的练习，或者同时训练语法技能和某种修辞能力的练习。但是任何一堂课的设计都要遵循这样的基本原则——即任何一个过渡性练习都不应该成为"堵头儿式"的，任何一个练习都应该成为完成每堂课最后一个练习不可或缺的组成部分。因此，允许练习之间链条断裂的条件是"悬在空中"的练习最终要被重新抓回到这一课堂上，也就是说，每个练习的结果一定在实现总体课堂目标中得到应用。

第二章 语言实践类课程课堂教学的基本类型及其相互关系

有的人在同一个事物中寻找不同。

有的人则在不同事物中寻找相同。

——佚名

　　谈到语言实践类课程教学的课型分类,我们首先要探讨的是课堂教学的基本目标,即形成某种(或某些)技能或某种(某些)能力的首要目标。实施课堂教学的基本原则不变:即以形成言语技能为基本目标的课堂教学一定要以交际性的练习结束,而以形成语言能力为基本目标的课堂教学通常要包括思维训练和技能训练两个部分的练习类型。在这种前提下,以技能训练为目标的练习内容可以是形成该能力所需要的语言规则,也可以是解决意义表达层面的任务(包括判断句子是否符合逻辑、句子内容真假,句子是列举事实还是表达观点,表达的态度是积极的还是消极的,是正面表达还是讽刺表达等等)。而以能力培养为目标的课堂教学与具体的语言材料之间只是间接地关联,也就是说,同一种语言能力的培养——比如查找思想隐性表达证据这一能力——可以借助于各种主题和各种类型的语言材料进行。再如,给别人提建议这一能力的培养可以借助于动词不定式: *Вам (не) нужно / надо / следует что-либо делать*、*Почему бы вам не сделать это?* 也可以借助于动词命令式,还可以借助于完成体和未完成体动词的假定式: *На вашем месте я бы сделал это / я бы не делал этого.*

因此，技能虽然不能直接构成能力，但它是能力形成的基础，因此可以把掌握外语的过程比作是由**"语言能力——能力——技能"**三者构成的"套娃"，"套娃"最外层的是语言能力，包括推理能力、语言文化能力、社会文化能力等，它们之间通过处于中间层次的不同能力的共性特征相关联，而处于中间层的不同能力要通过各种技能（如假定式这一言语技能把建议、指责、暗示、未来规划等不同的能力连接起来）和一系列具有更多能力成分的更大能力框架下的具体能力相关联。例如，区分事实与观点这一能力——是一种很少独立存在的能力，但是在需要评价文章的观点是否客观、需要总结课文中引用的事实材料、需要解释作者对某人某物的态度时，这种能力就是独立存在的能力。

上述观点表明，各种语言实践类课程的教学即使其基本目标不同，也总会以各种显性或隐性的关系相关联。因此，如果一个教学班的语言实践类课程由两三个老师分别讲授，如果每位教师都了解当前教学进度之下的其他课程的已授内容和未授内容的话，那么每门课程的课堂教学效果必须要依靠这几位教师之间的密切合作才能得到保证。这种方法促使我们从整合的角度看待分科教学，实现各门课程之间的教学协作。

因此，以培养技能为目标的课堂教学传统上按照语言的不同层次分为语法教学、词汇教学和语音教学。大学外语专业不仅应该把语音教学作为初级阶段教学的重要方面，而且应该持续到二、三年级，因为只有到了这个阶段才能教会学生使用调型来辨别和表达说话人的某种态度或心情（如高兴、愤怒、自信等等）。基本的语调技能（包括句子的逻辑重音、声调的高低、句子的意群划分等）要与构成课堂基本交际目标的语法和词汇技能训练结合起来。至于发音技能，除了零起点教学一开始的几堂课之外，发音不能成为言语意向表达的直接工具，因此只能作为课堂教学的补充性目标。

当然，我们这里所指的是"综合性的分层次"教学法，其终极目标要以不同交际情景下形成的各种技能目标为基础。另外，也存在具有双重教学目标的课型，例如表示个人品质的词汇技能目标与形容词比较级的语法技能目标可以同时作为一堂课的教学目标。

　　同理，培养能力的练习也要按照一个主要的言语活动类型进行分类，这个意思是说，其他言语活动类型只是实现基本教学目标的手段。但是不管怎么说，还是存在两种言语活动类型密切关联的课型，即两种言语活动类型同时作为一堂课教学目标的情况，例如读和听，读和写等。

　　所有的信息输入性技能，尽管也需要集中注意力，但通常情况下它们都是课堂教学的补充目标，而这种课型的基本目标或者是形成对应的信息输出技能，或者是形成信息输入能力。例如，在辨别和理解被动结构的课堂教学中，其基本目标是把这种结构应用于口语表达之中，或者是教会学生在阅读中理解课文中出现的被动结构（例如，如果不掌握被动结构的技能就无法理解描写某种物体加工过程的课文）。

　　视听说课经常在语言实验室进行，特别是听那些需要捕捉主要信息的大篇幅材料时，更需要具有良好的视听环境。在课堂上是否需要给出听或看的时间以及是否需要学生在课前独立完成听或看的过程，取决于课堂教学的基本目标。如果课堂教学的基本目标不是训练听的过程，而是检查学生对所听短文、讲座或所看电影的理解程度，也就是要对所听材料做出部分复述和主观表述的话，那就没有必要浪费课堂的时间完成听的过程，这一过程完全可以让学生在课前独立完成。但是如果教学目标是培养学生预测能力的话，那么应该把听力材料切分成小份儿并逐个进行听的过程训练，且必须在课堂上或语言实验室里进行。这种方法同样适用于只听一遍材料基础上的快速、准确的信息加工能力的培养，特别是对于翻译方向的学生来说更为重要。

　　至于阅读课的教学，阅读能力培养是课堂教学的基本目标。阅读的目标可能是获取信息（浏览性阅读、查读），特别是对于两种或几种信息源的科普性、政论性或其他体裁文章的对比性阅读。阅读的目标也可能是对文学作品的语篇分析（研读），这种阅读类型对于师范专业的班级更为重要。阅读的目标还可能是译前阅读，这种阅读不仅需要弄清情感表现力手段在上下文中的作用和找出课文中的潜台词信息，还要找出翻译难点（包括语言难点和文化背景知识难点）。

以获取信息为目标的阅读教学经常与培养口头或书面语的表达能力和词汇技能相结合，同时，以文学作品的语篇分析或译前分析为目标的阅读教学不应该变成以扩展词汇量为目标的训练固定词组用法的实践课。长篇作品（如篇幅长的短篇小说、长篇小说的几个章节）的语篇分析性阅读需要在课下完成，而课堂上主要集中于对主要章节、主要艺术细节和作品结构的分析，也就是说，要集中解决那些不需要反复详细阅读的任务上。而对于一些短篇小说或长篇作品的一些片段则需要在课堂上直接组织阅读，并在课堂上对某些句子的上下文意思和文化背景意义进行详细讨论，对作者的主题思想和作品情节的发展思路进行预测。

写作教学与语篇分析密切相关，也就是说，写作与阅读密切相关，而口头表达就是书面表达的口头形式。在写作课教学中要教会学生使用各种发展逻辑思维能力的途径和手段，提高学生总结规则、划分课文的交际模块能力以及其他具体能力。而复杂的书面语表达类型（复述、摘要、短论等）基本上要在课堂教学以外的时间来完成。在这种情况下最好要提前明确作文写作的评价标准。

口语的课堂教学要集中培养学生的独白表达能力（说明、议论、描写等类型）或两人及多人的对白表达能力。口语课堂教学可以与词汇技能的培养或听的能力（这对于培养学生参与多人对话的能力尤为重要）的培养结合起来，也可以与获取信息为目的的阅读能力培养结合起来。口语课堂教学在有针对性地培养表达的逻辑性、充分性、得体性、简练性、生动性的同时，要侧重于培养有效口语表达的某个方面。

此外，无论是师范专业方向，还是翻译专业方向，都需要以扩大文化背景知识为目的的整合说和读的能力培养的课型。例如，针对所学语言对象国的古代书籍或古代电影的讨论应该同时与那个时代的风俗习惯、宗教信仰、文化价值取向等有关的背景信息的拓展结合起来。这些背景信息可以直接提供给学生或者建议学生到网站上独立获取。

翻译实践类课型的教学首先要与学生的个人思想表达结合起来，对口语表达和翻译表达可以提出同样的要求（如不能出现停顿，能使用同义替换表达，杜绝冗余信息，会使用固定搭配结构、遵循一定的修辞规范等。）。同时，两种语言的双向互译练习能够促进学生自我表达的流畅自如，而半准备的口语表达同时也能降低相近题材的真实语料的口译难度。可以让一部分学生按顺序逐段口译一个演讲材料，然后再让其他学生分别提出不同的口译方案。

更符合真实口译场景的教学方式是在语言实验室进行的口译训练，在这里学生们处于独立负责的工作状态。这种口译课堂教学要从预先排除术语难点开始（pre-listening tasks）。然后让学生们先用母语听真实的采访或公共演讲的录音材料（这个录音材料接下来将用于学生的单独听译练习），并在听的过程中记录术语之外的其他翻译难点。对于学生在听的过程中产生的翻译难点既可以由老师给出解答，也可以让班级其他学生给出解决方案。接下来转入学生个体口译训练的阶段，所有学生要同时进行独立的从母语翻译成外语的交替口译训练，而教师这时要走到每个学生身边倾听一段他们的口译内容，对出现口译困难的学生给予帮助。对比其他学生提前完成交替口译的学生，可以让他们用同一个材料进行同声传译的练习。在这堂课的最后阶段，教师要把这个口译练习内容的母语的书面文字材料发给学生，再把职业译员完成的口译录音放给学生听，让学生和自己的口译结果进行对比。在听职业译员口译录音的过程中，要求学生对职业译员所用的概括性释义方法或成语性译法做记录，比较这些译法与自己译法的差异。课堂教学要以全班学生集体对这些不同译法进行讨论来结束。

有时课堂教学也可以采取非常规的方式，如"圆桌讨论""分角色表演""辩论""向发言人提问""问答竞赛""为出席国际会议的外国参会者做翻译"等。但是，所有这些课堂教学模式都要求学生已经形成了良好的语言技能和语言能力，确保学生在有准备和半准备状态下的表达不出现停顿、打奔儿和过渡简化语言材料的现象。

因此，外语专业的课堂教学类型是非常多样的，需要按照严格的统一分类的方法对它们进行分类。这里我们只探讨影响课堂教学分类的基本因素：

- 课堂教学的基本目标是技能还是能力；
- 是否处于新知识讲解阶段（这一点直接影响到对课堂教学终极

目标的定位，也直接影响到学生思想表达的流畅程度）；

●练习具有一个目标还是同时具有两个（及以上）目标，且两个目标都是完成练习终极目标的基础；

●课堂教学实施的地点是普通教室还是语言实验室（或者是课下和课上相结合的不同形式）；

●实践性教学目标是否与提高学生整体视野和思维能力的目标相结合。

因此可以说，练习之间的联系既反映了一堂课内部各阶段的相互关系，也反映了一堂课与另一堂课之间在教学法上的相关性原则。很遗憾，对于跟踪教学法上的不同课堂之间的相关性原则，需要根据不同的语言层面设计出连续几堂课教学的完整方案，这一任务已超出了本书的研究范围。

下面列举的实践课学案的编写示例表明，每一次课的学案设计都要体现出结构与目标任务相一致的原则以及各个练习之间相关联的原则。练习的设计要体现出技能和能力的发展要结合学生多语言学习的策略，母语和中介语在完成同一种功能时，在有些情况下两者可以完全替换，而在其他情况下一种比另一种更有优势。例如，使用母语可以使学生形成对概念的认识，但使用中介语，特别是英语中介语，有时更适合于概念讲解这一目的，因为中介语只提示内容，而不给出语言形式。此外，学案作为课堂教学组织的核心手段，其本身的编写形式也能促进学生利用学习其他外语的经验来提高自主学习的能力，而对于师范专业的学生来说，学案的编写还可以帮助他们提高教师职业素质。

下面介绍几种常见的课堂教学类型。

一、语法教学——知识讲解阶段

（一）知识讲解、技能训练和言语实践阶段的接续关系

本次课要展示知识讲解阶段、技能训练阶段和言语实践阶段之间的接续关系，也就是说，练习要循序渐进地加大难度，使各阶段之间

的连接处几乎看不到痕迹。知识讲解和技能训练之间的联系要通过学生积极运用新学的知识点有意识地、经过认真思考地完成一系列逐渐加大难度的学习过程，达到对讲解内容的有效掌握。课堂教学中还要展示中介语的解释功能（如下面的练习1）和提示外语表达内容的功能（如下面的练习7、练习14）。这两种功能也可以用母语来完成。（在解释其他语法知识时中介语可能比母语更有效）。本次课的教学内容适用于二年级外语专业的师范方向和翻译方向的课堂教学。授课学时为4学时。

本课主题：请保持健康的生活方式！

教学目标：为了学会表达什么是健康的生活方式，你们要给别人提出建议，也要听取别人的建议。而给别人提建议需要使用命令式的形式：**Делай! Делайте!**

1. 阅读下列信息。跟老师重复命令式的构成形式，注意重音的变化。

Что делаю (сделаю)?	*Основа кончается на...*	*Форма императива*
Гуляю	На гласный + «й»	Гуляй! Гуляйте!
Плаваю		Плавай! Плавайте!
Рисую		Рисуй! Рисуйте!
Двигаю (двигаюсь)		Двигай! (Двигайся!)
		Двигайте! Двигайтесь!
Говорю	На согласный (ударение	Говори! Говорите!
Ищу (искать)	падает на окончание) +	Ищи! Ищите!
Пишу (писать)	«и»	Пиши! Пишите!
Верю (I believe)	На согласный (ударение	Верь! Верьте!
Встречу (I will meet)	падает на основу)	Встреть! Встретьте!
Ем	ЗАПОМНИТЕ!!!!	Ешь! Ешьте!
Пью (I drink)		Пей! Пейте!
Пою (I sing)		Пой! Пойте!

2. 命令式的否定形式要使用语气词 не：**Не верь! Не верьте!** 同学之间相互请求不要在课堂上做某事：*не есть, не петь, не рисовать и не говорить по-китайски.*

注释：这个练习中学生需要再次使用上表中给出的命令式形式，只需要加上否定语气词即可。但是练习的指令却使语言形式上的练习带上了真实交际的特点。

3. 请运用上表中命令式的构成规则说出其他学过的动词命令式形式。

Читаю – ... мечтаю – ... не смотрю – ... танцую – ... привыкаю – ... не курю – ... стою – ... лежу – ...

注释：这个练习中新增加的难点是根据规则独立完成命令式的构成；命令式的肯定和否定形式的交替出现能够帮助学生本能地把请求与现实交际情景对应起来。

4. 把下列句子中括号里的词语从中介语（或从母语）翻译成俄语。

- *(Write) мне каждый день.*
- *(Don't smoke) здесь!*
- *(Read) русские книги.*
- *(Look for) интересную работу.*
- *(Don't laugh) над моими ошибками.*
- *(Don't drink) так много кофе. ...*

注释：练习 4 是从知识讲解阶段向言语技能训练阶段的过渡练习。这个练习没有完成速度上的要求，动词命令式的形式也可以让学生先写出来、再说出来。但是，与技能训练类型的练习相同，这些句子需要使用正确语调连贯地说出来。

5. 语音练习：请给朋友提出建议。

- Надо много *гулять. Гуляйте* каждый день.
- Надо много *читать. Читайте* каждый день.
- Надо много *плавать. Плавайте* каждый день.
- Не надо много *смотреть* телевизор. *Не смотрите* телевизор каждый день.
- Не надо *смеяться* над другими. *Смейтесь* над собой!

注释：这个练习设计的技能训练是从模仿句子开始的。动词不定式和命令式在交际意义上的区别是显而易见的。要求学生完整地、连贯地、面向交际对象说出每个句子，也就是说，要使每个句子都牢牢地记住并有交际对象（老师或其他学生）。在学生独立说出句子之前要先跟老师重复句子。

6. 朗读下列建议并说一说，你们自己需要怎么做。

Чаще бывайте на открытом воздухе. Больше двигайтесь. Реже ездите на работу в транспорте и чаще ходите пешком. Ешьте меньше конфет и больше фруктов и овощей. Меньше курите, – а лучше совсем не курите. Пейте больше воды и меньше кофе.

示　例：*Мне надо чаще бывать на открытом воздухе. Мне не надо курить.*

注释：练习 6 是依赖于人的生理感受的输入-输出性练习。这个技能训练具有现实交际功能，因为学生可以接受所有建议或者接受其中的两三个与自己真实情况有关的建议。

7. 两个人一组演练。相互之间给出建议。一方可以接受建议 (*Хорошо, я не буду это делать*) 也可以反问为什么不能这么做。

Don't read	... на бегу.	– Хорошо, я не буду...
Don't smoke	... после одиннадцати // по ноч*а*м.	– А почему нельзя...
Don't eat	... нигде и никогда.	
Don't drink	... при плох*о*м свете.	(Это **вредно**! = не полезно)
Don't study	... много кофе //кока-колу//фаст-фуд.	

注释：这个练习训练的是变形技能（把英语的命令式变成俄语，再把俄语的命令式变成不定式）。学生做出的不同反应使言语技能训练具有更符合真实交际情景的特点。

8. 逐字逐句准确记忆技能训练。

● Не забывайте позавтракать.

● Не забывайте позавтракать чем-нибудь горячим.

● Не забывайте позавтракать чем-нибудь горячим и не ешьте на бегу.

● Не забывайте позавтракать чем-нибудь горячим и никогда не ешьте на бегу.

● Не забывайте позавтракать чем-нибудь горячим и никогда не ешьте на бегу. Это очень вредно.

Бывайте на воздухе.

Бывайте на свежем воздухе.

Каждый день бывайте на свежем воздухе.

Каждый день бывайте на свежем воздухе, – и летом, и зимой.

Каждый день бывайте на свежем воздухе, – и летом, и зимой, в любую погоду.

9. 阅读课文前的问题，然后读课文，再回答这些问题。

● Что человеку нужно, чтобы у него было хорошее настроение?

● За что людей уважают?

● Каким трудом должен заниматься человек, чтобы не уставать?

● Какая еда нужна человеку?

● Что такое активный отдых?

● Что должен помнить человек, чтобы быть здоровым?

10. 在课文中找出与下列每个建议意思相符的句子。

● Ешьте здоровую пищу и пейте полезные напитки.

● Чтобы долго жить, трудитесь и не ленитесь.

● Занимайтесь физическим и умственным трудом.

● Не забывайте, что сон важен для здоровья.

● Помните, что надо больше двигаться.

Человек должен быть здоровым. Чтобы быть здоровым, нужно вовремя есть, пить много воды и соков. Нужно много двигаться и заниматься спортом. Интересная работа и интересный отдых нужны человеку для того, чтобы у него было хорошее настроение.

Люди, которые живут долго, обычно много работают. Каждый день они довольны тем, что они сделали. Они работают для себя и для других. Они приносят пользу. Поэтому другие люди их уважают.

Труд бывает разным. Человек может работать руками, делать разные вещи. Такой труд называется физическим. Человек может что-то изобретать, использовать науку, решать проблемы, задачи. Такой труд называется интеллектуальным. Человек должен заниматься и тем, и другим трудом.

Чтобы быть здоровым, нельзя много есть. Еда должна быть полезной. Но еда может быть и вредной. Гамбургеры и кока-кола – вредная еда. Рис, мясо и овощи – полезная еда. Полезно пить чай – зелёный и черный.

Человек должен отдыхать. Но отдых должен быть активным. Полезно гулять по вечерам и много гулять по субботам и воскресеньям. Не нужно много сидеть на диване и смотреть телевизор. Ходите в кино и театр, читайте книги, играйте в шахматы и другие интеллектуальные игры. Спортивные игры тоже очень нужны: теннис, бадминтон и другие.

Спите не меньше семи часов и не более восьми. Тогда вы не будете спать на работе (и в университете на занятиях!)

Чтобы быть здоровым, нужно всё делать вовремя – и в меру! («В меру» значит «не очень много и не очень мало»).

11. 再阅读几个建议，再给出几个你认为重要的建议。检查一下，这些建议是否重复了课文中给出的建议。说一说你是否会成为别人学习的榜样，即你的行为是否正确。

1) Старайтесь чаще улыбаться.

2) Не читайте во время еды.

3) Ищите во всём хорошую сторону.

4) Не курите.

5) Играйте в спортивные игры.

6) Не ешьте поздно вечером (перед сном).

7) Не сидите дома в выходной день.

8) Ложитесь не позже одиннадцати.

示例: *Ложитесь не позже одиннадцати. А я часто ложусь в час ночи. Это вредно!* 或者 : *Не ешьте фаст-фуд. Я никогда не ем фаст-*

фуд – и правильно делаю!

注释：在本练习的指令中增加了一个语言难度，即语法变形，同时又要做批评性的自我评价，所以又提高了练习的真实交际性。此外，练习还要求快速浏览短文内容，以确定这些建议是否与课文中的建议重合，这就使各练习之间的联系得到了进一步加强。

12. 把下列英语句子翻译成俄语：

• Don't eat late at night. Have supper at seven. Go to bed no later than eleven.

• Keep a dog. Walk with your dog two times a day, in any weather, in summer and in winter.

• Don't watch TV when eating. People usually eat more than they need.

• Drink more water or tea. Don't have coffee in the evening – it is bad for tor your health. And don't drink more than two cups of coffee a day.

13. 请用实例解释 делать всё в меру 这句话的意思。

例 如：*Чтобы вести здоровый образ жизни, надо делать всё в меру – не слишком мало и не слишком много. Надо читатькниги, но не читайте во время еды: это вредно! Полезно заниматься спортом, но не весь день...*

14. 你们对自己的朋友和亲人还有哪些建议？解释这些建议的重要性。

这堂课教学的一个主要目标就是语法目标。在上述学案设计中采用了演绎法的语法教学，也就是从规则到例子的方法，这种方法暂时只给出了动词命令式的几种基本构成，没有涵盖所有的情况。对课文的分析也只限于形成目标技能的手段，因为对课文还未达到完全的认知性理解。但是课文却为灵活运用不同的请求策略提供了丰富的语料，学生学会了 *(не) делайте, (не) надо делать, старайтесь (не) делать* 等祈使手段。

学案中的前四个练习属于知识讲解阶段的练习，练习 5—12 属于技能训练阶段的练习，而最后两个练习为学生提供了足够的自由表达空间，因此可以把它们划归到言语实践阶段的练习类型。练习 5 乍看起来好像比练习 4 简单，实际上却比练习 4 要难，因为话语的复述要满足言语技能训练的要求：要有正确的言语交际对象、要使用自然地道的节奏和语速、表达要连贯。练习 1—5 构成了一个限定关系的链条，即每个练习依次构成了下一个练习的基础。

　　练习 6 和练习 7 的目标是训练语法变形的不同手段的使用。但是在练习 6 中，需要把新的语法结构替换成已经熟悉的语法结构，而练习 7 中需要把新的语法结构从中介语翻译成俄语。因此，不能改变它们的位置，也就是说，它们之间依然是限定性的链条关系。

1		练习 8 的目的是提高逐字逐句记忆的信息量和准确率。它与上一个练习的难度相当，在任务的性质上它是独立的，但是在内容上它与练习 7 密切相关。此外，它能够促进大脑内化思维和语调选择的准确性，因而会降低课文阅读的难度。因此，练习 7 和练习 8 是服务于整个课文理解的、相互之间没有必然联系的练习类型。
↓		
2		
↓		
3		
↓		练习 9 和练习 10 尽管看上去是属于同一个类型的练习，也具有限定关系。但是练习 9 更容易完成，因为它在适当加快浏览性阅读速度的同时引导学生一段一段地阅读。而练习 10 则更侧重于提高学生搜索信息的能力，而且能帮助学生在课文中找到练习中用其他语言手段表达的相关内容，也就是说，培养学生使用对各种言语活动类型都很重要的同义性手段替换的能力。
4		
↓		
5		
↓		
6		
↓		练习 11 和练习 12 具有交叉关系。其中，练习 11 更符合真实交际的特点，因为它要求学生做出自我评价。但是练习 12 给出了句子拓展的示例。两个练习是否都在课堂内完成还是选择其中的一个移到课下由学生自主完成——这一点由任课教师自行决定。
7	**8**	
↓	✓	
9		
↓		最后两个练习是按照交叉原则相互补充的类型，因为这两个练习都要把具有不同语法形式的祈使手段结合起来使用。如果课堂时间内无法完成两个练习，那么学生可以任选其中的一个在课上完成。同时，有准备的独白也很容易转变成集体讨论的形式，从而使话语表达具有半准备的性质。
10		
↓		
11+12		
↓		
13+14		

（二）间接引语的用法训练

　　下面给出的课堂教学学案是以对外英语教学为例，目的是展示在同一个教学目标之下（形成具体的某一语法技能）练习的类型在遵守同样的教学原则下可能会具有很大差异。这些原则包括：自觉习得原则、逐渐增加难度原则、交际性原则、依赖于语言助手原则（母语或中介语）。

对于学生来说，这堂课的主要难点是使用语言内部解释的方法，与具有倒装词序或助动词形式的直接引语所不同的是，间接引语的词序是正常的词序。

学生母语（在不具备中介语的条件下）的另一个功能就是节省课堂教学时间。问题在于，学生应该在课下提前对教材中使用新语法结构建立的短小对话进行流利朗读。但不是每个对话和每个句子都具有同等程度的教学价值。因此，要对教材的内容进行从母语到外语的反向翻译，但要对翻译的内容做大幅度压缩。这样，经过压缩和反向翻译后的句子与教材上的原句（即没有改变语法结构的句子）相比，就会增加更多的文化内涵信息，这是母语这一辅助性语言的又一功能。

下面这堂课是针对英语专业翻译方向二年级学生设计的。

教学目标：学习转述别人说的话，也就是说，将要使用间接引语。

1. 发音练习。

| If we
If the
Whether
With which | many months
immediate memory
amazing imagination
remember its meaning | Such a tactful
landlady!
Such a tactless
question!
Ask such things
Discuss it calmly | Ask them if we will have a
seminar.
I can't understand why it
happened.
What does it `matter what
he thinks of it? |

注释：语音练习要一直持续到二年级结束，但实际上语音练习要以隐蔽的形式（即同步任务的形式）一直持续于整个教学过程。语音材料的选择首先要根据所学的词汇或语法内容（如上表中的最后一列），其次，要选择在发音过程中容易产生语病的音。例如，这堂课的语音练习目标就是预防唇-唇响辅音 [m] 的软化以及辅音相连时的发音方法。

2. 根据教材内容编写几个带有间接引语的句子，[1] 例如，抱怨周围人的好奇、影响你作出决定的因素等。

| People keep asking me
I can't understand
Everybody wonders
Nobody knows
He/she refuses to explain
I can't make up my mind | how long he/she is going to be away.
whether I'm (he/she is) going to put up with it.
if it is wiser to wait or act at once.
why they don't get married.
what made them quarrel.
who is to blame for the accident.
why they hate each other.
If his/her attitude is quite sincere. | Responses:
– *It's very tactless to ask such things!*
– *What is so surprising about it?*
– *Oh yes, it's quite a problem.*
– *I think it's quite clear.*
– *After all, it's your (his, her, their) own business!* |

注释：教材里给出的简短信息足以保证现阶段学生重复使用现成句子结构的需求，学生的任务只是把话语开头儿和间接引语问题的实质部分进行组合并选择合适的句子作为答句。此外，这个练习还可以拓展话语开头儿的表达方式，使学生形成对间接引语的基本认识，而不是把间接引语看作是一台多年不用的坏电话机，只有间接引语的外在形式，也就是说，只在形式上把直接引语变成了间接引语，而没有言语意向内容的间接引语，如：*John, why did you come so late? → The teacher asks John why he came so late*!

3. 两个人一组回答问题，表达自己的礼貌、无所谓或愤怒的态度。

When we discuss people's decisions, opinions or reactions to certain situations, we make use of **reported speech.** We may report statements ("*He believes it is necessary to act immediately*"), commands or pieces of advice ("*They told us to wait*", "*She asked him not to smoke*"), and all kinds of questions. Mind that **in indirect questions the word order is like that of a statement**. (Cf. "*What does he think of it? – I can't tell you what he thinks*

---

1 Лапидус Б.А., Неусихина М.М., Шейдина И.Л. Практический курс английского языка для продвинутого этапа обучения. М.: Высшая школа, 1975. С. 62.

of it.") General questions are turned into statements with the help of "*if* " or "*whether*" ("*Did he give a lecture yesterday? – I don't know if he gave a lecture yesterday*" or "*Will she come? – It's hard to say whether she will come.*")

Why did he come so late?	I'm afraid I can't tell you...
Whose fault was it that you failed?	What does it matter..?
Does she still run a boarding house?	I have no idea...
What did she wear at the party?	I don't care...
What did he speak to her about?	I wonder myself...
Was he joking or did he really mean it?	It's hard to say...

注释：这个练习之前的解释性文字没有具体的实践价值，因为它只是用英语重复了教材中用俄语解释的内容。但是它可以拓展"间接引语"的概念，强调它可以用于任何一种话语类型，而不仅是限于提问题。给出的几个例句可以帮助学生独立完成一个语法结构变形的练习并表达出自己对提出问题的态度。可以组织同桌之间互换角色的练习，要求双方用不同的方式回答同一个问题。

4. 请把下列句子翻译成英语（这些句子是教材对话的改编和简化形式）。

– Когда родился Чарльз Диккенс? – Боюсь, я не знаю точно, когда именно он родился. В начале девятнадцатого века.

– Будет ли у нас завтра семинар по лексикологии? – Спроси декана. И спроси у неё, будет ли у нас в среду лекция по психологии. (*a lecture on.., a seminar in...*)

– Никто случайно не знает, покажут ли сегодня хоккейный матч?

– Ты знаешь, что вчера *натворил* кот? – Не знаю, а что? – *Стянул* мясо у соседей! *Остатки* сегодня нашли на лестнице.

– Спроси у Джейн, нужна ли ей еще книга, которую я дала ей на прошлой неделе.

注释：对原始信息的压缩能够帮助学生更快地复述对话的实质性内容。对俄语母语的依赖可以帮助学生不用看教材、不用死记硬背地复述出对话的内容。对句子结构的稍加改变能够激发学生了解背景信息（狄更斯的生卒年信息）的兴趣。此外，倒数第二个小对话的情感表现力词汇（*натворил, стянул*）迫使学生使用与之相应的情感表现力调型（或表达说话人的愤怒，或表达说话人对猫的动作敏捷的惊叹）。而与英语相关表达方式的对比（*what the cat did, stole*）又显示出英语词汇的中性化特征，这一点证明了英国文化在情感表达方面的拘谨态度。另外，俄语中用于表达整个从句 *what was left of it* 意义而使用的 *остатки* 这个词也特别有趣。在翻译中引导学生关注意义对等原则下的形式上差异，对于培养学生在翻译时要遵守传达说话人的真实意图和情感态度这一翻译原则，而不能采取逐字逐句对应的翻译方法。

5. 课堂上由教师和学生分别写出几个问题，然后互相交换，每个人需要把收到的问题转述给其他同学。请用 «Кто-то из членов группы интересуется...» 这个句型说出别人向你提出的问题。如果问题涉及你的隐私，你可以回答，也可以回避。

示例: *One of my fellow-students asks me whether I consider myself rather shrewd. Well, I may not be very shrewd, but I am not naïve either.*

或者: *One of my group-mates wonders how much I weigh. I'd rather not discuss it, if you don't mind. It's a sensitive issue!*

注释: 这种技能训练变成了把老师也吸纳进来的有趣游戏。每一个参与者都得到一些问题并要按顺序回答问题。缺少具体询问人的信息迫使说话人对话语的开头儿要做出交际性处理，如: «*Кто-то спрашивает меня...*» «*Один из присутствующих интересуется / хочет знать...*». 老师第一个做出回答，并以此为学生提供了一个短小精悍、但足够扩展性的回答示例。

6. 你在国外机场迷失了方向，你不能用当地语言自由交流。于是你询问一个友好的当地人，幸好他懂英语，于是你向他询问了一些你需要了解的信息。（……在哪里？什么时候……？检查行李时可能会问什么问题？我的航班开始登机了吗？等等。）

注释: 这个练习在技能训练的条件上与上一个练习有交叉关系。但它在词汇的使用上加大了难度，而且词汇还处于未完全掌握的阶段。

当然，词汇可以是各种类型的，但要依据教材中在间接引语这一语法知识框架下所设立的题材范围。在交际的真实性方面该练习不如上个练习，所以可以和上个练习调换位置，但是，连续给出两个与翻译有关的练习未必是合理的。

7. 针对下列问题提出你的观点和理由（独白训练）。

It's very important to understand...	Why did the dinosaurs die out?
I don't think it really matters...	Is there intelligent life on other planets?
To be quite frank, I don't care...	Do animals possess intelligence?
It's all the same to me...	Will a cure for AIDS be ever found?
It's hard to say...	Was Napoleon poisoned or did he die a
People will probably never find out...	natural death?
I have a very vague idea...	Is talent an inborn quality or can it be
I believe I can explain...	developed?
It would be very interesting to find out...	Can aging be prevented – or at least
	slowed down?

注释：最后这个练习是拓展口语表达的练习，每个句子都具有交际性，因为学生要选择自己感兴趣的问题来回答，而唯一的语法要求就是要从表达自己对所选问题的态度入手开始独白性阐述。接下来，学生可以完全自由地表达思想，这使该练习具有真实交际的特点。

1	这堂课几乎所有的练习都按照"滚雪球"的原则设计的，也就是说，遵
↓	循了前一个是后一个基础的原则。练习 5 和练习 6 是交叉关系的练习，
2	这两个练习都为最后一个练习奠定了语法基础，而不是词汇基础，因为
↓	它们涉及的话题是不同的。但是这个练习的目的不是要进行深入的讨论，
3	而只是帮助教师弄清学生们感兴趣和不感兴趣的话题而已。
↓	
4	
↓	
5 + 6	
↓	
7	

二、语法技能和能力的整合方法

这堂课展示了不同语法现象整合成一套言语技能练习和言语实践练习的方法。语法目标是比较级的用法和未完成体动词不同时间形式的对比。这堂课没有单独的知识讲解部分，因为语法规则在此前已经学过，在短句和日常生活对话层面的言语技能练习也做过（《Куда ты ходил? – Занимался в библиотеке.》或《Это платье слишком короткое. У вас есть платья подлиннее?》）但是这堂课依然有新的知识点出现。比如在动词部分，引入了前缀 «раз / рас-» 的"失去技能、改变态度"的意义，而对于比较级，重点是非标准化的特殊构成形式（准确地说，是在已经出现过的特殊构成方式之外又出现几个新的构成方式）。此外，这堂课使用的不是形容词比较级，而是副词比较级。因此，练习1同时具有知识讲解和技能训练两个作用。英语作为中介语起到帮助学生回忆词汇的作用（练习1），还具有解释俄语动词前缀的作用（练习2）以及帮助学生表达个人思想（练习6、7）的作用。而对目标语法现象的选择是由于对还不熟练的言语技能加强训练的需要，也是由于在讨论严肃问题时学生的大部分注意力都被转移到话语内容层面，而由此导致语言形式可能被简化的现象。

教学对象：对外俄语教学二年级；

教学主题：关于过去和现在。

教学目标：比较人们过去（许多年以前）和现在的生活。使用形容词比较级和动词的不同时间形式。

1.语法和语音训练。

1）比较级。跟老师重复词语的形式，然后两个人一组：不看学案，说出形容词和副词的比较级形式。

Хоро́ший, хорошо́ – лу́чше	Дорого́й, до́рого – доро́же
Плохо́й, пло́хо – ху́же	Дешёвый, дёшево – деше́вле
Большо́й, мно́го – бо́льше	Ра́нний, ра́но – ра́ньше (*earlier; in old times*)
Ма́ленький, ма́ло – ме́ньше	По́здний, по́здно – по́зже
Лёгкий, легко́ – ле́гче	Коро́ткий, ко́ротко – коро́че
До́лгий, до́лго – до́льше (*longer*)	Ча́стый, ча́сто – ча́ще
Чи́стый, чи́сто – чи́ще	Ре́дкий, ре́дко – ре́же (*more seldom = less often*)

用俄语和母语写出下列词语的对应形式：*later, earlier, better, worse, less, more, easier, more difficult, more often, more seldom*

注释：这个练习中的比较级形式是按照特殊方法构成的，也是按照同一题材的需要选出来的，既包括副词功能（*ходят в гости – реже или чаще?*），也包括数量意义的代词功能 (*больше работы, меньше времени для отдыха*) 和数量意义的形容词功能 (*жизнь теперь дороже или дешевле?*)

2）说出并记住下列动词的过去时、现在时和将来时形式（即人们做了什么。正在做什么，将要做什么）。两个人一组：一个人说出动词的过去式，你的同桌需要说出动词的现在时和将来时形式。

Ра́ньше, в про́шлом	Тепе́рь, сейча́с	В бу́дущем
Обща́лись (communicated)	Обща́ются	Бу́дут обща́ться
Дви́гались (moved)	Дви́гаются	Бу́дут дви́гаться
Жи́ли	Живу́т	Бу́дут жи́ть
Ходи́ли	Хо́дят	Бу́дут ходи́ть
Смотре́ли	Смо́трят	Бу́дут смотре́ть
Писа́ли	пи́шут	Бу́дут писа́ть

2. 前缀 раз / рас 经常表示一个人已经不能、不会做什么或者对待某人或某物不像原来的态度。请比较：

- науч́ился – *разучи́лся* (*learned to do it – forgot how to do it*)

- полюби́л её – *разлюби́л её* (*fell in love with her – fell out of love*)

- ду́мал (= хоте́л) – *разду́мал, расхоте́л* (*changed his mind, changed his plans*)

填写正确的动词词尾形式。

1) Раньше ты часто ход _____ пешком, а теперь всё время езд_____ на машине. А я часто хо _____ домой пешком и редко ез _____ на машине. Если ты всё время будешь ездить, ты скоро разуч _____ ходить! – Но ты живёшь гораздо бли _____ к университету, чем я!

2) Ему очень грустно. Раньше его девушка пис _____ ему письма каждый день, а теперь не пи _____. Он боится, что она его разлюб _____. А она ему доро _____, чем все другие девушки на свете (*in the world*).

3) Почему ты не занима _____ русским языком? – А у нас сейчас каникулы. – Если ты два месяца не будешь занима _____, ты разуч _____ говорить по-русски!

4) Ты редко мне звон*ишь*. – Хорошо, буду звонить по _____.

注释：我们再次强调，如果给出的不是各自独立的句子，而是连贯的句子，其语言形式的选择就要依赖于上下文和言语交际双方的交际意图，这样，语言形式上的练习效果才会增强。例如，*А у нас сейчас каникулы* 这个答句同时指出了前面问句的时间。而第二个情景中的时间标记词语 *теперь* 则暗示动词要用现在时形式 не пишет，而这个现在时形式又为下一个动词 разлюбить 使用过去时提供了依据。如果学生在做词形变化时出现困难，教师应该简单地提示意义标志性词语，但不能给出现成的词形变化形式。

3. 读下列句子，用适当的连接词连接句子：*а, но, и, поэтому, потому что, зато, хотя, кроме того, с одной стороны,... но с другой стороны.*

1) Раньше люди сами играли в спортивные игры. (_____) сейчас они смотрят их по телевизору.

2) Машины позволяют быстро добраться до работы. (_____) они очень нужны.

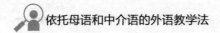

3) Раньше воздух был чище. (_____) не было больших заводов. (_____) в городе было больше деревьев. (_____) дышать было легче.

4) (_____), сейчас жизнь удобнее, чем раньше. (_____), раньше жить было спокойнее.

4. 阅读短文，用短文里的句子回答下列问题。要尽可能找出回答问题所需要的所有句子。

1) Можно ли сказать, что сейчас лучше жить, чем раньше?

2) Почему сейчас люди больше болеют?

3) Как раньше люди общались? Как они общаются сейчас?

4) Почему люди сейчас живут дольше?

Люди часто говорят, что сейчас жизнь лучше, чем она была в прошлом, а в будущем она будет еще лучше. Но это не так: жить сейчас и лучше, и хуже, чем много лет назад.

Раньше меньше ездили на транспорте. Не было ни автобусов, ни автомобилей, ни поездов. Люди ездили на лошадя̲х̲ (马), а это хороший вид спорта. Они больше ходили, потому что города̲ были меньше, и можно было дойти до работы и до дома пешком. Раньше люди больше работали на воздухе и больше двигались. Сейчас люди меньше двигаются, и у них чаще болит голова. Заводов было меньше, автомобилей тоже, и поэтому воздух был чище. Люди говорили: «Я погуляю по улице и подышу свежим воздухом». Сейчас люди носят маски, чтобы не дышать смогом.

Раньше люди чаще ходили в гости друг к другу, а сейчас они сидят дома и смотрят телевизор. Раньше люди писали друг другу длинные письма, в которых они рассказывали о своих делах, планах и проблемах. Сейчас люди реже пишут письма. Они пишут SMS-сообщения, но такие письма гораздо короче и менее интересные. Люди разучились писать и говорить красиво. В прошлом люди больше читали, потому что не было кино и телевизора. Некоторые люди говорят, что в будущем книг не будет.

Однако (可是) сейчас люди живут дольше. В прошлом они жили меньше, потому что лекарства были хуже и больницы тоже были хуже. Но врачи умели лечить травами (药 草). Сейчас есть много бассейнов, спортивных залов и стадионов, и можно заниматься спортом весь год. В будущем люди будут работать меньше и больше времени заниматься спортом.

Можно ли говорить, что раньше жить было хуже, а сейчас лучше? Можно ли говорить, что раньше жизнь была лучше, чем сейчас?

5. 从短文里找出下列问题的准确答案。

1) Каких видов транспорта в прошлом не было?

2) На чём ездили люди раньше?

3) Почему раньше люди больше двигались?

4) Почему раньше было легче дышать?

5) Как люди раньше общались?

6) Как они общаются теперь?

7) Почему раньше люди читали больше книг?

8) Телевизор, компьютер и телефон – хорошо это или плохо?

9) Можно ли говорить, что теперь медицина лучше?

10) Что сейчас помогает людям быть сильными и здоровыми?

6. 阅读下列英语肯定句，说出这些句子给出的信息是否正确。找出并说出这些句子中的事实性错误。

- A century ago there were theatres, but no cinemas.

- A hundred years ago people could ride horses, but could not drive cars.

- A century ago there was radio, but there was no television.

- A hundred years ago there were schools but no universities.

- A hundred years ago there were books, but no audio books.

注释：在这个练习里，英语作为中介语的目的是巩固 было – не было 这两个还未掌握的句子结构的用法差异。这两个结构对于学习俄语的外国学生来说很复杂，因为肯定形式需要选择不同的性的结尾：*был – была – было – были,* 而否定形式需要变化名词的格。练习 7 中不需要这个技能，只需要判断肯定句的真假，而这个判断本身对于 21 世纪的青年来说并不那么容易。但是练习 7 对练习 6 的依赖程度不亚于对短文的依赖程度，而且在完成练习 6 时必须要使用 *было – не было* 这两个需要做出变形的句子结构。

7. 请说出一个世纪以前已经有了什么事物，还没有什么事物以及当时可能做什么，不可能做什么。例如：*сто лет назад телефоны уже были* 或 *телефонов еще не было*? *Век назад уже можно было взять такси* 或 *еще нельзя было*? 请利用上述短文和练习 6 的内容进行口语表述，注意不要出现事实性错误。

注释：该练习中给出的俄语例句起到提示语法结构的作用。建议把这几个句子写到黑板上。如果学生仍然出现错误，可以设计一个集中练习该语法结构、没有内容难点的过渡性技能的练习。例如，翻译几个 *He had a job but no car* 类型的句子。

8. 请听老师的自我介绍，并向老师询问：*А сейчас (А теперь) вы это часто делаете (любите делать)?*

示例：*В детстве я часто каталась(-лся) на лыжах. – А сейчас вы катаетесь на лыжах?*

请记住老师说的下列语句内容：

● Раньше я очень любил(а) читать.

● Раньше я много ездил(а) на велосипеде.

● Раньше я часто писал(а) длинные письма.

● Раньше я часто ходил(а) в кино.

● Раньше я поздно ложилась (-лся) и поздно вставал(а).

9. 说一说，老师的生活是否发生了很大的变化？变化在哪里？是朝好的方向变化还是朝坏的方向变化了？并解释其原因。示例：*Раньше вы... – и теперь тоже. / Раньше вы часто.., а теперь вы редко...*

10. 现在你们已经从中学过渡到了大学，你们的生活与中学时期相比有哪些变化？你们现在的生活比以前更轻松了还是更沉重了？更有趣了还是更枯燥了？你们是否已经忘记了怎样滑冰？请比较"过去"

和"现在"。

家庭作业：请写一篇议论文，比较过去与现在。请从下面的句子中任选一句作为开头儿。

- Жить сейчас труднее, чем раньше, но интереснее.

- Наша жизнь легче и интереснее, чем жизнь людей в далёком прошлом.

- Раньше жить было лучше, чем сейчас.

本堂课的第一个练习由几乎没有关联的两部分组成。对它们两个起到连接作用的是练习2——既需要使用动词的时体形式，又需要使用比较级形式。练习2中所缺少的交际真实性因为句子的关联性和情感表现力特征而得到一部分补偿。同样的情况也包括练习3，在难度上与练习2相同。练习2和练习3之间处于各自独立的无关联的并列关系，因为无法根据动词和形容词的结尾来确定句子之间的逻辑关系。

1(1) 1(2)	练习4（浏览性阅读）由于上面的三个练习的铺垫而降低了难度，同时也把几乎没有关联的练习2和练习3整合在一起。练习5与练习4的区别在于，它的目的不是对短文内容的大致了解，而是借助于口头复述达到对短文的事实性信息进行深入细节的理解，其目的不是为了提高阅读能力，而是为了在后续的口语表达中使用这些事实信息。练习6也是练习7的思想表达所需要的材料，但练习7的任务却完全不同（根据背景知识来确定话语内容是否符合实际），练习6与短文本身的内容没有直接关系。
↓ ↓	
2 3	
↓ ↓	
4	
↓	
5 6	
↓ ↓	
7	英语的掌握程度对于完成练习7非常重要，因为它只列举了过去的事实（真或假），但并没有对动词和名词的形式给出提示。但是在练习7的指令中却在问句中隐含了对句子结构的提示。
↓	
8	在练习8中对教师的询问训练了对动词时间形式变化做出快速反应的同时，也为练习9和练习10的真实言语实践做好了准备。
↓	
9	
↓	
10	

三、词汇使用技能和给概念下定义的能力

词汇技能培养即使是一堂课的基本目标，也不能只对现实感兴趣的问题进行讨论，必须同时训练学生的能力（包括概念释义能力）。

也就是说，以技能培养为目标的课堂教学必须与能力培养目标紧密结合起来。但是必须要以其中的一个为主：或以能力培养为主，或以技能培养为主。这堂课的主要目标是培养学生对词汇的识别和恰当使用的技能，而且除了实践应用目标之外，还有一个知识性目标，即形成对词汇意义来源的分解、对词汇内部构成义素的分析等语言学能力。如果这堂课的基本目标设定为培养概念释义的能力，那么其课堂教学的结构则完全不同——要按照逐级增加能力难度的原则来设计。这种以培养释义能力为主的课堂教学建议从最简单的教学步骤开始——即把客体进行概念归类开始（如 *Марс – планета, слон – млекопитаю- щее, прилагательное – часть речи*）并以判断每个客体从一类事物中分离出来的特征是否充足或者删除每个客体特征中的冗余信息来结束。在这种情况下，词汇不一定要受到一个专题的限制。

练习1（2）中使用的中介语可以帮助学生发现构词方式的相似性（这里使用学生的母语是不合适的）。而练习4中可以同等程度地依赖于母语和中介语。练习9是根据词汇的完全或局部对等原则基于外语译成母语的职业化翻译技能培养的目的而设计的，因为大学三年级学生已经学习过翻译理论了。由于词汇难点很多，因此这个练习不宜设计翻译成中介语的练习。

教学对象：对外俄语专业大学三年级翻译方向的学生。

授课学时：4学时。

教学内容：人的性格。

教学目标：学会解释人的哪些品质会促使他成为别人的好朋友、好同事和好的倾诉对象。为此，掌握描写人的性格、习惯以及外貌特征的词汇，因为对一个人的印象取决于他的行为举止和外貌特征。学会解释某一词语的含义。这将帮助学生在口译过程中在想不起来某个词语的时候能够正确表达它的意思。

1. 词语的发音、记忆和猜测词义训练。

1）跟老师朗读下列词语。

Красивый, злой, добрый, высокий, ленивый, гостеприимный,

полный, черноволосый, настойчивый, дружелюбный, трудолюбивый, самокритичный, широкоплечий, честный, энергичный, румяный, седой, весёлый, общительный, любознательный, бородатый, серьёзный, лысый.

2）举例说明哪些俄语词与下列英语词汇的叠加构词方式相同：

dark-haired, hardworking, broad-shouldered.

3）根据下列句子中的同根词提示，说出表达人的外貌或性格特征的形容词

Как мы называем человека, у которого есть борода, которому нравится общаться, который любит обращаться с людьми как друг, который готов *критиковать самого себя*, который *любитузнавать* новое, которому нравится принимать гостей, который привык «*стоять* на своём», то есть добиваться своей цели?

注释：这种组合形式的练习同时训练学生的发音技能、词汇理解技能和语言思维能力。准确发音从教学目的转化为教学手段。练习1（2）和1（3）从表面上看目标相同（把不同语言的词汇进行归类和把具有描写特征的词汇归类），但是它们的位置却不能改变，因为1（3）的目标是根据叠加的构词方法拓展词语。

2. 现在分别朗读表示：1）人的外貌特征的词语；2）人的性格特征的词语。

3. 填写下列表格。

Положительные черты характера (+)	Отрицательные черты характера (–)

4. 上述词语表中又出现了哪些新的词语？用俄语表达下列英语词汇：*witty = with a sense of humour, well-educated, greedy, impolite = not polite, responsible*。具有什么品质特征的人会"凭良心"做事？对于容易交往的人和容易合作的人可以怎样描述？

Дружелюбный, трудолюбивый, добросовестный, весёлый, ответственный, эгоистичный, надёжный, самокритичный, вежливый, грубый, гостеприимный, жадный, энергичный, остроумный, образо-ванный

注释：练习 2—4 的目的是记住词汇并按照不同的分类标准对其进行分类。前两个分类标准虽然也是有益的，但毕竟是表面化的。所以练习 2 和练习 3 之间可以调换位置。练习 4 则要求做出决策，其难度因需要补充词汇单位而加大。练习 4 的目的是为学生下一步的课文阅读做准备，难点在于，这里需要的不是在简单了解词汇意义基础上的性格特征列举，而是要做出道德伦理上的判断。

5. 阅读短文，说出这些人物的哪些特征是你们最看重的。

«Не имей сто рублей, а имей сто друзей!» – говорит русская по-словица. Мы каждый день общаемся с большим количеством людей, но не все из них – наши друзья. Мы доверяем немногим людям.

Олег – мой лучший друг. Мы знаем друг друга с детства. Олег – высокий сильный человек. Ему 17 лет, он очень трудолюбивый, чест-ный и справедливый. На него можно во всём положиться. Он весёлый и остроумный. Я уверен, что он поможет мне в любой ситуации. Он любознательный и всегда хочет узнать что-то интересное.

Олег – единственный ребёнок в семье, и, конечно, родители его очень любят. Родители Олега – гостеприимные люди, и я часто бы-ваю у него дома. Отец Олега, Владимир Семёнович, – самый интерес-ный человек, которого я когда-либо встречал. На все вопросы у него есть ответы. Он очень знающий человек.

Мама Олега, Светлана Николаевна, преподаёт русский язык. Она работает в университете. Светлана Николаевна – очень образо-ванный человек. Она много читает. Она интересный собеседник, у неё хорошие манеры и прекрасный вкус. Она всегда следит за своей внешностью. Её можно назвать идеалом красоты, ума и стиля.

Я рад, что знаком с такими милыми людьми, с которыми мне очень приятно и легко общаться.

6. 请做出必要的结论：这是一个什么样的人（可以使用练习 1—4

和课文中的词汇。可以做出多个结论。)

- *Мой друг много читает, слушает музыку, любит живопись. Мой друг – ... человек.*

- *Этот человек любит свою профессию и иногда остается на работе до поздней ночи. Он даже дома работает. Его работа – это его любимая тема общения со знакомыми.*

- *Этот человек всегда готов признать свои ошибки. Он не сердится, когда ему говорят, что он неправ.*

- *Он никогда не устаёт. У него всегда есть новые идеи, и он готов включиться в работу.*

- *Он много знает, но не любит помогать другим. Он думает, что делиться идеями вредно для его карьеры.*

- *Он никогда не просит о помощи. Если он чего-то не знает, он идет в библиотеку и находит нужную информацию. Он хочет всего добиться сам.*

注释：练习 6 是放在课文阅读之后的练习，因为它实际上依赖于上述所有的练习和课文。练习 7 要比练习 6 容易，因为限定词和被限定词都以现成的方式给出。但练习 7 要求做出瞬间的反应，所以练习 7 和练习 6 属于同等难度的交叉性练习，因此可以调换它们之间的位置。但是删除其中的一个也是不合适的，因为这两个练习只有放在一起完成才能涵盖更大范围的人的品质特征。练习 8 是训练学生独立释义的练习，学生独立释义的例子越多，能力提高得就越快。

7. 找出每个概念与词语的对应关系（鱼贯式练习，概念释义以随机的方式给出）。

Любящий только себя, думающий только о своих интересах	ответственный
Тот, кто многим интересуется, хочет много знать	гостеприимный
Тот, кто старательно выполняет свою работу, делает все домашние задания	эгоистичный

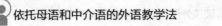

（续表）

Тот, кто любит шутить и понимает шутки, но не обижает других людей.	добросовестный
Тот, кто всегда рад гостям	любознательный
Тот, кто в трудной ситуации делает всё, что от него ожидают; кто принимает решения и готов отвечать за свои действия.	остроумный

8. 请给出下列词语的释义，不要直接说出词语，让你们的同学猜一猜，你解释的是哪个词：*трудолюбивый, добрый, честный, жадный, злой, серьёзный, весёлый.*

9. 阅读短文。

1）对你不懂的词或词组向老师提问。

2）把短文翻译成汉语。

По мнению специалиста, характер человека определяют четыре группы черт. Во-первых, это отношение человека к другим людям, к коллективу, к обществу. Это такие черты, как общительность, чуткость и отзывчивость, уважение к другим людям, а с другой стороны, замкнутость, черствость, грубость, презрение к людям. Во-вторых, черты, показывающие отношение человека к труду, к своему делу: трудолюбие, склонность к творчеству, добросовестность в работе, ответственное отношение к делу, инициативность, настойчивость, а также противоположные черты – лень, недобросовестность в работе, безответственное отношение к делу, пассивность. В-третьих, черты, демонстрирующие отношение человека к самому себе: чувство собственного достоинства, гордость, скромность, самокритичность и противоположные им черты: тщеславие, заносчивость, обидчивость, застенчивость, эгоизм. И последняя, четвертая группа – отношение человека к вещам: аккуратность–неаккуратность, бережное или небрежное обращение с вещами.

注释：对于师范专业的班级来说翻译全文是没有必要的，但是对于翻译专业的班级来说，翻译是一种交际性活动，更何况在翻译之前已经排除了词汇难点。对于学生提出的诸如 заносчивость、застенчи-вость 等词语的意义问题，教师可以用外语（俄语）或中介语给出概念解释、同义词解释、外语（这里指俄语）上下文提示或中介语译文。在这种情况下，只把词语翻译成英语中介语还不足以排除理解上的障碍，因为这一难度的词汇在中学阶段的英语教学中未必接触过。因此，这种情况下，中介语作为一种释义手段或者举例手段可能会与外语（俄语）产生竞争。把这篇短文完全翻译成学生母语的价值在于，这样抽象的俄语词语在其他语言中未必会找到完全等值的对应概念，如 добросовестный，ответственный，застенчивый，скромный 这样的词语。学生可以给出不同的翻译方案，这时教师就可以请求学生解释为什么同一个俄语词语会有不同的翻译方案，这些不同的词语在学生母语中是否是完全等同的同义词，如果不是，那么它们之间有什么区别。因此，译后分析与翻译过程本身具有同等重要的地位。

10. 根据下列提示详细描写一个人的性格和行为特征。

1) под руководством которого (-ой) вы хотели бы работать;

2) которого(-ую) вы как начальник приняли бы на должность своего секретаря;

3) у которого (-ой) вы хотели бы учиться;

4) с которым (-ой) приятно проводить свободное время, но плохо сотрудничать (=работать в одной команде);

5) у которого (-ой) есть недостатки, но их можно простить, потому что он (она) – настоящий друг.

上述每一种情况下哪种（些）性格特征是最重要的？而人的外貌特征是否重要？

注释：练习 10 是由 5 个单独的交叉性练习组成的。可以按照任一顺序完成这些练习，也可以选择性地完成其中的 1—2 个，再选择其中的一个以书面形式撰写一篇议论文。这个练习中的（4）和（5）的价值在于描写的人既有优点，又有缺点，所以话语结构和句子连接手段应该反映出说话人的道德立场。

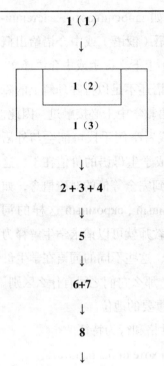

1（1）

↓

1（2）

1（3）

↓

2 + 3 + 4

↓

5

↓

6+7

↓

8

↓

9

↓

10

尽管在练习1的三个部分学生运用的都是给出的现成词汇，但是它们却各有侧重。练习1（1）是保证发音的正确，而练习1（2）和1（3）则侧重于词汇的语义，而且练习1（3）是依据叠加的构词方法拓展词汇单位。准确地说，1（2）和1（3）之间的关系是包孕关系。交叉性练习2—4与练习5中的短文一样，都是提高对人的个人品质方面词汇的快速理解技能，这一点也有利于学生在言语技能训练中对词汇的独立选择和使用，同时也有利于学生训练释义能力的重要组成部分——找出限定成分和被限定成分之间的对应关系。交叉性练习6和练习7具有相互补充的关系，它们对已经掌握的词汇进行了概括总结，同时也帮助学生形成自己的概念释义方法（即练习8）。

练习8（包括前面的所有练习）有助于对短文的翻译，而对一些新词语意义的伴随性解释也提高了对外语释义手段理解的能力。

所有这些练习都有助于建构解释性的独白。最后两个练习属于言语实践性练习，其首要目的就是转达言语作品的意思、交流主观思想。

四、以获取信息为目标的阅读教学及口语教学

本堂课的基本教学目标是培养学生的解释或辩论能力。积极的话语表达能力（即言语输出能力）的培养经常与阅读能力的培养和词汇技能的培养相结合。在这样的课堂上可以广泛使用母语和中介语，它们既可以作为教学翻译的语料，也可以作为需要翻译成外语并加以解释的引文或序言，还可以作为需要翻译成外语的句子开头或结尾。因为本堂课的基础语料是一篇连贯的短文，因此阅读的主要目的是发展学生的查读策略。

下面引入的课堂教学示例是针对大学一年级结束和二年级开始阶段的外语专业学生设计的。查读的目标是评价和分析一个国家文化传

统的具体特征。以找出文化传统差异为目标的课堂教学组织意味着要积极发展词汇技能、拓展文化视野。这时，母语主要作为发展词汇技能的工具，与此同时，要规避语言习惯用法上的错误——要对能促进快速翻译的个别词组给出意义提示。

教学内容：文化传统。

教学对象：针对第二学期末和第三学期初的英语专业学生。

基本教学目标：解释能力的培养：根据文化传统上的不同选择和组织信息的能力。

Today you will learn to speak of certain cultural traditions and to give advice to a would-be tourist so that he or she can avoid embarrassing situations. For instance, in Italy and some other countries it is customary to insist that the guest should sample (taste) this or that food on the dinner table or take a second helping. You may refuse it once, but you are nearly sure to be asked again. So, a guest might refuse a second helping just for reasons of politeness. Therefore, an Italian guest may remain hungry in an American home, because an American host takes "No, thank you" for a definite "no" and will not offer the dish again.

（这个简短的导入说明在言语表达中既要考虑言语行为的特点，也要考虑非言语行为的特点。同时还表明，对每一个民族的文化特征在针对不同文化的人群时应该做出不同的解释。）

1. 翻译句子并根据给出的上下文语境从左侧找出对应的同义词。重复例句并把它们翻译成俄语。

Common (uncommon)	Usual, ordinary: *It is not uncommon for modern women to earn more than their husbands do.*
Acceptable (unacceptable)	Допустимо, приемлемо, принято: *"Hi!" is acceptable as an informal greeting.*
Appropriate (inappropriate)	Уместно: "Is it appropriate to applaud at the end of a lecture?"
Proper (improper)	Прилично: "Is it proper in Britain to use your lipstick in public?"

Здесь это не принято. Какое неприличное поведение! Такие ситуации здесь не редкость. Будет ли уместным принести маленький подарок?

注释：本练习在掌握核心词汇（уместно, приемлемо, допустимо, прилично）目标的同时，还要训练学生的语音技能并促使学生在不同文化对比的框架下思考本民族文化的具体行为规范。

2.阅读下列关于马达加斯加岛东部的毛里求斯岛的文化传统。说出俄罗斯游客为了避免尴尬局面应该记住什么？

Visiting. It is not customary to call before visiting. Guests are always welcome. Tea with sugar and milk is served, often with biscuits or sweets. The host will usually insist that the guest should accept food and drink. It is considered polite for the guest to accept and sample (= try, taste) everything served. Guests are not expected to bring gifts, but flowers may be sent to the hostess before a formal lunch or dinner.

Gestures. It is not proper to pass or receive items with the left hand. Instead, the right hand or both hands are used. Beckoning (to beckon = подзывать к себе) is done by waving all fingers together with the palm (= ладонь) down.

Greetings. Mauritians usually shake hands when they meet. The French greeting" Bonjour" is a commonly used term. English greetings are also acceptable. Among friends and relatives, kissing on both cheeks is common.

General Attitudes. The Mauritian people are family oriented and religious. They are optimistic, friendly, hospitable, generous and hard-working. But there is a relaxed attitude toward life. They do not always observe time schedules. People are more important than schedules, and it is not inappropriate to be late for an appointment.

The Family. With a strong emphasis on family solidarity, it is common to find families with uncles, aunts and other relatives living together. There is great respect for the elderly; it is the duty of the children to take care of them. Traditionally, families have been large. However, the tendency now is to have fewer children, perhaps two or three. The government encourages this tendency through family planning programs.

Dating and Marriage. Western-style dating is not common. Many families arrange marriages for their children, generally with the consent of the bride and the groom. Grooms in Muslim families give a dowry to the bride's parents. Divorce is very uncommon and is not well accepted. A wedding is one of the biggest events for all Mauritian families, of any ethnic group or religion. Wedding ceremonies are conducted along religious lines and vary accordingly. Among Hindus (индийцы), for example, a bride and groom walk around a fire during the marriage ceremony. As part of a Muslim ceremony, the bride and groom drink from a common cup, which means the beginning of their lives together.

3. 你们认为这些传统中哪些是：1）符合常理的？ 2）哪些是奇怪和有趣的？ 3）哪些是令人愤怒的？

注释：练习 2 和练习 3 表明，只要我们更换视角，对短文的每一次阅读都会找到不同的信息。

4. 请相互询问下列哪些行为属于英国文化或美国文化中的典型行为。

Is it acceptable Is it customary Is it appropriate Is it (im)proper Is it polite Is it rude	для женщины осматривать (*examine*) одежду своей гостьи или хозяйки и спрашивать, где она её купила и сколько она стоит?
	для мужчины не вставать (=*remain sitting*) когда в комнату входит женщина?
	для женщины протягивать руку для рукопожатия? (*offer a handshake*)
	настаивать, чтобы гости непременно отведали какой-либо еды?
	отказаться от приглашения в гости на том основании, что вас уже пригласили куда-то еще?
	попросить добавки за столом в гостях?
	прийти (в гости) без приглашения?

注释：应该指出，对上述问题的回答既取决于交际情景的正式程度，也取决于这种现象属于哪种文化：属于本族文化还是外国文化，是现在的事情还是过去的事情。在这样的课堂教学中建议最好使用

地图。

5. 下列哪些建议适用于赴英国旅游的俄罗斯或毛里求斯岛的游客? 例如, 外国的女游客是否可以指望在拥挤的公交车上有人给她让座? 等等。

For example, can a foreign woman expect to be offered a seat in a crowded bus? Should you pass the fare to the conductor or is it proper to wait until the conductor comes up to you? Should one bring a gift to the hostess when one is asked to dinner? Is it acceptable to refuse some food or is it improper? Is it necessary to send a bread-and-butter letter to the people with whom you have stayed for a few days? If you go out to a theatre, is it necessary to wear (an) evening dress? etc.

6. 为外国人准备一篇关于俄罗斯人生活方式和心理特征的小型报告。例如: 俄罗斯家庭有几口人? 儿女成年结婚后是否和父母一起生活? 等等。

Is it customary for the middle-aged parents to live with their grown-up child after he or she gets married? Is there a tendency to have several children? Do married women usually go out to work? Do the Russians celebrate many national or religious holidays? Is a church wedding ceremony necessary or can it be a civil ceremony? Do the young people have a great respect for the elderly? Are ancient Russian traditions carefully observed? Is it customary to sing folk songs when people get together?

注释: 最后两个练习属于交叉性练习。同时练习 5 要稍难一些, 因为要对比两个其他国家的文化。练习 6 的难点在于出现了短文中没有提到的、说话人可能没有思考的方面, 尽管涉及的内容属于学生的母语 (俄罗斯) 文化。

1	这一课的结构清晰，一方面，可以全面掌握短文的内容，因为每一
↓	次阅读都要带着新的目标去考察阅读内容。另一方面，练习 5 和练习 6
2 + 3	的交叉可以认定这堂课已经结束了，哪怕最后一个练习没有来得及完成。
↓	教学翻译的引入可以要求师范专业的班级课后仿照练习 4 完成一个以其
4	他某个文化为例的问卷调查表。而对于翻译专业的学生来说，可以要求
↓	他们针对其他国家文化做一个小型演讲，然后让其他学生做母语和外语
5 + 6	之间的口译素材。

五、分阶段给出信息的口语教学

在这种类型的课堂教学中，语言材料要分阶段地、逐渐地给出。所以在最后的几个练习中（哪怕只在最后的一个练习中）要对所有获取的信息进行总结，但不一定要以简要转述的形式，可以对文章做出总体结论。课文材料中一定要包含丰富的信息，而且信息不仅以事实性陈述的形式给出，还可以思考题、问题清单或者非口头形式的图表或图示的形式呈现。针对口语表述的练习可以与有选择的内容转述、表达自己对课文内容的态度、解决现实问题、找例子或找相似等练习类型结合起来。相应地，中介语的功能也会随之发生变化。在下面的课堂教学示例中，作为母语的汉语和作为中介语的英语语料主要用于开展研究和解释词汇单位的例子使用。

主题：为什么语言具有这么大的差异？[1]

教学对象：对外俄语专业大学三年级学生。

教学目标：学习发现每一部分信息的基本目的，并在此基础上解决语言学中存在的现实问题。

1. 阅读下列语言学正在探索的问题。

Какие бывают языки в разных странах, чем они отличаются друг от друга, как друг на друга влияют, как появляются и исчеза-ют? Могут ли языки, как люди, быть «родственниками» и даже образовывать «семьи»? Могут ли языки умирать? Могут ли слова рождаться, стареть и умирать? Почему языки меняются? Ответы

1　Плунгян В.А. Почему языки такие разные. Популярная лингвистика. [Электронный ресурс]. URL: https://www.litmir.me/br/?b=163991&p=1 (Дата обращения 15.03.2017) на эти вопросы (и многие другие, связанные с языком) ищет наука, которая называется **лингвистика**.

请给出"语言学"这一术语的概念。

示例: *Лингвистика – это наука, которая изучает // ищет ответы на вопросы ...*

注释: 学生应该根据自己的观点从上面的问题清单中选出最主要的信息, 并对语言学这一术语给出简要的概念释义。学生们可以在上述问题清单的基础上再补充一些其他问题。

2.阅读短文, 说出作者想要表达什么问题。从下列选项中选择正确答案并从课文中找出能证明自己观点的论据。

Люди не рождаются с умением строить дома, управлять машинами или играть в шахматы – они долго, специально этому учатся. Но каждый нормальный человек рождается со способностью овладеть языком, его не надо этому учить — нужно только дать ему возможность слышать человеческую речь, и он сам заговорит.

Мы все умеем говорить на своем языке. Но мы не можем объяснить, как мы это делаем. Поэтому, например, иностранец может поставить нас в тупик (张口结舌) самыми простыми вопросами. Действительно, попробуйте объяснить, какая разница между русскими словами «теперь» и «сейчас». Хочется сказать, что никакой разницы нет. Но почему по-русски можно сказать: «Я сейчас приду», но нельзя сказать «Я теперь приду»? А в ответ на просьбу «Иди сюда!» мы отвечаем Сейчас! (Но нельзя ответить Теперь!)

Если вы не лингвист, вы не можете сказать, что в точности значат слова теперь и сейчас и почему в одном предложении нужно употребить одно слово, а в другом — другое. Мы просто умеем их правильно употреблять, причем все мы, говорящие на русском языке, делаем это одинаково.

Автор имеет в виду, что:

а) нас часто ставят в тупик простые вопросы;

б) мы все хорошо владеем родным языком и употребляем слова правильно,

в) мы овладеваем своим языком, но не понимаем, почему мы так говорим.

г) между словами «теперь» и «сейчас» небольшая разница есть.

注释：这个练习的难点在于，上述四个选项的内容都在课文中有间接的体现，但只有第三个选项表明了一个隐性含义并在课文中给出了例证。教师要听完所有学生的回答，并让学生一起从课文中找出例证并作出正确的选择。

3. 针对世界上的语言，语言学暂时还无法解释：

Почему в мире так много языков?

Было ли в мире раньше больше языков или меньше?

Будет ли число языков уменьшаться или увеличиваться?

Почему языки так сильно отличаются друг от друга?

Конечно, лингвисты пытаются ответить и на эти вопросы. Но одни ученые дают такие ответы, с которыми другие ученые несоглашаются. Такие ответы называются гипотезами. Чтобыгипотеза превратилась в верное утверждение, нужно убедить всех в ее истинности.

Сейчас в лингвистике гораздо больше гипотез, чем доказанныхутверждений. Но у нее всё впереди.

说一说，语言学暂时还不能回答哪些问题？（你是否有其他假设？）对哪个问题的回答对于翻译人员来说更重要？

注释：在选择哪些问题对于翻译人员更重要时，学生们应该说明理由，包括语言之间的差异、学习语言的实用价值、语言学习者未来面临的威胁以及对语言和民族历史的研究兴趣等。

4. 下面是语言之间存在差异的一个原因：

Они непохожи потому, что связь между значением и формой у большинства слов – произвольная! (То есть, назвали так – и всё! А почему – непонятно! Ср.: *Стена* – *wall* – 墙 qiáng).

请举出母语、外语和中介语的例子，说明语言形式与意义之间关系的不一致：同一种意义对应完全不同的语言形式。

注释：练习4—7与意义的派生问题相关，但是在这个练习中我们要从反方向入手，强调语言之间的差异。也就是说，课堂教学过程就是一个自问自答的过程。

5. 有时形式与内容的关系是显而易见的。例如，如果一个词的发音就能暗示出它的意思的话，我们就可以猜出一些生词的含义。例如：кошка *мяукает (mews)*, злая собака *рычит (growls)*; мы слышим *плеск (splash)* волны, *скрип (screeching)* двери, *звон* колокола (the *bell* rings) – 钟 *zhōng*. 也就是说，我们明白为什么会有这个词：词的发音重复了词的意义。这是外语给我们的第一个提示。请举出俄语、汉语和英语中发音能够暗示词义的词语例子。

6. 如果我们知道词根的意义，且词语通过上下文给出的话，我们也可以猜出一个外语生词的意思。因此，借助于词根猜词的方法是第二种猜词方法。

例如：*«Рукава» куртки – это те её части, которые укрывают руки от холода. «Вручить» подарок или письмо = отдать его прямо в руки.*

Руководитель – это директор, начальник, то есть тот, кто «водит за руку» тех, кто у него работает.

«След» – это то, что оставляет нога на снегу, на полу. «Следовать» = идти по следу, идти за кем-то, «последний» – тот, кто идет сзади, следует за всеми другими,

1）根据词的形式可以猜测其意义的词语被称为派生词语。回答下列问题：

Почему *«общежитие»* называется «общежитием»? Почему *«самолёт»* называется самолётом, а *«самовар»* – « самоваром»? Почему место, где люди едят, называется *«столовой»*? Если мы знаем слово «голова» и его вариант «глава», понятно ли, что значит *«главный»*? Почему директора, начальника мы называем *«руководителем»* и говорим, что он *«возглавляет»* фирму?

2）再举出几个构词派生的例子（俄语、英语和汉语）。例如汉语中的"足球"，英语中的 football 就属于派生词（"脚＋球"的意思），而俄语中的 футбол 就不属于派生词。

注释：练习 5 和练习 6 探讨的是词语的不同派生方式，一个是根据词的发音来派生词义的，另一个是根据词语里的已知词素来派生词义的。接下来，练习 7 中明确了构词派生和语义派生之间的区别，也就是说，练习 7 扩展了根据已知成分派生词义的方法。对于翻译专业的学生来说这一点特别重要，因为对意义的隐喻内涵的思考是一种最重要的构词机制，它能够帮助翻译人员理解原文的真实意义，这一点对于口译过程尤为重要。

7. 根据词形理解意义的词汇被称为派生性词汇。词语的派生能力表明一个事物的命名依据。词语派生有三种类型：

● 语音上的派生（如：the cow *moos, звонок звенит*）;

● 构词上的派生（如：**настольная** лампа, **наследить** *– оставить следы на полу*）;

● 语义上的派生。

语义派生是指我们利用已知词语的词根而获得一个新词的现象。请比较：*свет – светильник* (= лампа), *ночь – ночник* (слабый светильник, который оставляют гореть на ночь). 这些新词语的意义经常不是源自原词语的直义，而是源自它们的转义。例如，*руководитель* фирмы решает, что и как надо делать, но никого буквально не «водит за руку»; *наследник* – тот, кто получает что-то после смерти человека (но не буквально «идет по следу»). 这两个例子表明，**руководитель** 和 **наследник** 的意义都不是来源于它们的直译 водит за руку（拉着手）和 идет по следу（跟着脚印走），而是来源于它们的转义，即隐喻用法。隐喻能帮助人们利用语言中已有的词汇给事物和现象命名。

1）说出下列词语是否为派生性词语？如果是，那么属于哪种派生类型？

Словарь, телефон, куртка, холодильник, пылесос, телевизор, ресторан, гостиница, самолёт, летчик, приземлиться, вторник, сре-

да, четверг, полдень...

2）说出下列词语的派生方式是否相同：impression – впечатление?

8. 说一说今天这堂课上你们了解了语言学的哪些新知识？你知道可以怎样猜测一个生词的意义了吗？

注释：最后这两个练习具有"意义模块组合"的作用，但是练习8是对所获信息的总结，而练习9是对词语隐喻性含义的重新理解。两种构词方式都是培养学生压缩信息的方法，因此都很重要。练习9确定了练习开头儿的框架，而对于本堂课导论格言的选择，与派生词语意义的隐喻性理解相关。

9. 说一说，下列哪一个关于语言的格言可以作为本堂课的开头？为什么？

- Язык – не сын, а отец мысли.

- Знать язык – все равно, что владеть оружием.

- Язык – одежда мыслей.

- Возникновение говорения и есть таинство языка.

- Обращаться с языком кое-как – значит и мыслить кое-как.

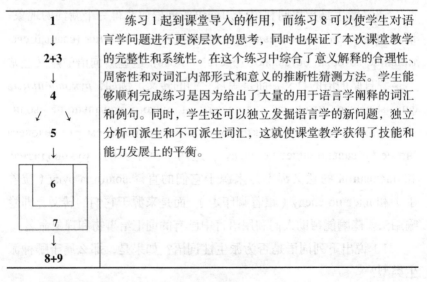

1 ↓ **2+3** ↓ **4** ↓　　↘ **5** ↓ **6** **7** ↓ **8+9**	练习1起到课堂导入的作用，而练习8可以使学生对语言学问题进行更深层次的思考，同时也保证了本次课堂教学的完整性和系统性。在这个练习中综合了意义解释的合理性、周密性和对词汇内部形式和意义的推断性猜测方法。学生能够顺利完成练习是因为给出了大量的用于语言学阐释的词汇和例句。同时，学生还可以独立发掘语言学的新问题，独立分析可派生和不可派生词汇，这就使课堂教学获得了技能和能力发展上的平衡。

六、以语文学分析为目的的阅读教学

以语文学分析为目的的阅读意味着要获取语篇（首先是文学语篇）阐释的所有能力，包括文学细节分析、修辞手法分析、隐喻形象分析、选词分析以及作品结构分析——从句子和段落的构成到作品整体框架下对情节发展时间偏离等。与以作品研究为目的的文艺批评不同，语文学分析——这是读者和语篇以及作者之间在作品阅读过程中产生的一种特殊对话。这一过程建立在提出假设和下一步的确认或推翻的基础上，也就是说，语文学分析建立在对不断展开的语篇内容的理解（和重新理解）和预测相结合的基础上。因此，教师要在与学生共同讨论初次阅读语篇的过程中教会学生使用语文学分析的方法，以各种导向性问题帮助学生提出假设、评价词语选择的准确性和句法结构的作用等。这样的课堂教学最好以一个完整的短篇作品分析为基础（例如下面列举的短文），但是也可以选取一部较长作品的开头片段来分析，而整篇作品要求学生在本次课结束后完成阅读。

作品：列夫·托尔斯泰《天鹅》（Л.Н. Толстой «Лебеди»）。

教学目标：确定作者的思想意图，弄清作品中各种类型信息的意义。你们将学会向作者提出问题并验证你们所提出的假设是否正确。与作者的类似对话将帮助你们成为事件过程的参与者，并弄清作品中词汇的使用技巧。

背景信息：列夫·托尔斯泰（1828—1910）——俄罗斯最著名的作家和思想家之一，世界上最伟大的长篇小说作家之一。托尔斯泰专门为亚斯纳亚波利亚纳（Ясная Поляна）学校的孩子们写了短篇小说《天鹅》（这个学校是作家本人在亚斯纳亚波利亚纳庄园为农村的孩子们创办的）。像任何一部童话故事一样，关于天鹅的故事里也蕴含了儿童读者应该读懂的寓意，而成年人在必要的时候应该给孩子们讲解这个故事的寓意。问题的关键是，在阅读的过程中，由作者传递给读者的信息可能有三种类型：事实性信息（处于作品表层的单一性信息）、概念性信息（根据人的经验不同而产生的对世界和人与人之间关系的不同认识）、潜台词信息（即作者没有直接表达出来的真实

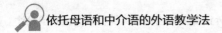

所指、要求读者依据自身经验和感受判断的作品的深层次内涵）。

Лебеди

Лебеди стадом летели из холодной стороны в тёплые земли. Они летели через море. Они летели день и ночь, и другой день и другую ночь они, не отдыхая, летели над водою. На небе был полный месяц, и лебеди далеко внизу под собой видели синеющую воду. Все лебеди уморились, махая крыльями; но они не останавливались и летели дальше. Впереди летели старые, сильные лебеди, сзади летели те, которые были моложе и слабее. Один молодой лебедь летел позади всех. Силы его ослабели. Он взмахнул крыльями и не мог лететь дальше. Тогда он, распустив крылья, пошёл книзу. Он ближе и ближе спускался к воде; а товарищи его дальше и дальше белелись в месячном свете. Лебедь спустился на воду и сложил крылья. Море всколыхнулось под ним и покачало его. Стадо лебедей чуть виднелось белой чертой на светлом небе. И чуть слышно было в тишине, как звенели их крылья. Когда они совсем скрылись из вида, лебедь загнул назад шею и закрыл глаза. Он не шевелился, и только море, поднимаясь и опускаясь широкой полосой, поднимало и опускало его. Перед зарёй лёгкий ветерок стал колыхать море. И вода плескала в белую грудь лебедя. Лебедь открыл глаза. На востоке краснела заря, и месяц и звёзды стали бледнее. Лебедь вздохнул, вытянул шею и взмахнул крыльями, приподнялся и полетел, цепляя крыльями по воде. Он поднимался выше и выше и полетел один над тёмными всколыхавшимися волнами.

1. 阅读托尔斯泰的短篇小说《天鹅》，并在回答下列问题的基础上简要转述小说内容。

1) *Кто главные герои рассказа?*

2) *Чем они были заняты?*

3) *Что их окружало?*

4) *Почему один из лебедей летел позади всех?*

5) *Что он сделал, когда остальные птицы улетели?*

6) *Полетел ли он дальше?*

2. 对处于作品表层的事实性信息可以这样表述：*В рассказе описан один из случаев жизни лебедей, чья перелётная жизнь связана с трудностями.* 请再读一遍作品，从下列选项中选择一个你认为最合适的表达作家真实意图的句子，从作品中找出证明自己观点的证据：

1) Нужно беречь силы и правильно их распределять.

2) Сильные всегда должны помогать слабым, особенно если те оказались в беде.

3) Нельзя отставать от всех, а если отстал – не теряйся, тогда всё обойдётся.

4) Сила приходит с опытом, с годами.

注释：这个练习不可能有唯一正确的答案，因为这里需要引入其他层面的信息。教师的主要任务是让学生从课文中找出事实来支持自己的选择，指出任何选项都可能是正确的，只要在课文中能找到直接或间接的证据。这样就会发现，在上述四个选项中，选项2是与作品内容关系最小的选项，而其他三个选项都可能是作品要表达的主题思想。因此，这里就需要引导学生关注托尔斯泰使用的非常规性的同义表达手段：*впереди летели старые, сильные лебеди, сзади летели те, которые были моложе и слабее.* 这些特殊的同义表达手段都能够帮助学生沿着正确的方向进行语篇分析。

3. 在确定作品隐含的潜台词信息时非常重要的阶段是确定作者对作品主人公的态度。请找出作者使用的所有描述天鹅特征的句子并抄写下来，并总结作者对天鹅的态度。

请记住：这些特征可能是直接表达的特征，也可能是非直接或间接表达的特征，例如，作者对天鹅的态度可以从对天鹅周围环境的描写和周围环境本身对天鹅的态度中获取信息。

Автор о лебеде	Окружающая природа	Отношение природы к лебедю
белый (и вода плескала в белую грудь лебедя)	*используются оттенки нежных красок пейзажа (перед зарёй лёгкий ветерок стал колыхать море; на востоке краснела заря, и месяц и звёзды стали бледнее)*	*море покачало его; он не шевелился, и только море, поднимаясь и опускаясь широкой полосой, поднимало и опускало его, и вода плескала в белую грудь лебедя*

注释：从这个练习开始，需要关注短篇小说中的每个词语的使用技巧，因为只有逐字逐句的阅读才能帮助我们分析作家恰当用词的技巧，才能挖掘出作者的真实写作意图。学生们可能不会忽视作者描写落在后面的天鹅的修饰语 белый，这个词使这只天鹅与众不同，也表达出托尔斯泰对它的特殊态度。自然景色的柔和色彩以及修饰语 лёгкий 与带有指小后缀含义的 ветерок 的组合恰恰证明了这种假设。在表达大海对天鹅态度的动词选择上我们也可以感受到大自然本身对天鹅的关心态度，周围的一切都好像在保护着患难中的弱者，海水像哄小孩儿睡觉一样摇晃着它（море покачало его; он не шевелился, и только море, поднимаясь и опускаясь широкой полосой, поднимало и опускало его.），日出轻轻地把它唤醒，海水也轻抚着它的胸膛。在总结作者对天鹅的态度时可以发现，作者对天鹅持有关心和同情的态度，这一点恰恰在作者选择的修饰语和行为动词中得到体现。

4. 你认为这只年轻的天鹅能否飞到暖和的地方？从作品中找出依据来阐释自己的观点。

注释：这个练习已经进入到对作品的深层次思考阶段，需要对作品的言外之意进行深入思考。这个练习的完成，一方面，需要以前面所有练习为基础，另一方面，这个练习需要做出一个新的假设，需要对作者选用的词汇、词法和句法单位做进一步的深入研究才能证明自己的假设是否正确。如果认为这个落下的天鹅很可能飞不到预定的地点，那么依据的就是作品的表层信息——полетел один。这种悲观的态度和作者的同情态度一起暗示着天鹅接下来的悲惨命运：天鹅独自未必能飞到暖和的地方，而且在临死之前还会面临着无限的痛苦，这一点它已经感受过了（*цепляя крыльями по воде*）。与此同时，作者不仅使用了表达天鹅身体状态的细节描写，而且还使用了其他一些包含这种隐性意义的艺术细节。大自然好像也预示了天鹅的命运：*полетел один над тёмными всколыхавшимися волнами.*（它独自飞翔在黑压压的汹涌的波涛上空）这里需要关注那些帮助作家表达言外之意的新词。形动词 *всколыхавшимися* 包含体的多种含义：这里是一次性行为和象征永恒意义的多次性行为的整合。视觉上的垂直画面也间接地证明了这种永恒意义：*на небе был полный месяц, и лебеди далеко внизу под собой видели синеющую воду.*

5. 上述练习把我们引入下一个读者可能向作者提出的问题：为什么其他天鹅没有等一等它，为什么把它一个抛弃了呢？请再仔细地阅读一遍课文后来回答这一问题，并注意作品中使用了哪些不寻常的特殊词组。

注释：这一问题的答案隐藏在潜台词的信息里。在仔细阅读作品之后就会发现作者两次用了 *стадо лебедей* 这个词组，而不是大家都习惯的 *стая лебедей*。托尔斯泰两次使用 *стадо* 这个词不是没有原因的，这个词一般与表示有角的家畜类词语连用，如 *стадо коров, стадо баранов* 等。*стадо* 这个群体里的成员之间没有同情和怜悯，也没有独立的个体。老的、力量大的天鹅把握着飞行的方向和时间，它们不会停下来看看后面的天鹅是否跟上了它们。所以 *стадо* 表示的天鹅群是没有同情心的，因为它的基本任务是让它的群体有更多的成员存活下来。这就是自然界的规律。

6. 你认为，托尔斯泰写这篇短篇小说的目的是什么？他想让读者明白什么道理？是否可以说这篇小说讲的不仅是鸟类的故事，也是人的故事？

注释：这个练习是一个总结性、做出结论的练习，因为对这些问题的回答意味着要有意识地使用所有挖掘出来的信息。为了帮助学生得出正确的结论，应该从这堂课的一开始就提示学生，任何一个文学作品都是关于人的，哪怕它所描写的主人公是鸟类或其他动物，哪怕它关注的焦点是对自然界的描写。因此，从这个角度来看，这个问题的答案看上去是不言而喻的，这篇作品当然也是关于人的。这种假设在小说的语篇层面也能得到验证。只是在这只孤独的天鹅身上我们能看到人的特征：*лебедь закрыл глаза, лебедь вздохнул.* 我们虽然不知道天鹅是如何喘息的，但我们知道人是如何喘息的。所以，这只孤独的天鹅与其他天鹅形成对比，因为作者把它从整个的天鹅群中分离了出来。在这里我们需要再次关注不适合与鸟类进行组合的 стадо 一词，关于这一点在上个练习中已经提过。但是这个练习中我们要说的是这个词隐含的潜台词信息：在与人做比较之后我们不可避免地会对"群体"这个词进行深入思考，因为这个词的转义恰恰表达了本能上具有从属关系的群体。这种比喻的主要目的或者说整篇作品的主要目的——就是迫使读者深入思考人在这种情况下会怎么做？它们是否与具有本能特征的鸟一样呢？

1 ↓ **2** ↓ **3** ↓ **4+5** ↓ **6**	这一课是在逐渐增加能力难度的基础上建立的，由显性信息的搜索逐步过渡到隐性信息的挖掘。首先要求找出客观事实性信息，然后找出客观的细节描写。在此之后教师要提出看似完全与语篇分析无关的问题：接下来将要发生什么（练习4）和为什么发生了这件事（练习5）。但答案不是在鸟的特征中去寻找，而是需要在表达作者对周围环境的态度、具有语言标志意义的字里行间中去寻找。第6个练习是对前面分析结果的总结，同时也与练习2一起构成了框架性的分析结构。而练习2的目的是在第一次阅读之后、在仔细阅读分析之前挖掘作品的言外之意。

七、文学作品的译前和译后分析

译前阅读实际上包括语篇分析过程所涉及的所有能力，包括词语、艺术形象、修辞手段、句子的韵律、声调、长度和表意结构等各种因素的分析，也就是说，在翻译过程中要考虑这些因素中哪些需要保留、哪些需要补充。至于语篇的整体结构，那么对于翻译大篇幅的作品（中篇小说、长篇小说）来说不是主要因素，但是对于短篇的文学作品来说（例如需要使用叠句或具有逻辑结构关系的作品），在翻译过程中对作品结构的重新建构就是重要的因素。对于原作与译文的对比（如果有可能，要同时对比 2—3 篇译文）能够逐渐培养学生独立翻译的能力并对自己的译文进行自我评价的能力。

这堂课我们选择了屠格涅夫的散文诗《多么清新、多么美丽的玫瑰花……》(*Как хороши, как свежи были розы...*) 作为展示课堂上如何做文学作品译前分析的内容。选择这部作品的原因在于，一方面，这部作品的篇幅短小，可以在一堂课内完成作品的详细阅读，有足够的时间来理解作者准确表达思想意图的技巧，这一点对于翻译来说极为重要。另一方面，这篇作品可以帮助学生把该作品看作一部更容易接受的散文体裁来了解诗歌与散文的区别性特征。这些区别性特征是指作品具有清晰的韵律结构、使用的表现力手段较少、语言表达简洁精炼、形象生动表达和隐含性表达并重。因为屠格涅夫明确地把自己的这部作品划归为散文体的诗歌，所以在以译前分析为目的的课堂教学中可以发现该作品存在诗体散文所具有的所有必要特征——从各个层面的声响表现到重叠手段的使用。

需要强调的是，上一堂课的教学目标是培养师范专业学生的语文学分析能力。如果说对于语言文学专业的学生来说只需要弄清塑造艺术形象的手段和解读作者思想意图的话，那么对于翻译专业的学生来说，除了这些目的之外，还需要把作品的艺术形象同化成母语文化，而这种同化过程就会造成对作品中个别民俗现象的理解障碍。这就要求学生达到对作品全文的理解并决策在翻译过程中哪些信息是可以放弃的，而哪些信息是必须保留或做出补偿的。

对于师范专业学生阅读教学终极目标的语文学分析，与译前分析的基本区别在于，在译前分析阅读的框架下对作者意图的了解对于译者来说只是一个过渡性的中期目标。而译者的下一个目标是重现作者意图的产生过程，并把这些意图植入一个新的系统——一个独一无二的传播经验、表达事实和情感信息的新系统，然后再转变为作者身份，"以另一种文化和新的事实、情感与经验系统进行重新创作"。[1]

译前分析涵盖三个阶段，这三个阶段构成译前分析的不可分割的

---

1 Колкер Я.М. Поэзия и проза художественного перевода. М.: Гуманитарий, 2014. С. 61.

整体：

在第一阶段，要把作品看作一个直线型的、离散的段落排列，并从每一部分对于整体交际产生的作用角度分析段落的形式和内容；

在第二阶段，要把作品看作一个完整的语篇进行分析；

第三阶段可以称为对比分析阶段，因为在对比分析之后要确定作品的独特性、作者写作的风格、作品影响读者的手段和作品包含的社会符号系统，即作者所创建的符号和读者创建的符号构成一个新的符号系统，该符号系统不仅具有形式与内容的二维结构，它还是一个多维的结构性系统。[1]

教学内容：屠格涅夫《玫瑰多么清新、多么美丽……》。

教学对象：对外俄语专业四年级学生。

教学目标：确定作者创作诗体散文的基本策略，即确定作者使用了什么策略建立了主人公形象，使用了什么手段使主人公的情感和美学体验引起了读者的共鸣。只有弄清了这些问题才能确定在翻译过程中为重现原文的美学特征应该保留什么内容。

1. 阅读下列作品片段并用自己的话讲述其内容。

Где-то, когда-то, давно-давно тому назад, я прочел одно стихотворение. Оно скоро позабылось мною... но первый стих остался у меня в памяти:

Как хороши, как свежи были розы...

Теперь зима; мороз запушил стекла окон; в темной комнате горит одна свеча. Я сижу, забившись в угол; а в голове всё звенит да звенит:

Как хороши, как свежи были розы...

2. 阅读作品全文并回答下列按照事件发生顺序设计的问题。对每一个问题的回答都要从作品中找出能够证明你观点的证据。

1) Кто рассказчик: автор или лирический герой? Если рассказчик - автор, то является ли он объективным наблюдателем, который

---

[1] Марьяновская Е.Л. Предпереводческий анализ как инструмент обучения художественному переводу. СПб.: Алеф-Пресс, 2015. С. 115.

рассказывает только то, что видит и слышит, или субъективным комментатором, который выражает свою точку зрения на события и анализирует их? Если рассказчик – лирический герой, то от какого лица ведётся повествование: от первого или от третьего?

2) О чем рассказ в целом: об обычной жизненной ситуации, о решающем событии в жизни человека, о свойствах личности, о традициях и манерах, свойственных определённой эпохе, об определённом отношении к жизни, о жизненной философии и т.д.?

3) Представлены ли события в хронологической последовательности или с намеренными нарушениями хронологии?

4) Опишите обстановку, окружающую рассказчика: время, в которое происходит действие, место действия, описание погоды, вещи и предметы, принадлежащие героям, звуки, запахи и т.д.

5) Какова выбранная автором тактика достижения цели (то есть коммуникативное намерение), каким образом он хочет воздействовать на читателя: дает пример из жизни; классифицирует поступки героя, стараясь объяснить их; сопоставляет поступки (героев, ситуации) между собой; создает определенное настроение, заставляя читателя пережить эмоциональное состояние героя.

注释：在译前分析的第一阶段可以弄清事件发展的一条主线或时间发展的几条脉络，这一问题能帮助学生最大程度地弄清作品表层信息和确定作者思想意图的真实信息。

3. 按照逻辑把作品划分为段落。本篇小说可以划分为几个部分？各个部分之间连接的语句是什么？段落划分的依据是什么？

注释：乍看起来，这个练习好像是多余的或者是过于简单的，但正是这个练习才使学生在运用前一阶段获取信息的基础上把作品形式上的分析和内容上的分析整合起来，并借助于作品标题中具有概括和篇章建构功能的叠句对作品做出清晰的形式上的段落划分。叠句《Как хороши, как свежи были розы...》不仅连接了作品的各个部分，而且还构建了作品的韵律节奏，通过对讲述者当前的情感状态和往事回忆的切换描述使作品的结构得到了平衡。因此，正是在这个阶段的练习中（当然是在完成上个练习获得必要信息的基础上）才可以做出如下结论：这篇作品除了显性的"散文诗"形式使它具有诗歌的特点之外，贯穿于整个作品的作者形象、作者的心声也是赋予作品诗歌特征的重要因素。作品中抒情主人公的出现把作品的各个部分连接成一个统一的整体。因此，在作品的下一个分析阶段就要根据这些因素来确定作者用什么手段引起了读者在情感和美学感受上的共鸣。

4. 希腊语中 antithesis 一词表示"对立"。意思是具有对立关系的词语和意象组合构成的文学作品的对照关系。请找出作品中所有的对照关系。请注意，对照关系不仅可以在意象层面使用——即在意义层面使用。时体形式和句法结构上也可能具有对照关系，而且这种对照起到加强意义层面对照的效果。例如：*Теперь зима; мороз запушил стекла окон / Летний вечер тихо тает...*

注释：这个练习属于译前分析第二个阶段的目标。在这一阶段，作品作为一个语篇整体来分析，需要确定作者选择词语、句子和语法结构的过程。教师的任务是使学生明白，语篇在各个层面的相互关系是由词语、短语和句子的有效和准确表达决定的。在完成这个练习的同时，学生们可以发现作品中存在诗体散文的所有必要特征，从各个层面的声响表现到重叠用法的使用。

上一个练习结构上的平衡正是由于使用了对比手段——作者为建立基本情感所选择的关键性修辞策略和对过去的留恋情感之间的对比。

作品在所有的结构层面都采用了对比策略。在内容层面，屠格涅夫对比了过去和现在：包括所有的意象、描写、声音、艺术细节都服务于一个中心思想：过去是多么无忧无虑、多么美好，而现在是多么孤独、多么痛苦。作品的句法结构对于形式上的对比起到了重要作用：对于过去的描写采用了多个具有平行结构的拓展性主从复合句结构，这就使建立起来的画面具有动态和多维的特点，而对于现在的描写则采用了短小的、不连贯的、起到放慢节奏作用的简单句结构，而不同长度的停顿（从一个句号到破折号和省略号）也促进了一种忧郁

和绝望心情的形成。作品中还有声音描写上的对比，可以说作品使用
的声响手段是显而易见的，作者借助于声响表现手段创造了所有需
要的意象，促进了作品在组织形式上的平衡。一方面，这是能够引
起读者听觉注意力的声音意象的对比：«мороз скрепит, свеча трещит,
старческий шепот» 和 «весёлый шум, добрые голоса, воркотня патри-
архального самовара»，另一方面，在描写过去的情景时使用了开元音，
而在描写现在的情景时使用了 «с, з, ш, х» 等唏辅音和咝辅音。最后，
对比了诗歌的主要诗体形象：«прекрасные свежие розы» 和 «одинокая
гаснущая свеча»。在这个练习的总结阶段，可以让学生们解释这两个
形象的对比并说明颜色在下列句子中的象征意义：*горит одна свеча,*
вечер тихо тает и переходит в ночь, все темней да темней, свеча
меркнет и гаснет.

　5. 在《多么清新、多么美丽的玫瑰……》这首诗中屠格涅夫用准
确的词语和声音建立了一种特殊的语境。现实生活中什么音能帮助人
们"听懂"作品的意思？是哪些音（元音和辅音）帮助屠格涅夫建立
了作品的节奏？作者还采用了哪些手段来形成作品的节奏？哪些手段
将会造成翻译上的难点？哪些手段应该在译文中保留？哪些手段只需
要在翻译前的注释中给出解释？

　注释：这个练习看似是对上一个练习的重复。但实际上不是重复，
因为在这个分析阶段学生的注意力将集中在每个词语以及每个音的选
择上。学生和老师都会发现作品词语上的恰当使用。首先，应该指出
的是，作家为了引起读者听觉上的敏感和在读者的听觉上产生情感共
鸣选择了恰当的修饰语、动词和意象表达。这种听觉状态的高潮得益
于显性的诗句重复（Как хороши, как свежи были розы...）、效仿性重
复（звенит да звенит, темней да темней）、显而易见的同类词语对比
（«ровного дыхания.., сдержанного смеха.., молодых, добрых голосов»
«скучному, старческому шёпоту и хриплому, глухому кашлю»）。　此
外，在使用特有的民俗词语 воркотня патриархального самовара（一
个陈旧的茶汤壶发出的咕咕声）和 ланнеровский вальс（兰纳的华尔
兹舞曲）用于补充听觉意象的同时，屠格涅夫还大量地使用了声音手

段，把所有的情感整合为唯一的情感——即对一去不复返的过去的无限眷恋。因此，作者用符号的形式突破了作品在内容上的时间和空间限制，而这一点是在分析的过程中以及接下来的翻译过程中必须要考虑的因素。应该指出，上述的两个民俗词语 самовар 和 ланнеровский вальс 在翻译时不会引起特别的难点。它们正好帮助学生从听觉上和对节奏感知的角度来决定作者在时间和空间上的感受。为了使未来的译者明白这种文化规约性信息应该在译前分析阶段就要做出意义上的显性处理，在向学生介绍约瑟夫·兰纳和约翰·施特劳斯是三拍子华尔兹舞曲的创始人之后，可以让学生对这两个词语进行替换或者解释 воркотня патриархального самовара 这个组合的言外之意并让学生听一段华尔兹舞曲，展示屠格涅夫时期这种流行音乐形式的节奏特点。这一做法能使学生"听懂"作者使用意象表达的含义。在做这个练习时要特别注意诗歌的结尾部分，这里出现两个高潮：句法高潮（加大了停顿的长度）和语义高潮（加强了紧张情绪）。作品的结尾实际上因为较长的停顿已被分割成独立的段落，把整个作品的主要情感特征放在了结尾的强位上，类似于人的呼吸节奏——一个疲于生活的人发出的沉重呼吸的节奏。

6. 阅读屠格涅夫诗歌的英文翻译。

Как хороши, как свежи были розы... Иван Сергеевич Тургенев (1818-1883).	*How Fair, How Fresh Were The Roses...* – Poem by Ivan Turgenev (Translated by Constance Garnett)[1]
Где-то, когда-то, давно-давно тому назад, я прочел одно стихотворение. Оно скоро позабылось мною... но первый стих остался у меня в памяти:	Somewhere, sometime, long, long ago, I read a poem. It was soon forgotten... but the first line has stuck in my memory-
Как хороши, как свежи были розы...	How fair, how fresh were the roses...

---

1 Ivan Turgenev. Poems in Prose. Translated into English by Constance Garnett. Moscow-Dublin-New York: Honeycomb Press, 2016. p. 72.

（续表）

Как хороши, как свежи были розы... Иван Сергеевич Тургенев (1818-1883).	*How Fair, How Fresh Were The Roses...* – Poem by Ivan Turgenev (Translated by Constance Garnett)[1]
Теперь зима; мороз запушил стекла окон; в темной комнате горит одна свеча. Я сижу, забившись в угол; а в голове всё звенит да звенит:	Now is winter; the frost has iced over the window-panes; in the dark room burns a solitary candle. I sit huddled up in a corner; and in my head the line keeps echoing and echoing –
Как хороши, как свежи были розы...	How fair, how fresh were the roses...
И вижу я себя перед низким окном загородного русского дома. Летний вечер тихо тает и переходит в ночь, в теплом воздухе пахнет резедой и липой; а на окне, опершись навыпрямленную руку и склонив голову к плечу, сидит девушка – и безмолвно и пристально смотрит на небо, как бы выжидая появления первых звезд. Как простодушно-вдохновенны задумчивые глаза, как трогательно-невинны раскрытые, вопрошающие губы, как ровно дышит еще не вполне расцветшая, еще ничем не взволнованная грудь, как чист и нежен облик юного лица! Я не дерзаю заговорить с нею – но как она мне дорога, как бьется мое сердце!	And I see myself before the low window of a Russian country house. The summer evening is slowly melting into night, the warm air is fragrant of mignonette and lime-blossom; and at the window, leaning on her arm, her head bent on her shoulder, sits a young girl, and silently, intently gazes into the sky, as though looking for new stars to come out. What candour, what inspiration in the dreamy eyes, what moving innocence in the parted questioning lips, how calmly breathes that still-growing, still-untroubled bosom, how pure and tender the profile of the young face! I dare not speak to her; but how dear she is to me, how my heart beats!
Как хороши, как свежи были розы...	How fair, how fresh were the roses...
А в комнате всё темней да темней... Нагоревшая свеча трещит, беглые тени колеблются на низком потолке, мороз скрипит и злится за стеною – и чудится скучный, старческий шёпот...	But here in the room it gets darker and darker... The candle burns dim and gutters, dancing shadows quiver on the low ceiling, the cruel crunch of the frost is heard outside, and within the dreary murmur of old age...

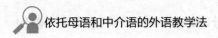

Как хороши, как свежи были розы... Иван Сергеевич Тургенев (1818-1883).	*How Fair, How Fresh Were The Roses...* – Poem by Ivan Turgenev (Translated by Constance Garnett)[1]
Как хороши, как свежи были розы...	How fair, how fresh were the roses...
Встают передо мною другие образы... Слышится веселый шум семейной деревенской жизни. Две русые головки, прислонясь друг к дружке, бойко смотрят на меня своими светлыми глазками, алые щеки трепещут сдержанным смехом, руки ласково сплелись, вперебивку звучат молодые, добрые голоса; а немного подальше, в глубине уютной комнаты, другие, тоже молодые руки бегают, путаясь пальцами, по клавишам старенького пианино — и ланнеровский вальс не может заглушить воркотню патриархального самовара...	There rise up before me other images. I hear the merry hubbub of home life in the country. Two flaxen heads, bending close together, look saucily at me with their bright eyes, rosy cheeks shake with suppressed laughter, hands are clasped in warm affection, young kind voices ring one above the other; while a little farther, at the end of the snug room, other hands, young too, fly with unskilled fingers over the keys of the old piano, and the Lanner waltz cannot drown the hissing of the patriarchal samovar...
Как хороши, как свежи были розы...	How fair, how fresh were the roses...
Свеча меркнет и гаснет... Кто это кашляет там так хрипло и глухо? Свернувшись в калачик, жмется и вздрагивает у ног моих старый пес, мой единственный товарищ... Мне холодно... Я зябну... И все они умерли... умерли...	The candle flickers and goes out... Whose is that hoarse and hollow cough? Curled up, my old dog lies, shuddering at my feet, my only companion... I'm cold... I'm frozen... and all of them are dead... dead...
Как хороши, как свежи были розы...	How fair, how fresh were the roses...

7. 请对比作品译文与原文，每一次对比都要确定译文是否保留了在前面几个分析阶段确定的作者思想意图和写作风格：

1）分析重叠句的翻译方法：

Как хороши, как свежи были розы... / How fair, how fresh were the roses...

2）分析译者是否保留了各个层面的主要对比策略：包括意象层面、句法层面、词法层面、词汇层面、语音层面。

3）分析译文中是否保留了原文中的韵律结构。

8. 请总结分析的结果，并做出结论：译者是否成功地传达了原作者的思想意图。

注释：这个练习可以用于作品个别段落的分析。如果要分析的译文与原文中对重叠句的处理是否对等、是否恰当得体的话，那么应该指出，译员既保留了倒装结构，也保留了必要的平行结构，同时还使用了 [f] 音重叠的修辞手法，这无疑是保留了原文的节奏。但是，译者给出的 *the hissing of the patriarchal samovar* 作为对原文 *воркотня патриархального самовара* 这一句的对等译文显然是失败的。的确，正如上文所述，对 самовар 一词的音译转写未必会引起译文理解上的障碍，但是对于修饰语 патриархальный 和茶汤壶发出的声响——即作者使用的主观形象词语 воркотня 一词的翻译处理就应该先做译前研究。因此，我们在练习 5 中设计让学生对这个词组进行同义替换的练习正是要把它的深层意义挖掘出来，最主要的是声响背后的隐含含义。*hissing* 对应 свист/шипение 的翻译方法无论从意义层面还是从声音层面都不符合原作者的思想意图。Воркотня（咕嘟声）是一种声响很大的、令人愉快的声音，这像是鸽子发出的那种叫声，也像是水倒出容器时发出的咕嘟声。因此，我们认为，象声词 *hissing* 应该替换成更符合原文意象的象声词 *bubbling*。而形容词 *патриархальный* 在这个上下文中表达"陈旧的、古老的、具有多年历史的"意思。所以对这个词采取音译转写的方法翻译成 patriarchal 也是不合适的。首先，这个译文加大了译文的理解难度，其次，对于英语读者来说，这种翻译方式没有表达出作家所要表达的真实语义。因此，我们认为这句话翻译成 *the bubbling of the ancient samovar* 更符合原文的真实意义。

至此，本堂课完成了一整套限定关系的练习，为学生的下一步的练习奠定了基础。即使是划分课文段落的练习也需要提前进行语篇分析。这种精细化的语篇分析可以表明，对课文每个段落内部结构的划分不是以句子为单位，而是按照作者有意不做停顿[1]的言语单位内部做结构划分，在这种前提下，翻译就要决策如何在译文中建立新的句法结构。

八、课下听力训练与课上听力内容的讨论

如果用于听力的信息来源是篇幅较大的、不需要做语篇分析的专题口头语篇（如讲座、演讲等），那么听的过程可以单独进行，而且学生在听的过程中可以按照对准确性的不同程度要求对所听内容做记录——从记录关键语句和数量信息到逐字逐句地记录全部信息。课堂上只训练学生依据所听材料做口语表述性的练习。下面给出的课堂教学是依据"马赛克"拼接原则进行的听力教学的例子，其每一次课的大部分时间都用来按照学术专题由学生做汇报。叙述的体裁要求是科学普及性语体。对于这样的课堂教学最好使用自然科学、社会问题、历史、绘画、音乐等题材的资料。

本课学案设定的教学目标是发展使用类比法解释概念的能力，但是强调的是类比法的另一个功能：在描写和叙述性的话语中，类比法具有使话语变得更加生动形象的功能。

母语或中介语可以用于反向翻译的材料，可以作为压缩信息的方法，可以作为与听力材料对比的补充材料，还可以用于确定跨文化对应关系的局部翻译手段。

对于这样的课型，学案要事先发给学生，因为学生发言的提纲要依赖于学案材料里给出的具体任务。

教学对象：英语专业翻译方向二年级学生。

教学内容：Как работает сердце?（心脏的工作机制）

1. 朗读下列单词，先把它们翻译成俄语，再从俄语反向翻译成英语。

● Cardiac muscle, tissue, hollow chambers, heartbeat, rate, contraction

---

1　Колкер Я.М., Устинова Е.С. Коммуникативный блок и сверхфразовое единство как инструменты выявления функций членения художественного текста на абзацы // Иностранные языки в высшей школе. вып.4, 2006. С. 57.

- (To) average, rhythmic, amazing, incredible, efficient
- Ounce, pound, gallon, quart (*What does each of them mean in decimal terms?*

请解释 унция, фунт, галлон, кварта 这几个词语在十进位制的运算中表示什么意思？

注释：这个练习的特色是把发音的练习与把学生不习惯的进位法转换成熟悉的进位法的认知任务结合起来。

2. 从这篇短文中找出运用类比法的例子。说一说它们是否对你们理解听力内容有帮助。

注释：搜寻使用类比法的例子能够帮助学生明白如何把课文按照逻辑划分成段落，同时也告诉学生，类比法作为一种简单的比较事实的方法——是最有效、最通俗易懂的解释策略。

3. 运用所听材料里的数据回答问题，并把这些数据换算成俄罗斯的长度和重量单位。

4. 请说一说心脏的工作机制。What movement of the human hand can give you an idea of how the heart works? What is "a heartbeat"? How does its rate vary? How many beats does an elephant's heart average? And that of a canary? And that of a human infant? etc.

用文章里给出的数据接续句子：*В любом случае, для взрослого в общей сложности выходит около... ударов сердца в день, а за семьдесят лет жизни набегает... Вот почему сердечная мышца – самый поразительный орган.*

5. 请运用下列关键语句解释心肌功能的相对独立性。

В сердце нет нервов. Сердцу не поступают команды из мозга. Нет механизма, заставляющего сердце биться. Сердечная мышца обладает способностью ритмично сокращаться. Развитие сердца у эмбриона. Сердечная мышца бьется уже до того, как сформируются нервы. Даже малый образчик сердечной мышцы, если он погружен в специальную жидкость, упорно сокращается. Природа сердечных ритмов пока не разгадана. Есть система, координирующая удары сердца с нуждами всего организма, чтобы он слаженно работал, перекачивая кровь в органы тела. Столько-то кварт в минуту; в состоянии отдыха; в активном состоянии; ... галлонов в день = ... литров за всю жизнь; общий вес перекачиваемой крови – ...

Сердце работает с невероятным напряжением – но и отдыхает.

注释：练习3—5涵盖了课文的各个逻辑段落，根据提前在家做的汇报提纲，这几个练习中重现了最实质性的内容。如果学生在事先预习学案的过程中把所有的外语词语都写入了学案，那么老师可以临时把自己没有做任何标记的学案借给学生使用，以预防学生机械化地读单词。

6. 类比法不仅用于说明文的体裁。它还可以帮助作者建立形象化的表达。想象一下在牙科门诊接受治疗时的情景，患者总是表现出紧张的情绪，而牙医总是表现得很平静、很自信。说一说，可以借助于哪些类比词语来描述医生和患者的这种状态。

His hand is shaking like a leaf. He feels as solid as a rock. His heart is ticking like a quiet clock. His face is white as a sheet. His stomach is like a tight fist. His touch is as comforting as a warm blanket. His heart is pounding like a hammer. His hands move precisely like an expert watchmaker's. His eyes are calm, like a lake on a windless day. He feels as scared as a rabbit. His skin feels cold and damp as a frog. His mouth feels just like dry desert air.

注释：这些现成的类比描述可以帮助学生在下一个练习中独立思考其他情景的类比方法。练习6要比上一个练习容易一些，因为它与练习2类似，也就是说，我们可以临时打破练习之间限定关系的链条。但是这种练习可以帮助学生积累类比的经验，并以此来丰富自己的想象，为完成练习7做准备。

7. 针对下列任一情景做类比性描述。

AT HOME. A child who doesn't want to go to school pretends to be sick. The mother knows that the child is not really sick.

AT THE OFFICE. The boss is giving a long and boring talk on sales data for the month. An employee who should be listening is thinking about an upcoming ski trip.

IN THE SCHOOL CAFETERIA. Two students are eating lunch. They do not find the food delicious.

注释：练习 6 和练习 7 稍微有些脱离主题，是因为它们的目标是训练类比的其他功能。这里类比的目的是建立情感表现力和表达的生动形象性。在完成这两个练习之后我们再回到讨论的主题，但是已经在一个新的层面上思考问题：每一个器官都具有独特的功能，而且每一个器官都类似于某种事物，因此，每一个解释性类比都有一个并存的形象表达性类比，这一点在学生的报告中是完全可以给出的。所以练习 8 中包含了两条课堂教学主线，而在最后一个练习中，短小的类比演变为对一个器官的拓展性解释，但是要从不同的角度对不同的器官进行拓展（包括从外部特征、规格、在身体中的位置、在生命活动中的作用）。

8. 现在让我们回到解释思想表达的方法上来。是否可以把人的身体与下列机体做类比？如摄像机、汽车、机器人、垃圾通道、计算机、自动应答装置等。

A camera, a car, a robot, a boat, a furnace, a computer, a telephone switchboard, a video recorder, a garbage disposal, a printing press, a telephone answering machine.

E.g.: *The eye is like an automatic camera. It automatically focuses for short and long distances and automatically adjusts for lighting conditions.*

9. 针对人的任何一个器官写一个小型报告，解释它的功能。请确定它的大小和它在人体中的位置。如果器官的功能遭到破坏，会出现哪些需要及时治疗的症状。

(You can specify their size or position in the human body.) Show that they keep doing their duty by their owner, and people should be grateful to them for their never-ceasing work and take proper care of them. You can also mention the symptoms of their malfunctioning, which should put people on their guard, so that they take precautions against diseases.

1		
↓		
2	6	
↓	↓	
3+4+5	7	
↓	↙	
8		
↓		
9		

同一专题词汇的语音练习能够促进对课文内容的快速定位。在学案中找出听力课文中使用的所有类比用法能够帮助学生找出意义核心并对类比在解释性语言中的作用得出结论。练习3—5的难度相当，因为每一个练习都对应着问题的一个方面：练习3对应着心脏的形状和尺寸，练习4对应着心脏的工作机制，练习5对应着它的相对独立性。这三个练习都需要在不同辅助手段的基础上完成信息的复述，都是把外国文化中使用的长度或重量的单位转换成本民族习惯的度量单位。练习6和练习7与课文的基本主题无关，但是它们却与运用类比的能力培养相关。所以在练习8中整合了类比的恰当运用和解释不同器官的功能。与练习8中的简短对话不同的是，练习9要求作出拓展性解释。

上述列举的课堂教学示例不是具体课堂教学类型的展示，因为语言层面、言语活动类型、发展性任务和非标准化的教学方法的组合具有太多的变化类型。本书作者认为，不应强迫教师使用千篇一律的教学方法，因为同一种教学目标可以通过不同的教学方式来实现。我们的任务是给实践课教学的老师们一种借鉴性工具，使他在课堂教学设计过程中能够考虑到练习的难度系数和练习之间的相互关系，并借助于多语言辅助教学法培养学生的认知能力。

第四部分

课堂教学的几个具体问题

第一章 外语专业课堂教学的学案应用与即兴表达：矛盾的对立和统一

> 两种现象的对立——不是矛盾，而是相互补充。
>
> ——丹麦物理学家尼尔斯·玻尔（Niels Bohr）

　　外语实践课程教学中教材和课堂教学的实施方案（以下简称学案）的使用意味着教学过程具有不同程度的综合性和个性化特点。教材是根据教学目标和学生语言掌握程度面向广泛的学生群体设计的。而学案则是根据上一堂课已取得的教学效果和本次课的教学目标在教学的过程中面向具体的教学班制定的学习方案。与教材的区别在于，学案具有动态特点，并把教材作为根据教学大纲和教学法要求实施教学过程的总体导向。学案的动态特点促使教师根据教学条件的变化而调整课堂教学结构。导致教学条件变化的原因有几个方面：

　　学生的课前准备程度；

　　该练习完成的准确率和是否可以省略一个或几个练习；

　　学生提出的问题以及他们是否有独立设计某个练习的愿望，这是针对师范专业学生的职业化需求；

　　在上一个练习完成质量不高的情况下是否需要添加一个补充练习。

　　从上述观点可以看出，学案从制定的一开始就意味着稳定性和破坏这种稳定性之间的矛盾，因为正是在学案的帮助下课堂教学才可以在动态的教学过程中获得灵活性。

　　从练习的内部结构、练习之间的关联性以及让学生一步一步地接近于课程教学目标的角度上看，学案具有动态性。但是从练习设计的渐进性原则和以打印或电子邮件方式分发给学生的方式上来看，学案又是静态的。而正因为课堂教学中会发生不可预料的情景，所以如果预先设计好的课堂教学结构没有达到预期教学效果的话，教师就不应该盲目地遵照学案。学案通常是课堂教学过程中教师和学生合作的基础。但是教师要根据课堂上发生的变化而改变讲授和训练方法，适当调整事先设计好的讨论性问题。如果预先设定的课堂教学目标在本次课堂教学中没有实现的话，那么就要重新设计课堂教学目标。或者相反，事先设定的教学目标对于这个班级来说过于简单。

对学案的遵照程度还取决于提前多长时间把它发给学生：课前很久、课前几天还是本次课即将开始的时候。学案应该给每个学生一份，因为它对于大学生来说同时起到课堂笔记的作用——学生需要在上面做各种标记和记录。有时还需要在学案上留下空白的地方给学生写入翻译、例句和问题等。手机拍摄的学案图片对于学案的使用来说是极其不方便的，因为上面无法做记录。而用笔记本电脑的 word 文本格式则完全可以应用于课堂教学。

每个阶段的学案应该让学生一直留存，因为它们是教学过程的系统化组织形式，这不仅是因为学案中反映了教学目标的连续性，还因为学案是教学材料的总结。而课堂教学材料是教师从各种不同的材料来源里精选出来的，涵盖其他教辅资料和互联网上的真实交际材料。所以，学案与教材的区别在于，它更具有时代鲜活性。这并不是说，学案也会快速陈旧老化。如果学案的结构合理，符合环节理论和练习之间的关联理论，那么一个学案可以应用很多年，只要对它所使用的语料根据实际需要进行替换即可。

学案的制定尽管是一个创造性很强、且需要投入很多时间和精力的过程，但还是可以由讲授同一个年级、执行同一个课程大纲、采用同一种教学理念的教师团队共同来完成的。共同制作学案既可以减轻每个教师的负担，也可以促进每堂课之间的连贯性，如果两三个老师同时教授一个教学班的课程的话（这也不影响每个班级课堂教学的个性化模式），也可以共同制定学案。在这种情况下，即使采用分科的外语教学模式，也可以使各科的教学具有综合性和融合性的特点，也就是说，不同科目之间可以通过共同的思维能力和交际能力的训练得到整合。例如，根据类比法对比语言现象这一能力的培养可以借助于下列方法进行：

1. 根据唯一的区别性特征而确立的音位上的表缺对立关系：[d] : [n] = [g] : [ŋ]；

2. 根据具体的义素类型确定的词汇对立关系：«*страшный : чудо-вищный = интересный : захватывающий*»（性质的强度意义对比）；«*хорошо : ладно = До свидания! – Пока!*»（中性和口语意义对比）；«*a castle : huge = a beach : vast*»（立体和平面度量意义的对比）；

3. 在口语实践教学中针对同一社会问题表达不同观点时使用的类比法，如：*С чем лучше всего сравнить современную школу: с оранжереей, где детей, как тепличные растения, бережно готовят к реальным условиям жизни? с тюрьмой, где они взаперти проводят лучшие годы своей жизни? с целым миром в миниатюре?*

4. 利用同一题材的国情背景知识对比。譬如，在讲述中世纪英国历史背景下的英语语言史时，可以对5—6世纪盎格鲁人和撒克逊人的入侵和8—10世纪的斯堪的纳维亚人的入侵作类比：*Measure for measure: what the Saxon pirates had given to Britons,was meted out to the English after the lapse of 400 years* (W. Churchill).

同时，根据不同教学班能力和兴趣的不同，针对同一个教学内容可以设计不同的练习形式。

完全遵照学案的教学方法是一把双刃剑。一方面，学案是一个可靠的导游和助手。忽视它的结构会破坏练习难度的逐级分解系统。另一方面，对课堂教学内容过早的提前预习会降低学生的课堂学习兴趣。此外，学案的使用也不利于即兴言语表达能力的培养。如果学案提前发给学生，勤奋的学生会对学案中的问题进行提前思考并把每个练习的答案都写在学案上，这样就会导致把课堂上半准备的口语表达练习变成照稿宣读或者死记硬背的情况发生。

为了规避现成学案使用上的缺陷，即规避严格遵照教学大纲要求而设计的渐进性练习所带来的缺陷，需要使用一些专门的学案编写策略，以在可预知的和意外的、有准备的和即兴表达之间建立一种良性平衡。

一、引入交际目的

应该检查学生在多大程度上意识到课堂教学的交际目的，是否能把本次课的交际目的与以前的外语学习经验结合起来。例如，课堂教学中需要引入俄语动词命令式的构成这个相对复杂的语法概念。在学案中应该指出这一语法现象的基本交际功能——提建议、请求或命令。为了对学案的内容进行补充，应该请求学生回忆已经学过的借助于动词不定式表达这些言语意图的方式：*Надо/не надо... : вам (не) следует; нам всем нужно..; тебе лучше (не)..; не можете ли вы...* (сделать то-то и то-то для меня). 这一点很重要，因为这是发展学生的同义替换表达能力的有效手段。此外，这个教学步骤也为接下来进行的把动词不定式变成命令式或者把动词命令式变成不定式的虚拟交际性技能训练奠定基础，例如：*– Мне надо это сделать? –Да, пожалуйста, сделайте!* 或者 *– Никогда не ешьте на ночь! – Это верно, лучше не есть на ночь!*

二、增加导入性环节

课堂教学需要一个导入性环节（就是把学生的注意力集中到课堂上的教学组织环节）。这个导入成分——即在每一堂课的一开始所做的独一无二的口语性导入语言，可以是诗歌的一个片段、一句格言、一个寓言故事、一个谜语、一个认知性任务，也可以是给学生提出一个意想不到的问题。这不是游戏，而是一个定音器，起到把学生的注意力吸引到课堂上的话题和调动学生学习情绪的作用。课堂导入能够集中学生的情感注意力。选择的教学策略是否有效既取决于课堂教学目标本身，也取决于课堂教学过程的参与者——教师和学生的个性化特点。例如，以环保问题为内容的高年级口语实践课的课堂教学可以采用下列方式导入：

1. 从解释一句反论的意思开始：*We do not inherit the earth from our ancestors; we borrow it from our children.*（*Наша планета – не наследство, полученное нами от предков, мы берем ее взаймы у наших детей.* 我们的星球不是我们从祖先那里获得的遗产，而是我们从孩子那里借来的东西。）

2. 从一道简单的数学题开始：*Один гектар леса выделяет ежегодно 20 тонн кислорода, а вырубаются каждый год 12 миллионов гектаров леса. Сколько тонн кислорода недополучает Земля в год?*（一公顷森林每年释放 20 吨氧气，每年砍伐 1200 万公顷森林，那么地球每年损失多少吨氧气？）

3. 从一句自我挖苦的自嘲——即讲一个与环保题材有关的玩笑开始。玩笑与上面的数学题或者反论一样，都可以先用母语给出，然后再翻译成外语，目的是让学生自己给出关键性词语。例如，为引起学生的关注，可以告诉学生下面的句子引自某本教材：*Растения очень полезны: они выделяют (make, produce, release) кислород, жизненно необходимый (critical, essential, indispensable to) для сгорания топлива (fuel) автомобиля.*

三、提问

如果课堂上计划讲解课文，那么教师可以询问学生有什么不懂的地方，并对学生不理解的句子或国情知识进行讲解。如果学生提不出问题，说明学生可能没有发现课文中的难点，所以要对学生提问，以检查学生是否完全理解课文内容。其中包括学生可能没有发现课文中处于强位上的互文性参照信息，这些信息可能导致学生对作者真实意图的曲解。

四、改变言语训练方式

教师可以对言语训练类练习的完成方式做出一些改变。有时，学案中设计的练习只是单方面概括语法规则的练习。例如：

请找出每个疑问句的恰当疑问词。

	... ты идешь в кино?
	... ты помогаешь ?
Кто	... ты хочешь работать?
Кого	... ты был вчера вечером?
У кого	... вы разговаривали?
Кому	... ты хочешь мне рассказать?
Кем	... в группе больше всего друзей?
С кем	... хочет поиграть со мной в пинг-понг?
О ком	... ты звонишь каждый день?
	... нравится изучать русский язык?
	... сегодня нет на уроке?

这个练习的重点是找出与每一个问句搭配的所有疑问词，而不只限定为一个。例如，第三行的句子可能有三种选择：*Кем (с кем, у кого) ты хочешь работать?* 第五行《... вы разговаривали?》也可以选择 *С кем* 或 *о ком* 来搭配。此外，把疑问句从中介语翻译成所学外语（俄语）的方式也是一种有效的练习形式。如：*Whom do you help? Whom did you go to see yesterday evening? Who did you talk about?*

如果学生在言语训练环节的练习中出现错误，那就说明教师在编写学案时没有考虑到这个练习对于这个班级学生的难度。例如，在英语比较级用法的言语训练性练习中即使不出现语法错误，也会出现放慢语速、破坏句子节奏、出现不必要的停顿替代性语气词（*er... well...*）等错误，这些错误本身都属于语音上的错误，例如，按示例完成下列练习：仿示例比较下列两个客体，讨论你更喜欢其中的哪一个。两个人一组。

示例：

– Is Friday as pleasant as Sunday?

– Oh no, Sunday is much more pleasant than Friday!

Is March as cold as February?	Is English as difficult as Russian?
Is spring as long as winter?	Is English as beautiful as Italian?
Is a camel as useful as an elephant?	Is reading as easy as speaking?
Are cats as intelligent as apes?	Are students as busy as schoolchildren?

教师要逐个排除这个练习的难点。首先让全班学生一起朗读问句，先按照逐渐下降的语调朗读，然后再按照核心词缓慢上升的语调朗读，这里特别重要的是不带重音的助动词的朗读。然后再让学生把带有逻辑重音和强调语气的、具有评价意义的形容词翻译成外语，如：гораздо полезнее – much more useful; гораздо легче – much easier ... 接下来教师再和学生一起以一个句子为例来分析不同观点的各种表达方式，观点表达可以用原来的句式，但要对可替换的形容词进行替换：

Is English as difficult as Russian? → Oh no, English is much simpler (easier) than Russian! = Oh no, Russian is much more difficult (challenging) than English! = On no, Russian is much harder to learn (to master) than English!

在逐个排除练习的难点之后再回到练习的最初形式，要求学生快速、自然、带有情感表现力地表达自己的观点。但是在这个阶段我们可以建议学生对个别问题稍做改动，例如，可以对比其他动物或其他语言。教师也可以提出几个补充问题来了解一年级学生对所学课程内容的真实态度：Is English intonation as difficult as English grammar? Is linguistics as interesting as history? Are lectures as useful as seminars? Is the second term as stressful as the first term? 因此，任务的简单化因问答的多样化和交际的真实性而得到补偿。

如果一堂课设计了 2—3 个"交叉性"言语技能训练的练习类型，且这些练习的技能目标的难度相同，学生可以自行排除语言难点，而言语任务又是虚拟的，既不能发展学生的思维，也不能激发学生的情感的话，那么即使这些练习具有不同的交际情景，学生也可以自行决定是否需要放弃其中的一个。请比较下列训练动词完成体过去时用法的练习示例：

1. 回应指责：– Ты никогда не приходишь вовремя! – Это не так! Вчера я пришел (пришла) вовремя! – Ты никогда не моешь посуду после обеда! – Это не так! Вчера я вымыл(а) посуду! ...

2. 回应要求或请求：– Прими лекарство. – Я уже принял(а) лекарство. – Вызови врача. – Я уже вызвал(а) врача. ...

3. 对不恰当地做了某事请求谅解：– Не отсылай пока письмо. – Извини, я уже отослал(а) письмо. – Не убирай пока со стола. – Извини, я уже убрал(а) со стола. ...

对上述三个练习类型，根据班级学生的程度，可以选择三个都做，也可以选择只做其中的 1—2 个，但是要检查学生对所有练习中涉及的动词完成体过去式构成难点的掌握情况，包括重音移动的情况：принял – приняла。这种选做练习的方式可以帮助教师以主观表述的练习形式结束本课的教学，甚至可以采取角色演练的方式，例如：Перечислите, что надо было сделать за сегодня, и похвалите или упрекните собеседника, сравнив, что каждый из вас успел сделать（请列举出今天应该做完的事情，然后比较你们每个人完成的情况之后对交际对方进行夸奖或指责）。最后，对之前没有完成的变形练习建议在下堂课开始的时候进行用法总结（即作为下堂课导入的一种方式），确认学生已经掌握技能之后可以帮助我们设定更高的具有真实交际目的的教学目标，例如：Сегодня мы поговорим о том, что люди уже открыли и изобрели, чему научились, а чего мы еще не знаем и не умеем делать. Вам будут нужны глаголы СВ в прошедшем времени.

五、训练"有准备的即兴表达"

如前所述，学案设计应该保证学生在有准备表达和无准备的即兴表达之间建立一种有效的平衡。这一点并不排除会产生两种极端的情况。例如，如果学生在准备国际学术会议开幕式上的讲话稿或者以律师身份准备为文学作品中的某个人物做法庭的辩护词等，都是真正意义上的有准备表达。（但不允许学生照稿念！）与此同时，学生在发音吐字方面是否清楚、称呼语是否正确、语调是否正确、语流是否流畅、表达是否自然等因素与表达是否符合逻辑和论据是否充分同等重要。另一方面，完全无准备的即兴表达能力也是教学交际中不可或缺的重要组成部分。

但是，关于在两种极端情况之间建立平衡关系的理念是指培养"在有准备基础上的即兴表达能力"。这个意思是说，学生不仅应该事先掌握必要的语言材料，而且要根据相关问题围绕语篇内容进行实践训练。可以让学生在没有特殊准备的前提下针对同一个话题表达思想，但是要对言语交际任务做出一些调整。例如，针对大学三年级英语专业的学生来说，可以要求学生在阅读课文之后用自己的话解释下列几个法律术语之间的区别：homicide, manslaughter , murder，也就是"杀人""非蓄意杀人"和"蓄意杀人"之间的区别。同时要求学生解释"过失杀人"和"带有轻微情节的蓄意杀人（即没有提前杀人动机）"之间的区别。

教师不需要按顺序听每个学生转述同一篇课文内容，而应该建议学生从当代现行法律的视角分析历史上或者文学作品中广为人知的具体情景。例如：

Othello killing Desdemona; Raskolnikov killing the old usurer and her sister; Arbenin killing his wife; Aleko killing Zemphira and her lover; Hamlet killing Polonius, Claudius killing Hamlet's father; Dorian Gray killing Basil Hallward; Ivan the Terrible killing his son; Onegin killing Lensky; Scarlet O'Hara killing the Yankee soldier who had got into her house; Jose killing Carmen...

六、分析修辞

在课堂教学过程中可以更加准确地检查学生在独立预习学案内容时是否真正理解了独白或对话交际的修辞规则。（以下例子中的修辞规则包括直接言语行为和间接言语行为，以及同时具有两种交际意向、对交际对象同时具有直接和间接影响的言语行为。）在学案中可以给出简短注释性质的答案，但正是在与学生的对话交际过程中教师才能教会学生发现和解释说话人言语意向表达的标记性修辞手段。

在下面的英国作家 W.M. 萨克雷（W.M. Thackeray）长篇小说《名利场》（Vanity Fair）的片段中，描写的是两个兄弟带着各自的妻子乘着四轮马车来到皇宫前。让既没有爵位也没有地位的弟弟罗登感到困惑不解的是他的妻子蓓基从哪里弄来了华丽的礼服和贵重的珠宝。

And the diamonds – "Where the doose did you get the diamonds, Becky?" said her husband, admiring some jewels which he had never seen before (...)

Becky blushed a little and looked at him hard for a moment. Pitt Crawley blushed a little too, and looked out of window. The fact is, he had given her a very small portion of the brilliants; a pretty diamond clasp, which confined a pearl necklace which she wore – and the Baronet had omitted to mention the circumstance to his lady.

Becky looked at her husband, and then at Sir Pitt, with an air of saucy triumph – as much as to say, "Shall I betray you?"

"Guess!" she said to her husband. "Why, you silly man," she continued, "where do you suppose I got them? – *all except the little clasp, which a dear friend of mine gave me long ago.* I hired them, to be sure. I hired them at Mr. Polonius's, in Coventry Street. You don't suppose that all the diamonds which go to Court belong to the wearers; *like those beautiful stones which Lady Jane has, and which are much handsomer than any which I have, I am certain.*"

"They are family jewels," said Sir Pitt, again looking uneasy.

А брильянты...

– Откуда, черт возьми, у тебя эти брильянты, Бекки? – спросил ее муж, восхищаясь драгоценностями, которых он никогда не видел раньше и которые ярко сверкали у нее в ушах и на шее.

Бекки слегка покраснела и пристально взглянула на него. Питт Кроули также слегка покраснел и уставился в окно. Дело в том, что он сам подарил Бекки часть этих драгоценностей – прелестную брильянтовую застёжку, которой было застегнуто ее жемчужное ожерелье, – и как-то упустил случай сказать об этом жене.

Бекки посмотрела на мужа, потом с видом дерзкого торжества – на сэра Питта, как будто хотела сказать: "Выдать вас?"

– Отгадай! – ответила она мужу. – Ну, глупыш ты мой! – продолжала она. – Откуда, ты думаешь, я их достала – *все, за исключением фермуара, который давно подарил мне один близкий друг?* Конечно, взяла напрокат. Я взяла их у мистера Полониуса на Ковентри-стрит. Неужели ты думаешь, что все брильянты, какие появляются при дворе, принадлежат владельцам, *как эти прекрасные камни у леди Джейн, – они, кстати сказать, гораздо красивее моих.*

– Это фамильные драгоценности, – произнес сэр Питт, *опять почувствовав себя неловко.*

学案中给出了关于直接言语行为和间接言语行为的定义以及具有双关含义的、言外行为的概念，言外行为可以让读者产生不同的理解。在上述小说片段中，对蓓基的言语意向的双关含义以及她的话语对在场人具有暗示功能的句子用斜体方式做了标注。学生们应该学会解释她的话语具有什么样的双关意义。

如果教师不确定学生是否准确地理解了话语的言外之意，那么课堂上可以提出一些引导性问题，例如：

Почему сэр Питт покраснел, услышав вопрос брата? Разве это постыдно – сделать свояченице подарок? Какое слово в авторском комментарии придает ему ироничность? (had omitted to mention ... – как-то упустил случай ...). Как Бекки удается, не выдавая сэра Питта, объяснить, откуда у нее фермуар, и одновременно поблагодарить дарителя? Что означает для каждого из присутствующих ее фраза о «прекрасных камнях у леди Джейн»? (蓓基对丈夫说的话是一种直接言语行为——解释珠宝是从哪里来的。而对于其他人来说，这是一种间接言语行为。对于皮特先生来说，这是妻子对他的吝啬的指责，所以他才第二次感到脸红。而对于 Jane 太太来说——这是一句恭维话，说明蓓基希望获得她的好感。)

作者的旁白也很重要，虽然也是间接言语行为，但却准确地揭示了事件的本来面目：

The diamonds, which had created Rawdon's admiration, *never went back to Mr. Polonius, of Coventry Street,* and that gentleman *never applied for their restoration.* (Брильянты, вызвавшие восторг Родона, не вернулись к мистеру Полониусу на Ковентри-стрит, да этот джентльмен и не требовал их возвращения). 请说出作者的这个旁白的讽刺意义表现在哪里？

  在完成上述对间接言语行为的详细分析之后，可以建议学生独立完成类似情景的分析。例如，给出针对小说下列片段的问题，要求学生课下独立做出书面回答。

(A teacher is giving career advice to a teenager, who has another two years to study. The third speaker is the new headmistress of the school, who supervises the procedure and asserts her authority by interfering.)

<u>P.S.:</u> *As it happens to be a wizard school, the boy contemplates a non-existent profession, that of an Auror, – one who traces dark wizards and brings them to justice).*

McGonagall: Have you had any thoughts about what you would like to do after you leave school?

Harry: Well, I thought of maybe being an Auror.

McGonagall: You'd need top grades for that. (…) Then you would be required to undergo a stringent series of character and aptitude tests at the Auror's office. It is a difficult career path, Potter. They only take the best. In fact, I don't think anybody has been taken on in the last three years.

Umbridge: I was just wondering whether Mr. Potter has *quite* the temperament for an Auror?

McGonagall: Were you? Well, Potter, if you are serious in this ambition, I would advise you to concentrate hard on your studies.

Harry: What sort of character and aptitude tests do the Ministry do on you?

McGonagall: Well, you'll need to demonstrate the ability to react well to pressure and so forth. You'll need perseverance and dedication, because Auror training takes a further three years after you've left school, so unless you're prepared to –

Umbridge: I think you'll also find that the Ministry looks into the records of those applying to be Aurors. Their criminal records.

McGonagall: – unless you're prepared to take even more exams after you leave school, you should really look at another –

Umbridge: Potter has a criminal record.

McGonagall: Potter has been cleared of all charges.

Umbridge: Potter has no chance whatsoever of becoming an Auror!

McGonagall: Potter, I will assist you to become an Auror if it is the last thing I do! If I have to coach you nightly I will make sure you achieve the desired results! [1]

The dialogue evidently begins as inquiry and exposition. Where does it change to argumentation? Which lines are purely argumentative? Can some of the lines be treated as exposition in reference to one person and as argumentation in reference to the other? (i.e., Is it possible to speak of direct and indirect argumentation?) Explain the effect of the lines with a double function.

七、发展职业能力的训练

学案中无法包括发展学生职业能力的教学方法。例如，师范专业的学生应该学会解释为什么需要某个练习类型。因此必须鼓励学生自己想出一些符合学案逻辑思路的练习类型加入自己的学案。而对于翻译专业的学生来说，要训练他们找出各类体裁文章中具有的潜在翻译难点的能力（例如，在上述对话中，*Potter has a criminal record* 这句话是针对少年巴特尔的，不能翻译成 *У Поттера криминальное прошлое*，可能的翻译方法有：*Поттер привлекался к ответственности*

---

1 Rowling, J.K. Harry Potter and the Order of the Phoenix. N.Y.: Scholastic Inc, 2003. pp. 662-665.

/ *Поттер нарушал закон* / *Поттер представал перед судом.*

如果课堂上需要训练交替口译，那么需要翻译的文本就不能放入学案，而应该在完成口译训练之后作为补充材料发给学生。这样能够促进学生对自己的口译质量形成反思：学生可以针对已完成的口译片段写出信息更完整、更符合译语表达习惯的笔译方案。其次，还可以对比口译和笔译的结果，检查笔译中是否做出了必要的变形处理（如是否排除了冗余信息、是否借助于书面语连接手段对句子进行了整合处理，是否使用了多个并列从属关系层次等等。）

综上，课堂教学使用的学案是一个动态性的教学手段，同时具有个性化特征和综合使用外语教学法的特征。学案在服务于整体教学目标的情况下，在课堂教学中表现为具体目标的分解和整合。学案练习设计的渐进性原则意味着教学目标及其实施过程的循序渐进原则。如上文所述，教师和学生的创新能力培养为学案的创造性使用和即兴表达能力的培养奠定了基础，但同时也要避免过度的自由发挥，以确保教学过程中学案使用的稳定性。

第二章 语言实践类课堂教学的随堂检测方法

检测是连接课程的教与学的纽带。

——英国教育家迪兰·威廉（Dylan William）

最好的老师不是让他的学生给出众多问题的现成答案，而是能够促使学生提出教师回答不上的问题。

——美国作家爱丽丝·罗林斯（Alice Rawlings）

检测作为教学过程不可分割的一部分，具有多种形式，而每种检测形式又具有不同的功能。这里我们主要探讨的是每次课堂上都会使用的随堂检测形式。随堂检测有时是学生能明显感知的，有时是学生几乎感觉不到的。"随堂检测"这一术语与 O.G. 波利亚科夫（О.Г. Поляков）提出的"非正式检测"这一概念相类似，强调的是检测的非独立性和非强加性质。[1]"重要的是要把检测内容合理地融入教学过程之中并使检测不游离于教学过程，使它同时具有讲授、发展、教育和激励的功能。"[2]"随堂检测"在英语中更为准确的对应术语是"*formative assessment*"，即内置于教学过程之中并对教学过程有促进作用 (assessment *for* learning) 的检测方式，它不同于以记录一定时期内的学习结果为目的的"总结性检测"。

随堂检测在完成修正错误功能的同时对学生和教师具有同等程度

1　Поляков О.Г. Контроль в обучении иностранным языкам. – В кн.: Методика обученияиностранным языкам: традиции и современность. М.: Титул, 2010. С. 385.

2　Подласый И.П. Педагогика. Том 2. Практическая педагогика. М.: Юрайт, 2018. С. 171.

的辅助作用。学生在发现自己错误的同时意识到他还有什么知识没有掌握，而教师也有机会评价教学效果并对课堂教学材料的分配方式、讲授方式和独立作业的安排等方面进行调整。随堂检测的修正功能能够促进学生预防错误并使教学过程步入正确的轨道。总结性检测在很大程度上完成的是检定功能（即记录成绩的功能），所以一定要体现为具有一定形式的结果评价，评定为具体的分数、绩点、学分等。而作为随堂检测的评价则可以表现为伦理道德范围内允许的任何一种形式的表扬或者不赞成，包括手势、表情、夸赞、提示错误的范围、对作文的详细讲评等方式。

尽管在教学过程中两种类型的检测都需要，但更重要的检测方式应该是随堂检测，这一点从下表中列出的两种检测方式特征的对比中可以得到验证：

总结性检测（记录分数）：	随堂检测：
• 强调失误和错误	• 帮助学生看到自己的成绩
• 重点关注语言形式的正确	• 强调该情景下语言使用的得体性
• 考核的内容缺乏个性化特点，特别是书面测试的题型千篇一律	• 使学生具有表现自我的机会
• 引起学生的担忧和紧张	• 使学生获得学习成功的喜悦感
• 强调分数和评定结果	• 评价内容有趣
• 考核内容枯燥	• 教师是学生的助手、是交际对象
• 教师扮演着法官的作用	• 检测的动机来自教师和学生
• 检测的动机来自外部	• 是一种合作
• 是一种竞争	• 具有幽默、玩笑、轻松的形式
• 没有幽默、轻松和玩笑的可能性	• 重视整合性表达（思想表达过程中需要语法、词汇、语调和思维逻辑的整合）
• 语言被分割成不同的部分（格、动词的体、冠词、量词等）	

随堂检测是任何一堂课的重要组成部分。例如，在讲解新的语法知识时，教师针对每个被分解的小知识点都要给出一个用于检查学生是否理解的伴随性问题。在学生掌握外语生词和集体做完生词的发音训练之后要给出一个测验性练习，例如：让学生按照用母语给出的词汇顺序朗读外语生词。这样既可以检查学生朗读外语词汇的发音是否准确，也能检测学生对单词的意义是否掌握，从而为下一步用这些生

词进行创新性的言语训练打下基础。

这种检测方法既可以用于教师的检查，又可以用于学生的自我检查。任何一堂课的设计都应该按照如下原则来设计检测：即每下一个步骤都是对上一个步骤正确与否的检测。但随堂检测也可以是更加明显的检测形式。每堂课的教学可以从随堂检测开始。例如，在对外汉语教学初级阶段第一周的结尾教师可以从下列总结性的问题开始这一课的教学：

Какие согласные могут принимать участие в сложной финали? Что такое «слог с нулевой инициалью»? С какого знака начинается фонетическая запись таких слогов?

Назовите известные вам личные местоимения. Какой суффикс добавляется во множественном числе? Совпадает ли произношение китайских местоимений «он» и «она»? Совпадает ли их иероглифическое написание? В котором из них присутствует компонент 女 , а в котором – компонент 亻 ? Что они означают?

Какое служебное слово помогает задавать вопросы, а какое – выражать отрицание? Как они звучат? В какой части предложения ставится каждое из них? Которое из них передается иероглифом 不 , а которое – иероглифом 吗 ?[1]

随堂检测也可以作为一堂课的结尾，用来总结课堂教学内容。这时学生已经能看清自己学会了哪些东西。例如（总结可以用学生的母语进行）：

Итак, теперь вы знаете, как выбирать форму русского глагола, если обе формы - несовершенного вида и обозначают одно и то же действие. Чем отличается «плыть» от «плавать», «бежать» от «бегать»? Какую форму надо использовать, чтобы сказать, что вы любите это делать? Какая форма передает направление движения? Передайте по-русски волнение матери: "Swim back! You can't swim

---

1 Ван Цзиньлин, Колкер Я.М., Устинова Е.С. и др. Учебник китайского языка для русскоязычных взрослых. Начальный этап. СПб.: Алеф-Пресс, 2017. С. 44.

very well yet!"

因此，随堂检测是教师对学生学习行为所做出的一种反应，它可以帮助学生了解自己对具体知识的掌握程度、是否掌握了知识应用的技能、是否获得了创造性能力。随堂检测使上一个练习或上一堂课的结果成为下一阶段培养学生交际能力的基础，以此提高了课堂教学效果。随堂检测的有效性（即它与所形成的能力要素的适切度）决定了后续教学步骤能否实现教学目标。通过随堂检测教师可以发现所设计的课堂教学步骤在多大程度上符合学生的程度和发展需求，并在授课过程中根据实际情况作出必要的调整。可以说，总结性检测具有追溯过去的性质，而随堂检测则具有预测未来的功能。

随堂检测和总结性测试可以结合起来使用。例如，我们在给学生写的短论或其他书面作业作出评价时，在其作文后面要写出说明，指出应该如何选择正确的词语或句型，为什么在此上下文中某种用法不合适，在完成类似作业时应该多注意些什么。

随堂检测完全可以采取客观类选择题（多选一）的方式进行，尽管课堂教学中的这种测试方式在组织形式和操作方法上都与总结性的测试不同。我们认为，传统意义上的客观选择题可以应用于随堂测试是基于以下几个因素：第一，是改变传统考核方式的需要或兼顾标准化测试方法的需要；第二，能同时兼顾观点表达和理由阐述；第三，是建立学生反馈机制的需要；第四，能反映出教学法在教学实施过程中的作用。

下面我们来探讨传统上总结性测试中的客观选择题应用于随堂测试中的具体方法。

一、单项选择题

这种从多数中选择一项正确的检测类型是最普遍的检测类型。它可以应用于多个层面的知识检测——从单个音标到句子，从语言单位的知识到文化背景方面的知识。对这种练习类型的基本要求是不言而喻的：

选项的数量一般是三至五个，理想的状态是四个，其中只有一个正确答案；

练习的指令要求可以有如下形式："找出最好的答案""找出唯一不正确的答案""找出多余的成分"；

选项的设计可以有多种方案："A 和 B 正确""A 和 C 正确""几个都正确""都不正确"。在这种情况下，如果练习的指令是选择一个最优答案的话，那么不应该给出"以上选项都正确"的方案，因为在这种情况下，如果所有选项可能都相对正确，那么学生有权利选择"几个都正确"的选项；

在检查学生对课文是否理解时，应该避免使用同义表达，也就是说不能使用语义重复的表达（如：*1. Мальчик был сиротой; 2. У мальчика не было родителей.*），因为学生在看到类似选项时，会马上勾掉两个语义重复的答案，甚至在不理解课文内容的情况下，因为他知道选择题中只会有一个意义正确的答案。[1]

在检查词汇、课文或背景知识是否理解的练习中必须要保证每一个选项具有正确的句法搭配关系。所以在下一个例子中不能出现 г 选项，不管它与作品的情节是否相符，因为其中的一个动词要求后面的补语在句子中要使用其他间接格：

Герой рассказа ... своих учителей:

а) любил, но боялся;

б) уважал и любил;

в) не любил, но уважал;

г) боялся, но *восхищался.*

因此，如果在单项选择题的测试题里可以给出一个以上正确答案的话，那么练习就不符合检测的要求。英国的测试学专家把从一个系列词语 *rabbit, hare, bunny, deer* [2] 中挑选出一个多余词语的例子看作是失败的测试，因为这个系列中不仅有"鹿"这个偶蹄类动物与其他三个兔形目的动物不同，而且 bunny 与其他三个中性词相比是唯一的口

---

1 Alderson, J.Ch., Clapham, C., Wall, D. Language Test Construction and Evaluation. Cambridge: Cambridge University Press, 1995. p. 47-50.

2 Ibid p. 47.

语词。但是这个缺陷却可能在随堂检测过程中转变为优点，因为可以培养学生的观察能力和对自己的意外发现找出理据的能力。所以，在这个选择题中学生可以提出第三种方案——把 hare 作为多余的选项挑选出来，因为它是这一列词语中唯一没有字母重叠的词语。

再举一个类似的例子：从 *ярд, пядь, миля, фут, фунт* 这一组词里选择一个多余词语。这里可以选 *фунт*，一个唯一表示重量而不是表示长度单位的词语，也可以选择 *пядь*，作为唯一属于俄罗斯计量单位的词语，还可以选择 *фунт*，选择标准是：唯一的多义性术语，既表示重量单位，又表示货币单位（英镑）。可以对该练习给出如下教学法方面的提示：为了使上述选项具有唯一正确的答案，需要做出怎样的删除或补充？例如，可以在以语义为标准的系列中补充上 *вершок* 一词，这时文化特征就不能成为词语的分类标准了。因此，单项选择题的练习要与启发式的教学任务有机结合起来，这样的单项选择题才具有教学法价值。

在训练逻辑思维能力的同时，这种小型的选择性练习还有利于学生对文化空白知识的填补，因为对于许多学生来说，母语中的陈旧词汇与外语术语一样生涩难懂。上一个例子没有涉及数量意义的表达，所以学生们在不需要了解"英尺"或"码"等表达长度单位词语的情况下就完全可以完成这个练习。但是这种挑选多余选项的策略也可以根据所对比单位的大小为标准。在下一个练习中学生要遇到两个文化背景知识上的难点：外语文化现象和本族的、但时间上已经非常久远的文化现象。

请找出与其他句子不同的句子：

a) just short of two feet six (около двух с половиной футов);

b) half a yard, if an inch (добрых пол-ярда);

c) over an arshin (аршин с лишним);

d) about 75 centimetres (сантиметров примерно 75). [1]

一个随堂检测性质的选择题中要包括不同的难点还是应该集中于

1　Устинова Е.С. Экспликация фрагментов языковой и культурной картин мира в рамках обучающего контроля // Иностранные языки в высшей школе. 2(17), 2011. С. 38.

一个难点？这取决于该练习在整个课堂结构中的位置。如果多选一的练习处于新知识讲解阶段，那么练习的难点应该只有一个。而且建议课堂讲解最好采用语言推理的方式，即通过几个步骤来推导出单一的解题方案。例如，用推理的方式讲解四个英语动词 *say, tell, talk, speak* 中哪个与俄语和汉语中"说"这个意义的动词相符：

●Говорят ли *что-то (say, tell)* или *о чем-то, как-то, на каком-то языке (talk, speak)*?

●Если говорят *о чем-то*, то общение *взаимно (talk)* или *однонаправлено (speak)*?

●Если говорят *что-то*, то высказывание передается *в прямой речи (say)* или *в косвенной*?

●Если говорят *что-то* и выказывание передается *в косвенной речи*, то *упомянут ли слушающий*? Да – используй *"tell"*, нет – используй *"say"*.

然后再给出几个根据上述推理规则选择合适动词的单项选择题，例如：

– (Скажи) *me what has happened.* – *I don't want to* (говорить) *about it.*

可以按照这种原则来讲解母语中的一个词汇单位与几个外语词汇单位对应以及母语中的一种语法现象与外语中的几种语法现象相对应的情况。例如，俄语中的未完成体运动动词 *ходить, идти, ездить, ехать* 都对应汉语中"去"的意义。这时，推理可以分为两个步骤：第一，步行还是乘坐交通工具？第二，在说话时刻还是总是、经常的行为？

如果课堂上需要进行概括总结（如名词的变格形式、俄语动词的人称形式），那么检测客体本身的多样性就构成了需要快速集中注意力的补充难点。因此选项的设计一定要符合逻辑要求。

1. Я не знаю, ... мне поговорить о своих проблемах.	а) кого; б) у кого; в) кому; г) с кем?
2. Я уже устала, хотя сейчас только ... урок!	а) первый; б) пятый; в) последний.

338

3. Она хочет выйти замуж ...	а) за умного и доброго человека;
	б) на сильном и надёжном человеке;
	в) с верным и добрым человеком;
	г) к хорошему и умному человеку.
4. Если у тебя простуда, почему ты... ?	а) не гуляешь в парке?
	б) принимаешь лекарство?
	в) не идешь к врачу?
	г) не готовишься к экзамену?
5. Она... не катается на лыжах. Ей... семьдесят лет.... *И т.д.*	а) уже ...только; б) ещё ... уже; в) ещё ... только; г) уже ...уже.

在学生独立完成练习的时候，教师要跟踪学生的完成过程，可以这样提示学生："你做完的部分有两处错误"，但不要指出具体错在哪里。在学生完成练习之后要全班同学一起检查。如果学生出现逻辑错误，教师可以让学生修改上下文，使上下文与他的答案在逻辑上相符。这种修改可以借助于词语替换来完成，例如：

Я уже устала, хотя сейчас только пятый урок (вместологичного «первый») → *Я еще не устала, хотя сейчас уже пятый урок.*

或者借助于信息的补充来完成：

Я уже устала, хотя сейчас только пятый урок, а будет еще два!

这样就可以把形式上的练习转变为主观表达性的练习。

在把语法或词汇单项选择题作为随堂检测的练习时，经常要设计出具有唯一不正确选项的选择题，因为给出的所有可能的表达方式可以训练学生的替换表达能力。此外，在语法层面，这种练习可以表明，具有不同时态、语态和其他语法特征的句子在语义上具有相互替换的功能。相反，在两三个结构和用词上完全相似的选项中，有一个可能是与其他句子完全不同的选项（即容易使学生产生迷惑的虚假选项）。例如：

If an earthquake occurs, the whole construction can...:

a) be injured; b) collapse; c) be destroyed; d) be ruined.

（这里唯一错误的选项应该是 a，而具有不同形式的选项 b 恰恰是语义上正确的选项，但是在形式上它却被"排除在外"。）

If you hadn't come to my aid,

a) I wouldn't have survived.

b) I could be killed.

c) I might have died.

d) I'd probably be dead.

（这里不正确的选项是 b, 因为动词 kill 表示的是行为，与表示状态意义的 be 不同，它要求动词 be 使用过去时形式: could have been killed。）

Он мечтает:

а) ... быть знаменитым.

б) ... чтобы его знала вся страна.

в) ... о славе.

г) ... чтобы быть известным во всем мире.

这里检测的是学生是否掌握动词 хотеть, мечтать 的支配关系：即 хотеть / мечтать сделать что-либо 和 хотеть / мечтать, чтобы кто-то что-либо сделал. 所以，不正确的选项是 г。

挑选同一个系列中的多余成分实质上就是挑选唯一不正确的选项。选项不局限于词汇层面，还可以设计词组和句子层面的选项，也就是说，这种练习的目的是培养学生使用句子同义替换手段的能力。例如：

a) It resulted from... b) It was the cause of... c) It was caused by... d) It was brought about by...

这里的多余选项是 b, 因为所有其他句型都表示结果，而不是原因。

a) She is anything but pretty. b) She is a vision of loveliness. c) She has extremely good looks. d) Her appearance is her fortune.

这里的多余选项是 a, 因为 anything but 把恭维语变成了对人的外表特征的否定评价。教学检测的功能体现在挖掘句子补充含义的能力上，如果是 She is a rare beauty, 就可以进入该系列的选项，如果是

She looks a sight，就要从这一系列选项中排除。

在翻译方向的班级里，在教授学生评价不同的译文方案是否可采纳时，可以采取与一般的教学指令完全相反的做法，请学生找出所有可能的翻译方案。在每种情况下可以设计出不同的选项方案：只有一个正确选项，有两个正确选项，所有选项都正确，没有正确选项。可以组织学生讨论每种翻译方案是否完全等值并选出最好的方案并说明理由。换句话说，在使用多选一的练习中，我们弱化了它的评价功能，而提高了它作为教学手段的功能。例如：

Фигура Михаила Романова – в ту пору шестнадцатилетнего юноши – еще не рассматривалась в числе претендентов на престол.

Mikhail Romanov, then a 16-year-old boy, ...

a) was not regarded as a tentative monarch;

b) was not considered a likely candidate for the throne;

c) had not yet appeared on the list of pretenders to the throne;

d) did not intend to claim the throne of Russia.

备注：这里的错误选项可能是 c，因为这里没有提到任何关于官方统计数据的信息，而 pretender 一词的出现完全是为了干扰译者。但是（与其他情景不同的是）在王位继承这一上下文中，俄语中确实应用了 pretender 这个英语词的对应词语形式，而 список（统计数据）一词可以理解为一种隐喻表达。因此，这个例子表明，可以在课堂上进行不同翻译方案的讨论。

教学测试同时兼顾了教学功能和检测功能（而且也可以是学生的自我检测）。因此，在翻译专业的教学中，基于原文句子难点理解的多项选择题非常有益。可以先给出这些句子让学生独立翻译，然后再给出多项翻译方案让全班学生讨论。这样既可以帮助学生检查自己对原文理解的是否正确，又可以检查自己的译文在修辞上是否与原文对等（包括是否具备准确性、生动性、简练性等特征）。下面以二年级的对外英语教学为例：情景是说话人拒绝借钱给一个没有同情心的人。

I should have liked you better if you *hadn't made that ingenuous appeal to my sympathies.*

a) Если бы вы не прониклись ко мне такой искренней симпати-ей;

b) если бы вы так бесхитростно не взывали к моему сочув-ствию;

c) если бы вы так искусно не втёрлись ко мне в доверие;

d) если бы вы не были так изобретательны в поисках сочув-ствия. (Ключ – b)

在这个例子中，理解难点除了借代手法之外，还有虚假的语义对等：sympathy 的意思是"同情"，而不是"好感"。两个词在书写上的相似（*ingenuous* <真诚的> 和 *ingenious* <精巧的、机灵的>）也是难点，这些都会造成学生选择 a、c、d 的错误。

二、多项选择题

多项选择的练习也属于随堂检测性质的练习，而不是总结性质的测试。这种测试是把单项选择题换成了多项选择题。这种练习类型建议由全班学生共同讨论完成，因为对于一个上下文来说可能只有一个选项是正确的，而对于另一个上下文来说，可能有两个或几个选项都正确。例如：

下列每个句子中，右侧的哪些选项可以替换 he could 的语境含义。

When a child of eight, **he could** already lift and carry a 20-pound bag of potatoes.	he may he might
From his hotel window, **he could** see the lake in the distance.	he can
I'd better not call him now: it's after midnight and **he could** be asleep.	it was possible to he was able to
Let's give him a lift. He **could be** handy if we had a flat tire.	

三、二选一选择题

二选一的选择题（如 *верно / неверно, одинаково / различно*）是一种不太可靠的随堂测试形式，因为做出正确选择有很大程度上的猜测成分。但是判断意义"相同或不同"的二选一测试却有利于找出成语之间，尤其是格言警局（包括谚语、俗语等）之间的意义对应关系。与总结性测试不同的是，随堂测试可以对成语、谚语等固定词组之间是否可以互换进行更为精确的分析，这种分析不仅可以在同一种文化内进行，也可以在不同的语言和文化对比的框架下进行。例如，两种语言的谚语可以表示完全相反的现实语义，例如：

Handsome is as handsome does.

Не по хорошу мил, а по милу хорош.

下列俄罗斯谚语因为都具有"获得其他人的某些特征""与某人具有密切的接触"等义素而具有概念意义上的同义关系，但是它们未必是可互换的谚语，因为第一个谚语中还包含"继承性"这一义素，而第二个谚语中包含的另一个义素是"友好关系"：

Яблоко от яблони недалеко падает.

С кем поведешься, от того и наберешься.

此外，在跨文化分析的背景下，英语谚语 *carry coals to Newcastle* 和俄语谚语 *ездить в Тулу со своим самоваром* 具有明显相似的含义，但是在根据文化背景做翻译分析的条件下，仍然不能把它们看成是完全对等的谚语，因为翻译要求保留它们的民族文化内涵。

同时，在完成"相同或不同"这一类型的随堂测试练习时，还要考虑不同国家的民俗词语所具有的具体历史阶段特征。例如：*Его приговорили к смертной казни* 和 *Его приговорили к высшей мере наказания* 这两句话的意义可能等同，但如果考虑某个国家的法律对最高级别惩罚的界定，这两句话的意义就是不等同的。

为避免二选一形式的测试带来的不足，可以把它们融入多项选一的练习之中，这样就可以降低测试中学生偶然猜中情况的发生率，而如果把它们放在讲解性的练习之中，就能够帮助学生确定一些词汇单位或句法结构在一个上下文里可以相互替换，而在另一个上下文里不可替换。练习的指令与具体检测的内容无关，具有通用的性质。

请判断下列句子中针对斜体部分哪个选项是正确的：

a) первый; б) второй; в) оба; г) ни тот, ни другой.

以下是对外俄语教学的例子：

• Мне будет трудно перевести текст. Я хочу *помочь тебе / чтобы ты мне помог* (б)

• Хотя я *очень голоден / очень хочу есть*, надо сначала закончить работу. (в)

• Он очень любит *своего дома и своих детей / свой дом и свои дети*. (г)

以下是对外英语教学的例子：

• Where's your friend Tom Ramsay now? – No idea! For all I know, he *may / could* be sunbathing on some beach in Miami. (в)

• I am not sure he meant to snub you intentionally. He *can't have noticed / may not have noticed* you offering a handshake. (б)

• The weather was terrible! It was a mercy I (*needn't have walked / shouldn't have walked*) all the way back home in the rain. I would have caught a bad cold. (г)

• Instead of effecting the patient's recovery, the new medication *aggravated his condition / speeded up his convalescence.* (a)

四、开放型测试

最有效的随堂测试方式是"开放型的测试"，主要是用于检测结构方面的知识——包括识别需要的词语、根据词根构成派生词、按照句法或逻辑关系续句子等。测试编辑能力——也就是以改错为目标的测试也属于这一类型的测试。

以改错为目标的随堂测试的优点在于，可以给出不同的改错方式，也可以让学生之间互相修改错误。例如：

В сложившейся ситуации, пересмотр временных рамок проекта будет наиболее оптимальным выходом из ситуации.

这句话的错误是 *наиболее оптимальным* 这个搭配关系，因为оптимальный 一词本身就包含了最高程度的义素。可以修改的方式如下：

减词：*... будет оптимальным...*

替换：*... наиболее приемлемым / самым благоприятным / лучшим...*

用反义的同义替换：*... наименее болезненным...*

另一个典型的错误是错格现象（即句子各部分之间的不一致关系），例如：

Придерживаясь в целом этого принципа, у автора, тем не менее, наблюдаются отдельные противоречия.

对类似错误的预防对于俄罗斯本族学生和在俄学习的外国留学生来说同等重要，因为外国学生的毕业论文要用所学的外语撰写。对这句话的修改，要么替换主语，要么用从句来替换副动词的结构：

- *Придерживаясь* в целом этого принципа, *автор, тем не менее, допускает...*

- *Хотя автор в целом придерживается.., у него наблюдаются...*

随堂测试中使用的开放性测试可以帮助学生把改变结构（词、词组、句子层面）的语言实践任务与通识知识的教育任务（检测学生的总体文化知识）和发展性任务（检查逻辑能力、理解表达能力和客观思维能力）结合起来。例如，在选择下列句子的连接手段时需要使用逻辑思维能力：

- (_____) в китайском языке нет падежей, его изучить нелегко.

- Мне нравится жить в общежитии. (_____) ... здесь немного тесно, (_____) университет совсем рядом.

- Я не пойду на концерт: я очень занят. (_____) Я не люблю современную музыку.

在训练独立接续句子的测试中，词汇或语法任务要与自己对现实生活情景的评价结合起来：

- У меня всё хорошо, я доволен своей... (*жизнью, работой*и т.п.)

- У... людей редко бывает много хороших друзей (*злых, подозрительных* и т.п.)

对语言名称记忆情况的检测可以从最简单的例句开始，如：Во

Франции говорят по-французски. В Японии говорят по-японски. 但接下来就要给出既要求词汇知识、又要求文化背景知识的练习。例如：

请运用上一个句子结构说出下列国家说哪种语言：*в Германии, в Бельгии, в Канаде, в Мексике, в Бразилии, в Швейцарии, в Египте...*

开放型测试经常使用单个词语、词组或句子的翻译。这里也需要引入总体文化知识。同时也要考虑所学语言的各种语言现象（如比较级、动词形式等）所涉及的不同领域的知识，例如：

你们同意下列句子内容还是需要对其进行修改？请用外语（俄语）写出正确的答案。示例：

– The Earth is closer to the Sun than Mars. – Да, Земля *ближе* к Солнцу, чем Марс.

– To be an astronaut, one must be very tall. – Нет, чтобы быть космонавт*ом* (астронавт*ом*), *не надо* быть очень высоким.

五、局部翻译

局部翻译法，一方面，从语言学角度看要比完整翻译简单一些，但另一方面，局部翻译可能需要进一步明确信息，从这一角度看，局部翻译的难度与完整翻译的难度相当，同时也提高了学生的内部动机。例如：

● By 1913, Russia (*управлялась*) _____ by the Romanov dynasty for _____ years.

● Shakespeare is famous (*чем? – предлог*) _____ his plays and _____.

● Brutus did not want (*чтобы _____. получил*) unlimited power in Rome.

● The battle of Waterloo (*была проиграна*) _____.by _____.

局部翻译在类型上与随堂测试相似，但是随堂测试练习需要根据给出的限定句型来修改说话人的错误，而这一点也需要引入语法结构变形（如需要时间关系一致）和文化背景知识。例如，

请用英语的讽刺语气反驳谈话对方的观点：*Вот как? А я-то*

всегда думал(а), что...

示例：

Sharks are mainly found in the African rivers. – Are they? I always thought they were found in warm seas and oceans.

外语专业的学生由于专业上要求其具有足够宽的视野来讨论广泛的社会问题和科学研究问题，所以上面使用的有关知识性测试的例子不仅可以提高学生学习外语的内部动机，还可以提高他们不断自我学习的动机，包括对中学阶段学过课程的自我复习动机。从教学的一开始直到毕业都要不断引入学生的总体文化知识和发展能力要素。例如，师范方向的大一学生在语音训练阶段可以使用面向小学生所使用的韵律，指出每个人朗读时采用的押韵方式应该与个人对下列每个动物的态度表达相一致：

I love cats, but I hate rats.

I love dogs, but I hate frogs.

然后再引入一个具有训诫意义的问题：你们可以听到多少种不同的态度？这里需要数学运算能力——即组合分析的能力（不需要改变词序，因为无论怎么变化客体的顺序，对它们的态度都不会改变）。

对于测试的基本要求就是它的有效性，也就是说检测的内容正是我们努力发展的那种能力要素。有时在考试中我们检测的是最容易实现的评价指标（学生们记住了什么？），而不是"学生们是否学会了逻辑思维？是否会创造性地使用所获取的知识？"。有一种众所周知的观点是非常正确的——教育是当我们忘记了所有学过的东西时仍然留在我们脑海里的东西。所以没有必要检查学生是否记住了修辞手段的准确概念，他们是否能把名词变格或者把动词变位。但是有必要检查他们是否明白了课文中的某种修辞手段表达了哪种情感或者下列哪个词形与上下文的意义相符：*вышел – ушел; пришел – зашел – подошел – вошел* 等等。对概念释义的检测，检测的内容不是逐字逐句的记忆，而是评价定义完整性和准确性的能力，检查定义中是否存在不必要的细节性信息。

因此，对释义进行对比或者尝试自己给出事物或现象的准确释义要比死记硬背一些概念更符合"学生知道什么、学生会做什么"的评价标准。

综上，随堂测试在整合了教学全过程的同时，也在教学过程中实现了自我整合：

与总结性测试不同，随堂测试保证了教学过程的系统性，因为它对教师和学生的活动起到修正和正确导向的作用，使课堂教学的设计和课堂教学活动（每堂课之间的衔接、教学模块之间的衔接）的实施同时具有稳定性和灵活性；

随堂测试可以把教学的实践技能目标、知识教育目标和发展目标紧密结合起来，从而提高学生的内部学习动机，培养其对不断的自我教育的需求；

随堂测试能够促进教学的职业化发展；

随堂测试能够促进教师与学生之间的合作，杜绝教与学的对抗和矛盾，促进寻求创造性的解决方案，而不是给出标准化答案，促进学生自我监督能力的提高；

随堂测试可以作为课堂教学导入或概括语言、文化或伦理问题的思维框架。

第三章 翻译专业课堂教学的职业化能力培养途径

> 完美的翻译不是在于没有什么可补充的，而是在于没有什么可删减的。
>
> ——法国作家安东尼·德·圣·埃克苏佩里

对于外语专业的人才培养——无论是翻译方向，还是师范方向——教学的基本原则都是一致的——那就是无论学生上大学之前的外语程度如何，都要从第一堂课开始关注其职业化能力的培养。翻译这项职业同时要求学生母语表达和外语表达的质量，所以多项翻译能力的培养要通过母语或者中介语的语料来实现。在这种情况下，我们认为使用母语比中介语更适合，因为在译前准备阶段需要认真思考具有不同修辞色彩的词汇单位的语义特征。

母语对于形成学生译前能力的作用是多方面的。一些练习类型无论对于翻译方向还是对于师范方向的班级来说都是同等重要的[1]（如培养准确表达能力和提高逐字逐句短时记忆量的练习、提高两个词语语义共性和差异辨析能力的练习、确定词汇单位修辞特点的练习等等）。但是由于课堂教学时间的限制，不能同时兼顾各种练习类型所具有的潜在功能，而只能考虑它们的必要性。譬如，对于师范方向的学生来说，就没有必要训练他们的"同步重复"能力、多种同义替换能力、准确记忆人名、地名、日期顺序（即精准信息）的能力。而对于翻译方向

---

1 Колкер Я.М., Устинова Е.С., Шеина И.М. Как использовать родной язык на разных ступенях изучения иностранного. Рязань: РГУ имени С.А. Есенина, 2007. С. 29-67.

的学生来说，所有这些能力都是极其重要的。

针对外语专业大一年级的译前活动设计要包括以下几方面的练习：

- 找出上下文中常用的语言单位；
- 对词汇单位进行原文解释，即使用"语言内部翻译"（R. 雅克布逊的术语）的方法；
- 把语句的同义替换作为模拟翻译的一种手段；
- 修辞性校对能力训练是笔译能力培养的必经阶段；
- 对原文的压缩训练；
- 提高记忆量和准确性的练习。对于译者来说，逐字逐句记忆是在句子层面理解和选择等值替换手段的前提，记忆的主要类型是把译语的等值替换单位组合成意义整体的短时记忆。[1]

一些复杂能力可能同时隶属于两种或几种不同类型的能力。譬如，同义替换能力由于自身具有的多功能特点，可以隶属于下列能力：

- 单纯的语言内部翻译能力；
- 阐释能力（即阐释性翻译能力，如：*Невероятно тяжкие испытания пришлось перенести жителям и защитникам города* → *Это было очень трудное время для жителей и защитниковгорода* ）；
- 以概述课文为目的的原文压缩能力；
- 缓和粗俗表达、达到礼节性政治交际的能力；
- 为避免语言单调枯燥而丰富句子表达方式的能力；
- 通过语义重复实现情感表达的能力（如：*редкий* 人，*необыкновенный, незаурядная личность, один на тысячу* ）；
- 对原文进行编辑加工的能力。

同时，对原文的编辑加工能力还可以通过删除冗余信息、补充漏掉信息、替换词汇单位等手段来实现。这种方法还包括改编形式的同义替换，也就是说，这些能力的目标虽然有所不同，但它们在结构上

1　Колкер Я.М., Устинова Е.С. Предпереводческие виды учебной деятельности на первом курсе специальных факультетов // Научный журнал Urbi et Academiae. СПб.: Алеф-Пресс, 2012. С. 92-100.

却具有很多共性。

一种最重要的翻译能力是选择更准确地反映交际意图的词汇单位的能力。这种能力是指对两个或几个词汇单位进行对比的能力，包括：

● 所指义素的对比。例如，对比下列成对儿词语意义的共性和差异：*артист – актер, виновник – преступник, таинство – тайна, невиновный – безгрешный* 等等。

● 伴随意义对比（这里指强调性特征、正面或反面的评价、修辞色彩）。如：*повстанец – мятежник, взять – схватить, удивительный – поразительный, палец – перст, атеист – безбожник, простой – примитивный* 等等。

● 搭配关系对比。如：*обвинять* (кого-то в чем-то) *– инкриминировать* (кому-то что-либо)。

有些情况下，对比的结果是显而易见的，如：*артист* 不仅是指电影演员，还包括歌唱演员、舞蹈演员、小丑演员等。而有些情况下，对比则需要更细致的义素区分。如：*невиновный* (в чем-то) 表示没有参与到具体过失或犯罪过程的人，而 *безгрешный* 表示无论是行为上、还是思想上从未偏离过教规的人。*Простой* 与 *примитивный* 一样，都表示 несложный（不复杂的），但是 *простой* 这个词具有正面评价的伴随意义，此外，*простой* 的语义范围更宽，除了"不复杂"的意义之外，还有"普通人"（如 *простой служащий*)、"直率的、坦诚的"（如 *простой ответ*）等意义。

这种练习的目的是培养学生在口译过程中出现忘词现象时使用词语替换单位的能力。譬如，如果口译过程中想不起来 *innocent* 这个词，完全可以用 *not guilty (of ...), has nothing to do with (the crime)* 等词语形式替换。

另外一个重要的练习类型是按照比例关系填空、找出一组词语中的多余成分等练习类型，用于对比的参数可以是多样化的，包括特殊与一般的对比、局部与整体的对比、不同修辞特征的同义现象对比、反义关系对比、原因和结果关系对比、类似关系对比等。例如：

В бою : противник = в научной дискуссии : ... (оппонент – 类比

关系）

Вульгарный: изысканный = меркантильный : ... (бескорыстный – 反义关系）

对于译者来说，重要能力还包括根据具体情境选择同义词或同义词组的能力。这种能力可以帮助学生规避词语使用上的单一枯燥性。例如，对于体育报道的情景可以选择下列同义手段：

Победить – одержать победу – одержать верх – разгромить – не оставить шансов – оказаться сильнее – оставить позади.

对于翻译专业的学生来说，为了培养其在同声传译过程中能够依据上下文猜测词语意义的能力，要教会学生养成发现词语多义性的习惯，例如猜测下列词语的多个意义：

Выходить, определить, занять, заметить, предложение, обстановка, преданный...

首先，这种练习类型能够提高学生的母语实践修辞能力，因为它可以让学生看出日常交际中我们习惯使用的很多词语都属于口语-俗语词，而这些词语在标准语中却具有其他含义。例如，口语词汇 *симпатичный*（好看的）在标准语中则表示 *миловидный*（讨人喜欢的）和 *вызывающий чувство приязни*（令人产生好感的）的意思。*Переживать* 在口语中表示不及物动词"烦恼、痛苦"的意义（разг. *Я так переживаю!*），而在标准语中却表示及物动词"经历""活得比……长久"的意义 (*пережить много несчастий, пережить своего мужа*)。其次，这种练习类型最终可以帮助学生在选择外语对应的等值词语时避免出现典型性的错误，如错用 *noticed* 替换 *remarked*, 错用 *perspective* 替换 *prospect* 等。

翻译专业的学生还需要一些评价翻译准确程度的练习类型，在初级阶段要先用母语内部的同义解释来代替译语的功能。例如：

*Она описала ему самыми черными красками варварство своего мужа. – Она пожаловалась ему на **дурное обращение** со стороны мужа*（原句的加强语势被减弱）. – *Она описала ему, сколь **чудовищно** ее муж обращается с ней*（原句的加强语势得到进一步增强）.

非常有效的方法是让每个学生或每个小组分别进行句子意思的同义替换，这样就可以产生多种同义替换的结果。做这种替换练习之前要事先向学生提出保持原文修辞色彩的要求。例如：

*В силу своего высокого положения он жил беспечно и вольготно. = Относясь к привилегированному сословию, он ни в чем себе не отказывал. = Будучи человеком обеспеченным, он мог позволить себе жить на широкую ногу. = Высокий общественный статус предоставлял ему возможность **безбедного и комфортабельного существования и т.п.***

从以上对翻译职业化能力培养的视角来看，我们可以得出的结论是，上面提到的各种能力都是译者必须具备的一种复杂能力——即信息编辑加工能力（包括自我编辑能力）的不可或缺的组成要素。这种能力的培养，包括母语和外语的编辑加工能力的培养，需要贯穿于整个教学阶段的全过程。同时，我们还要教会学生在表达过程中进行错误的自我监控能力。第一学期可以让学生校正操母语者的语言错误，在接下来的教学阶段，这种对母语信息的编辑加工能力就会逐渐演变为材料译前的编辑加工的自觉能力。两种语码之间的相互作用能够帮助学生更准确地意识到两个语言单位之间的语义差异。与此同时，根据所产生错误的语言学特征，替换表达能够帮助学生找到多种可能的翻译方法。有时正相反，正是通过翻译过程我们才能找到更多的同义替换表达方式。在老师的一步步引导之下，学生独立找出错误表达的多种正确改写（即替换或翻译）方法不仅能促进学生在翻译时做出灵活决策，而且还能教会学生在忘掉所需要的词语时不惊慌失措，以此来促进口译能力的提高。

在信息的编辑加工过程中既要纠正语言错误，也要纠正修辞错误。

语言错误的纠正要从是否与交际情景相符的角度出发。这种错误要么是违背了词汇单位或语法结构的使用规则，要么是意义正确、但不符合具体交际情景的表达习惯。

在刚刚认识词汇单位时，翻译专业的学生就应该记住它们的词语搭配特点。应该尽可能地借助逻辑知识预防词语搭配上的错误。譬如，

俄语中不能说 дорогая цена，因为 дорогая 本身就有"值很多钱"的意思，而 цена 一词本身就是"价格"的意思，所以这个词只能与表示"高"或"低"的词语搭配。又如，俄语中可以说 сильный дождь（大雨），但很少说 сильный снег（大雪），但却经常说 сильный снегопад（大雪），这是因为"雨"只是降水的过程，而"雪"既表示降水的过程，也表示降水的结果，即有雪的覆盖物。但有时词语的搭配关系是约定俗成的，这种情况下学生就要记住外国人的固定说法。

与此同时，我们还要强调的是，词汇搭配的跨语言干扰和外语语言内部词语搭配限制的情况具有同等程度的复杂性。譬如，由于跨语言因素的干扰，中国学生很难记住俄语中表示"大风"的搭配词语为什么用 сильный，而不是 большой。又如，汉语中"热"这个形容词在不同的意义搭配中要对应成俄语的 горячий 和 жаркий：热茶 – *горячий* чай, 热天 – *жаркий* день。但是对于"风"这个概念，两个形容词 большой 和 сильный 在概念上却都是合适的，所以只能让学生记住俄语中的固定搭配用法是 сильный ветер。在表示"热"的意义时可以做出这样的逻辑解释：горячий 用来表示液体、食物、物体的温度，而 жаркий 表示天气、气候。

我们再举几个语言内部词汇搭配限制的例子：俄语中可以说 *поздняя ночь* 和 *поздний вечер*，可以说 *глубокая ночь*，但却不能说 *глубокий вечер*。可以说 *трудная работа*，*трудное упражнение*，可以说 *тяжелая работа*，却不能说 *тяжелое упражнение*。

再如句法搭配限制的例子：俄语中可以说 *У него есть дом и семья*，但不能说 *У него есть простуда* 或者 *У него есть неприятности*（而英语中却一定要这么说），也就是说，学生应该感觉到俄语中的表达习惯：什么情况下需要使用系词，而什么情况下用了系词就违反了约定俗成。

一、改错练习

为了让学生学会发现修辞错误并有意识地改正错误，词汇和语法的编辑加工练习要从大学一年级阶段开始，既要设计出母语改错的练习，也要设计出外语改错的练习。

（一）词汇错误类型及其纠正的练习示例

1. 用词不符合上下文结构。

例 如：*Погибли двое, среди них – маленькая девочка и молодой человек.* 在这个上下文中，无论是俄语，还是英语，*среди них* 这个词组都需要省略。两种语言中句法结构上的巧合使这句话的译前编辑看起来是多余的。但是我们仍然建议做译前的编辑加工，因为在翻译过程中还会出现句子词汇句法结构变形的补充难点：*There were two victims / casualties / The accident claimed two lives.* 因此，使用母语预先对句子结构进行编辑替换练习是排除翻译难点、确保译文准确的有效保障。

从教学法的角度来看，让学生独立纠正错误也很重要。如果学生发现不了错误，那么可以通过引导性问题间接地对学生进行提示，例如：如果这个句子这样开头：*Погибли пятеро...*，那么这句话是否正确呢？

2. 修辞上不允许出现同根性词语重复。

例 如：*Но есть кое-какие показатели, которые показывают о том, что у вас есть скрытый гипотиреоз.*

在这个例子中为了避免同根词重复，要把带有支配关系的动词结构 «*показывают о...* » 删除，然后重点考虑如何把同根词语替换成其他同义手段：«*симптомы / результаты анализов / данные, указывающие на / говорящие о...*». 相应地可以翻译成英语的：«*... symptoms indicating... / data suggesting the possibility of / pointing to / betraying...*».

再如：Есть гипотеза, что здесь *приносили жертвоприношения →* 可以修改为：*приносили(сь) жертвы = совершали(сь) жертвоприношения.* 可以翻译成：*It may have been the place of sacrificial offering.*

3. 词汇的冗余。

例如：

Пока россияне *делят* первенство *вместе* с Украиной. – *The*

Russian and Ukrainian teams are leading so far.

А где-то *больше превалирует* творчество (о детских технопарках) ... – ... *whereas others encourage / foster / place more emphasis on creativity.*

4. 对词汇搭配关系的违背。

例如：

... аппарат, на который мы тоже большие *планы* возлагаем. 母语修改为：*надежды* возлагаем。译语修改过程：*have high expectations for = pin our hopes on = rely on*。

Я думаю, что в Европе *обстоит* примерно *та же ситуация* (о числе разводов в России). → 母语的加工修改过程：... что в Европе *примерно та же ситуация* = ... *дела обстоят* примерно так же。译语的加工修改过程：... *the situation in Europe is practically the same =* ... *is not radically different =... Europe is confronted with / faces the same problem*。

5. 词汇的缺失。

例如：Первый пункт – *сразу бросающийся* и очень болезненный.

这个例子中缺失的词汇（*бросающийся в глаза*）是显而易见的，对于编辑校正来说并没有什么难度。但要和学生们一起探讨这句话翻译成英语时可能出现的各种方案：*immediately catches the eye, leaps to the eye, arrests attention, comes to the forefront*。这句话中最难翻译的是болезненный 这个词，需要给出更大的上下文语境才能确定其具体含义：*painful issue / delicate issue / sensitive matter*。

（二）句法结构错误类型及其纠正的练习示例

1. 不正确的支配关系。

例 如：*С чем связано желание россиян к переезду?* 修 改 为：*стремление к переезду / желание переехать.*

这个句子的翻译需要依赖更大的上下文：这里指的是俄罗斯人愿意更换居住地点？追求条件更好的住房？还是有移民的意向？

先对母语信息进行修改：*За них* надо дополнительно *оплачивать* / *За них* надо дополнительно *платить* 或 *Их* надо дополнительно*опла-чивать*。然后再给出英语译文：These involve extra pay /...additional charges.

2. 句子结构成分的缺失。

例 如：.., чтобы законодатели *рассмотрели об обязательной ин-дексации* заработной платы в 2015 году.

先修改为：... *рассмотрели вопрос о...*

有不同的翻译方案：*The legislators should address the issue of wage indexation... = It is imperative / essential that wage indexation should come up at the next session of the State Duma.*

3. 副动词短语的主体与行为主体的不一致。

例如：Такой туман был, что, находясь рядом, их (людей) не видно-было.

修改为：... *находясь рядом, я не видел...* 或者修改为：... *что не видно было даже людей, находившихся совсем рядом.* 翻 译 成：*The fog was so thick that you could not see people standing right next to you.*

4. 句法关系发生的歧义。

例如：... *расскажут вам об уловках и тактиках автоугонщиков, которые помогут вам защитить вашу машину.*

可 以 修 改 为：... *об уловках и тактиках автоугонщиков, что поможет вам защитить вашу машину.* 或者修改为：... *и этаинфор-мация поможет вам...* 翻 译 成： *... will tell you about the tricks of car thieves, so as to help you keep your car safe.*

5. 对句子因果关系的违反。

例如：Инсульта следует опасаться тем, кто *при скрининговом об-следовании имеет сосудистые очажки...*

这种句法关系的翻译远比句子转换要难得多，所以要从句子转换开始，也就是说要从找到错误的节点开始，这句话的错误节点是 *при обследовании имеет*。接下来要给出不同的修改方案：*тем, у кого при*

обследовании выявляются / обнаруживаются 或者 *тем, кто имеет..,
что обнаруживается / выявляется при...*

在翻译过程中，除了要消除术语难点和语言错误之外，还需要对语法结构进行转换，以保证句子传达的主要信息处于述题的强位上。例如：*The danger of a brain hemorrhage is aggravated if a screening test reveals... / You face the danger of apoplexy if your screening test discovers... / One is more likely to have a stroke if his / her screening test shows* 等等。[1]

需要强调的是，在翻译人才培养的过程中，对母语材料的编辑和改错作为译前准备是非常重要的，因为这样可以预防从外语译成母语过程中出现的类似错误。例如：«*На это... жаловались*» 修改为 «*Об этом люди неоднократно жаловались...* ».在翻译成英语时也完全可以采取类似于俄语第六格的句法结构：*... keep complaining about it.*

（三）修辞性错误类型及其纠正的练习示例

1. 弄清代词的所指。

例如：Он пожалел ее мать и помог ей（这里"她"的所指是谁？）найти работу. → 修改为：... и помог девушке 或 пожилой женщине найти работу.

2. 把句子切分为更短、更便于理解的句子结构，特别是句法结构违背常规的情况下。

例 如：Ее второй роман появился в июне прошлого года, опять же, с уважительными отзывами, но скудными продажами（这是从英语翻译过来的句子：*Her second novel appeared last June, again to respectful reviews but meager sales.*）可以修改为：Её второй роман появился в июне прошлого года. Как и первый, он был почтительно встречен критикой, но распродавался очень плохо.

3. 必要时使用补充性连接手段。

1　Устинова Е.С. Пересечение функций перевода и парафраза в лингводидактическом аспекте // Иностранные языки в высшей школе. № 3(34), 2015. С. 51.

例如在因果关系不明确时：*Молодёжь ушла – на вечере стало скучно.*[1] → 修改为：*Молодёжь ушла, так как на вечере стало скучно.* 或者 *Молодёжь ушла, поэтому на вечере стало скучно.*

（这里需要注意的是：在补充因果关系不确定句子的连接手段时，必须依据更大的上下文。）

4. 要弄清句子的修辞结构，也就是各交际模块之间的并列和主从关系。这是因为，处于同等地位的从属句结构经常带有几个并列关系的次结构，以强调它们之间在句法功能上的平等。但是如果其中的一个交际模块与其他交际模块不是并列的关系，但却用了同样的句法形式，那么就势必会影响到话语的理解，所以要对这种结构做出调整。

例 如：*Это был человек, который, казалось, не тяготился одиночеством, который жил один в просторном доме, <u>который</u> никогда не оглашался детским смехом.* 调整为 : *в просторном доме, никогда <u>не</u> <u>оглашавшемся</u> детским смехом.*

在这句话中，从属句的语法结构调整为形动词短语是为了明确最后一个短句对其前一句话的依赖关系。

纠错能力的培养应该在更高的层次——段落和整个语篇层次进行。学生们应该及时发现和规避重复（包括同一种思想用不同手段表达的语义上的重复），避免无缘由的偏离主题、避免逻辑上的偏离现象。这种纠错能力也可以在学生之间相互评价的过程中形成，如大一学生在大量独立阅读文学作品的简化本之后用母语对所读作品进行的口头表述，可以让其他学生找出错误并给出纠错方案。由于所有学生阅读的书目不同，在向其他同学介绍自己读过的作品时，听者可能不了解作品的内容，所以他会更加关注该同学对作品讲述得是否清晰，语义表达得是否连贯，信息量是否充足而又简练，有没有重复和冗余现象。

因为篇章修辞学要求具有一系列能力，所以这些能力既需要用母语培养，也需要用外语培养。首先，要教会学生区分已知信息和未知

---

1 Причинно-следственные отношения. [Электронный ресурс]. URL: https://rus.stackexchange.com/questions/433592/причинно-следственные отношения (Дата обращения 10.01.2019)

信息的能力，也就是说要找到句子的主题和述题。其次，学生们要了解所学外语与母语中述题的表达方式可能不同、在句子中所处的位置也可能与母语不同。

在超句子统一体中很容易发现句子的衔接手段。最显性的衔接手段是连接词和关联词。但是，起衔接作用的还有重复、句法上的并列关系、替代名词性的代词以及词序的改变。当然，没有一个操母语者会混淆诸如 *поэтому*，*потому что*，*до того，как*，*после того，как* 等连接词的意义。但是即使在学术文章中也会经常遇到 *с другой стороны* 这个词组，而前文中却没有提及过 *с одной стороны*（一方面），这就使句子失去了平衡。或者相反，说话人或写作者提到了 *с одной стороны*（一方面），然后就持续沉浸在这个思想之中，直到最后也没有阐述事物的另一方面。此外，还应该注意代词和其指代名词之间的顺序在不同的语言中也不尽相同。请比较：

Her dress dripping and her shoes soaked with water, no wonder the girl was shivering all over. → 翻译成：*Платье девушки насквозь промокло, в туфлях хлюпала вода. Немудрено, что она не могла унять дрожь.*

在教师和翻译人才的培养过程中，对于流畅度 (беглость) 这个术语的理解有不同的标准。对于师范专业的学生来说，言语表达的流畅度首先是指言语表达是否正确、断句是否正确、在此基础上的语流是否自然流畅。而对于翻译专业的学生来说，言语表达的流畅度是一个更广义的概念，除了上述要求之外，还包括使用各种避免冗余信息手段的能力：即整合意思相近的句子、删除形式上或语义上的重复、消除语义上内容空洞的句子、压缩长句为短句、压缩短句为词语等，也就是说，口译的流畅度与句子的压缩能力相关。

压缩能力首先是指对课文中实质性信息的提取能力。这种压缩能力可以通过从课文中选取构成课文核心内容的现成句子的方法形成。其次，在主要依赖于学生母语的初级教学阶段（即形成正确的外语发音阶段），可以通过删除冗余信息的方法提高学生压缩课文内容的能力，例如：*Алкоголизм сегодня является одной из серьезнейших угроз национальной безопасности государства.* 在这句话中，可以删除 *го-*

сударства 这个补充成分，因为它的意义与形容词 *национальной* 构成了语义上的重复。再次，用学生的母语材料形成学生对句法结构的简化能力，如：上述句子可以简化为 «Алкоголизм угрожает...» 这样的结构。词汇压缩的能力未必能在短期内形成，但至少可以教会学生在多个选项中选择信息量大且表达更准确的词汇单位。例如：*Человека, на которого можно положиться, который не теряет присутствия духа в самой сложной ситуации и никогда не бросит товарищей в беде, можно назвать: умным / сообразительным / надежным / заботливым.* 在这个上下文中，*надежный* 一词的语义信息最丰富，涵盖了其他三个词语的语义特征。

　　大一年级的学生在掌握了发音基础且能用外语说出短句或编出小对话的技能之后就要马上引入课堂翻译技能训练（主要是从母语翻译成外语的技能训练）。课堂翻译技能训练对于翻译和师范专业的教学同等重要，对于师范方向的教学来说，课堂翻译训练只是形成词汇和语法技能的手段。但是对于翻译专业的课堂教学来说，课堂翻译训练除了熟练使用外语语言材料的技能之外，还要形成翻译的职业化能力，包括使用不同翻译方法的能力、对不同翻译方法之间是否可以互换的评价能力、在句子层面对等的前提下发现词语之间不对等的观察能力、简练的翻译方法是否会造成语义损失的评价能力等。

二、从母语翻译成外语的课堂翻译技能训练

　　下面我们来探讨一下从母语翻译成外语的课堂翻译技能训练的基本类型。从翻译的内容来看，课堂翻译可能是一种虚拟性翻译，即学生只用外语说出所需要的语言现象的名称，如用俄语说出"完成体"和"未完成体"这类的术语；课堂翻译也可能是一种局部翻译，如需要翻译个别的词、词组、形动词短语、句子的从句部分等；课堂翻译还可能是完整的翻译，如对短句或连贯短文的翻译。与此同时，完整翻译也可用于反向翻译的练习（这一过程要容易得多），或者用于学生的独立翻译作业。下面我们举几个课堂翻译教学的例子。

　　1. 局部翻译练习（词汇-语法翻译）：选择表示习惯的和正在进行

行为的动词适当形式填空。

(идти, ходить): – *Добрый день, куда вы* _____? – *Я* _____
на почту. – *Вы часто* _____ *на почту?* – *Почти никогдане*
_____ *газеты и журналы нам приносят домой. Но в этот раз я*
_____ *отправить сыну посылку.*

2. 词组的反向翻译练习（从英语译成俄语）。要求对原文的结构
做出改变，也就是用该词组的其他组合关系翻译该词组。这个练习
可以训练学生使用完成体被动形动词过去时形式的翻译方法。例如，
英语词组 *a badly-learned lesson* 和 *a well-planned party* 可以帮助学生
把它们翻译成俄语对应的被动形动词短语形式：*хорошо выученный*
текст 和 *хорошо спланированная работа*。这个练习既可以两个人一
组来完成，也可以一个人用手盖住表格的一侧独立完成。

скопированный документ	a closed book
вскрытое письмо	a translated text
хорошо выученный текст	finished work
плохо приготовленное мясо	a well-cooked dinner
хорошо спланированная работа	a well-dressed lady
переведенная книга	a cleaned room
законченный урок	an opened door
закрытая дверь	a badly-learned lesson
хорошо одетый мужчина	a copied plan
убранная квартира	a well-planned party

3. 单个句子的反向翻译练习（以对外汉语教学为例），并在翻译
之后用这些句型表达自己的观点。（因为此练习要在对外汉语教学的
初级阶段完成，所以没有必要盖住汉字一栏，因为学生还不会快速地
识别汉字）

示例：*Он думает, что говорить по-китайски очень легко.* → 他
觉得说汉语很容易。 → 我也觉得说汉语不是很难。（*Я тоже думаю,*
что говорить по-китайски не очень трудно.）

我觉得写汉字很难。	По-моему, писать по-китайски очень трудно.
他觉得说汉语很容易。	Он думает, что говорить по-китайски очень легко.
我朋友的汉语发音很好。	У моего друга очень хорошее китайское произношение.
我觉得理解汉语很容易。	Мне кажется, понимать по-китайски очень легко.
我觉得读汉字不难。	Я думаю, читать по-китайски нетрудно.

4. 局部词汇翻译练习（以对外英语教学为例）。该练习的目的是教会学生正确选择意义范畴比学生母语的对应词语意义更窄的词语。

1) As a rule, I *(избегаю выходить)* _____ out in such weather.

2) It was a miracle that you *(избежал)* _____ death! Next time you may not be so lucky!

3) *(Обстановка)* _____ was aggravated by the fact that we had neither a good tent nor a mosquito net.

4) *(Обстановка)* _____ looked old and worn out. The sofa and the armchairs must have been at least thirty years old.

5) You have *(достиг)* _____ the middle of your life already without any of your dreams coming true. What a pity you have *(достиг)* _____ so little!

5. "局部翻译＋语义选择"类型的翻译练习。以下练习是对外英语教学的例子，其基本难点是英语比较级的用法。但是这个练习也可以用于对外俄语教学，那么其难点就变成了假定式中动词过去时的使用。

示例: *Хочу, чтобы занятия начинались...*

1) I want our classes to begin... *(раньше, позже, в то же время)*.

2) I'd like you to give us *(больше, меньше)* reading, listening, grammar drills, translation tasks, general discussions, videotapes, homework.

3) I want our lessons to be... *(длиннее, короче, такой же длины? Интереснее, такие же интересные с большим / меньшим количе-*

ством новых слов? Труднее, легче?)

6. 反向翻译。对连贯语句的反向翻译练习能帮助学生在记住最重要的固定搭配语句的同时，促进学生对不同题材的长篇课文（包括独白和对话）的压缩能力。在下个例子中，用于反向翻译的材料比原文几乎精简了四倍（这里给出了英语的压缩示例，但是在课堂教学的学案中不需要给出来，因为学生手里有原文的完整材料）。

• Get your passports ready, please. Pass up the gangway.	• Приготовьте паспорта. Поднимайтесь по трапу.
• I am not much of a sailor. – You won't be sea-sick today. The sea is calm, and we are sure to have a good crossing. I'll bring a couple of long chairs. – All right, I'll risk it. But if the worst comes to the worst, don't blame me.	• Я плоховато переношу качку. – Вас не будет тошнить. На море штиль, и мы пересечем Ла-Манш без осложнений. Я принесу пару шезлонгов. – Ладно, рискну, но если что, меня не вините.
• Do you travel much? – Not more than I can help by sea.	• Вы много путешествуете? – Морем лишь в случаях крайней необходимости.

对上例中最后一句话的翻译采取了在保留原意的基础上完全改变句子结构的方法。学生可能会给出多种翻译方案：*морских путешествий я избегаю, к морскому транспорту прибегаю лишь в крайнем случае, морем путешествую как можно реже.*

在反向翻译基础上的多种翻译方案在开始阶段只建议给出从外语到母语的多种翻译方案，这样做的目的是为了教会学生遵循话语的意思来翻译，而不是遵循话语的形式来翻译。在一年级的后期，在反向翻译的练习中要给出从母语到外语的不同翻译方案。但是要严格预防错误。譬如，在初级阶段类似于"我可以借你的书用用吗？"（May I take/borrow your book?）这样的句子翻译成俄语时只能用最简单的句子结构：Можно мне взять твою/вашу книгу? 但是不建议学生使用没有学过的语法结构，哪怕这个语法点在口语中很常用，如：<u>Можно я возьму..? Ничего, если я возьму..? Я возьму.., ладно? Я бы взял.., если можно.</u> 这样做的目的是为了不干扰规范化的中性句法结构的使用技能。

如果在大一阶段外语固定句法结构的使用规则可以依靠日常生活情境下规范性表达的基础性课堂翻译方法得到巩固的话，那么在二年级阶段，句法结构的"跨语言"差异可以在真实交际语境下在文学作品片段翻译的过程中显现出来。

例如：请用俄语转述 O. 王尔德（Oscar Wilde）的长篇小说《道林·格雷画像》*(The Picture of Dorian Gray)* 的最后一句话 *It was not until they had examined the rings that they recognized who it was* 的意思，这句话是在仆人们发现了在年轻帅气、光彩依旧的画像面前横尸于地上的面容枯槁、面目可憎的道林·格雷之后说出的句子。这里需要对句子做出变形转换处理，但不能用 *«Только после того, как...»* 这样的句子结构，因为这样会增加翻译的难度。而 *«Пока не...»* 这个结构适合于句子后半部分的意思，但如果这样翻译就会使原句中的述题 *who it was* 失去结尾位置上的强位。所以需要找出表述自然且具有丰富的表现力的翻译方案。

例如，方案一：*Только по перстням стало ясно, кто лежит перед ними.* 方案二：*И только перстни на руке помогли понять, кто перед ними.*[1]

注释：在翻译文学作品时不能随意使用反向翻译。反向翻译只有在有逐字逐句译文的基础上才能进行。此外，在作品内容决定作品形式的文学作品中可以尝试使用具有不同翻译方案的反向翻译方法。但不要忘记，文学作品中的每个词语都是作家精挑细选出来的唯一方案，因此，任何一个词语的替换词语都以不歪曲原作的情感和美学效果为基础。

课堂教学中翻译职业化能力的培养需要译者在翻译过程中不断地进行上下文含义的解读。在译语中对词语的选择取决于它的上下文意义。有时一个词语会进入一个使其获得新的内涵意义的特殊句法搭配。这时，就要采用非规范化的翻译方法，即不能转达该词语的常规性意义，而是它在特殊句法结构中的特殊含义。在这种情况下就需要创造

---

[1] Устинова Е.С. Конвергенция дидактических целей в структуре задания как сочетание интегративности и доступности // Иностранные языки в высшей школе. № 4(27), 2013. C. 85.

一些随机词（即只使用一次的临时词语）。例如，BBC 电视台播放的一个小型电视连续剧 «The Barchester Chronicles»（巴切斯特传）（1982）中关于一个拥有 14 个孩子的穷人的 "A very married man!" 这句话的翻译方法。这句话的情感表现力就在于违背了人们习惯的常规词语搭配，所以在翻译这句话时就不能按照字面意思翻译成 очень женатый。但是可以保留原文中具有的兼有讽刺性同情意味的情感基调，翻译成 Весьма семейный человек!

综上，以职业化翻译能力为培养目标的外语专业教学首先要培养学生自觉学习翻译理论知识的能力，并在结合新知识和不断积累的翻译经验的基础上加强翻译实践技能的训练。

第四章 外语师范专业课堂教学的职业化能力培养途径

> 现实生活中，只有能教会别人的知识才是你真正掌握的知识。
>
> ——俄罗斯教育心理学家罗曼·卡卢金（Роман Калугин）
>
> 告之，则恐遗忘，师之，铭记于心，引之，学以致用。
>
> ——佚名

每一个有经验的教师，在学生进行教育实习的过程中都会观察学生，并从学生身上看到自己或自己某个同事的形象。这一点好还是不好，无从评价。但是不管怎么说，这种情况是不可避免的。所以针对未来教师的外语教学应该体现师范专业人才培养的基本原则，即合作进行教育探究的原则。本章开头导言中引入的名人名言，都强调了教师与学生的合作是师范专业学生职业化能力培养的基本手段。这一原则适用于所有言语技能层面的外语教学和与其相关的理论课程教学。

教师职业能力中的一项重要能力就是确定教学目标的能力。课堂教学的整体目标要在学案中加以描述。但是学案不总是要提前发给学生，有时要在课堂教学即将开始的时候才发给学生。因此，如果确定学生已经提前预习了教材中的词汇和语法知识，那么就可以让学生假设一下本堂课应该完成哪些交际目标。也就是说，要让学生设计出具体语言材料的交际目标。这是一项很重要的能力，它能够帮助师范专业的学生独立地把本课的交际任务融入教材的练习之中。也可以采取完全相反的策略——即告诉学生本堂课的交际目标，然后询问学生本堂课中可能会形成哪些语言技能。这里我们不仅要使用作为外语的俄语，还要使用作为中介语的英语，因为学生在中学阶段都学过英语，相比于母语来说，学生们更容易意识到中介语中的难点。

　　下面我们举一个找出交际目标与教学内容对应关系的练习例子，下表中左面一栏是教学目标描述，依据学生的语言程度可以用外语、母语或中介语表述。

　　根据课堂教学目标，确定本堂课将形成哪些技能？（按左右栏的对应关系连线）注意：右栏中有一个选项是多余的。

1. Вы научитесь объяснять, какого отношения к себе вы ждёте со стороны друзей, учителей, родителей.	a) Возвратные местоимения (*myself, himself* и пр.)
2. Вы научитесь расспрашивать, что предпочёл бы ваш собеседник.	b) *Hadn't you better (do something)?*
3. Вы научитесь выражать скептическое отношение к каким-либо действиям.	c) The Past Continuous Tense
4. You will learn to say that you or your friend can do something alone, without help.	d) *Want somebody to do something*
5. You will learn to explain what may happen in this or that situation in the future and what it depends on.	e) *Should / shouldn't have done*
6. You will learn to explain what you were busy with at this or that moment.	f) *Can't have done*
7. Вы научитесь выражать сожаление о том, что вы сделали или не сделали в прошлом.	g) *Would you rather (do something)?*
8. Вы научитесь выражать предположение о том, что, скорее всего, произошло.	h) *an adj.-er n., a more adj. n.*
9. Вы научитесь давать тактичные советы, не навязывая свой совет слушающему.	i) *Must have done / must have left undone*
10. You will learn to show that you are not quite satisfied with what you have now.	j) Придаточные реального условия
	k) *What's the use of...-ing?*

　　答案：*1-d; 2-g; 3-k; 4-a; 5-j; 6-c; 7-e; 8-i; 9-b; 10-h.*

　　设计交际目标的建议不仅适用于整个课堂教学，还适用于每个具体练习。教学实践表明，对于师范专业的学生来说，确定语言变形练

习 (*петь – пойте, приходил – пришел, холодный – холодно*) 的交际性
任务和根据练习指令确定虚拟交际性练习的语言功能是同等困难的。
因此，在师范专业学生根据交际任务去做技能练习之前，就要让他们
解释该练习的设计目的是什么，它训练的是哪些言语技能或能力。

例如：听句子，然后面向全班同学说一说，是否可以这样做，是
否需要这样做。

示例：

– Вредно бегать сразу после обеда. – Это правильно. Не бегайте
сразу после обеда.

– Перед сном полезно пить кофе. – Это неправильно! Никогда не
пейте кофе перед сном!

а) *Надо ложиться не позже двенадцати.*

б) *Вино можно пить каждый день.*

в) *Вредно есть много конфет.*

г) *Не надо гулять под дождем.*

我们不妨和学生一起对练习的材料进行分析。这种教学组织过
程完全可以采用学生的母语来进行：这些例句是否要按照难度不断加
强的原则进行顺序排列？是否可以调换它们的位置从最简单的句子开
始？哪种变形对你们来说是最难的？你认为在做这个练习之前是否需
要再复习一遍本练习中使用的动词命令式形式？（在这个练习中，最
难的变形是例句 2 和例句 3 之中的动词命令式变形，因为变形时需要
改变动词的词根）

教师还可以问学生，这个练习类型对于对外英语教学或者对外
汉语教学是否具有同样的作用。如果把该练习转移到对外英语和对外
汉语的教学中，那么练习就失去了结构变形的虚拟交际性特点（而对
于俄语教学来说，这种变形练习是一种最有效的技能训练方法），因
为在英语和汉语中动词的命令式形式与动词原形相同。尽管如此，这
种练习对于对外英语和对外汉语教学仍然是有价值的，因为这种练习
可以改变动词的句法搭配关系（– One shouldn't smoke. – That's right.
Don't smoke!），这同时表明，同一种交际意图可以有多种表达手段。

再举一个例子：培养学生列举完成某种活动所必须的物品。

例如：请列举出你准备某种食物时所需要的东西，并让同学猜测你要准备哪种食品。

示例：*Мне нужно масло. Мне нужны яйца. Мне нужна мука. Мне нужен сахар.*

这是一个词汇-语法练习，但是在对外俄语教学中，重点关注的还是语法规则，即形容词短尾形式 нужен 的性数变化和重音的移动。如果这个练习用于对外汉语教学，则教学目标就是单纯的词汇训练。即便如此，这样的练习也是有价值的。问题的关键在于，要弄清课堂教学的整体目标是什么，每个具体练习对于实现这个目标起到的作用是什么。这些都是学生应该意识到的，因为在学习一门外语的同时，学生同时要准备好在未来教授这门外语和另外一门外语，甚至还要学会以一个外国人的眼光来看待自己的母语。

在一堂课的结尾阶段，教学目标应该与取得的教学效果相符，师范专业的学生应该学会解释教学目标是否完全达到，但这绝不是简单地说"所有的练习都完成得很好"这样的话，而要用"我们已经学会了做什么或者我们还应该学会做什么"这样的术语，此外，还要总结出这堂课的基本难点是什么。

对于师范专业的学生来说，特别重要的是话语的组织能力。如果说话语表达方式的设计对于翻译专业的学生来说是次要的，（因为他的翻译过程取决于材料给出的顺序，特别是在口译过程中），那么对于师范专业的学生来说，逻辑性强、有说服力的话语组织能力则是很重要的能力。所以训练师范专业学生的口语和书面语演说能力的练习应该包括调整话语顺序、选择和补充理由、划分话语段落等几方面的内容。尽管针对师范专业的班级也需要教会学生各种思想表达方式，包括说明、描写、叙述、议论，但对于他们来说，最重要的思想表达方式则是说明。对于教师来说，说明的一个重要能力就是举例子，说明的另一个重要能力就是仿拟，这恰恰是翻译专业的学生不太需要的能力。但是说明性表达所需要的复杂能力所包括的各种要素则是翻译专业和师范专业学生都非常需要的，例如同义替换-改编能力、概括能力、释义能力等。释义能力可以帮助教师在解释生词或新概念时不必使用翻译法。翻译人员在不知道这个词在译语中的对应词语时也可以把释义法作为一种翻译策略。根据语篇的类型译者可以给出准确的释义，也可以给出大致的解释，只要对方能听懂说的内容就可以了。教师有时也采取故意回避准确性释义的策略，例如对于填字母游戏的释义。

　　无论是翻译专业还是师范专业的学生，都要学会给出足够信息的上下文，或者相反，删除多余的信息。但是翻译人员应该考虑的是，在翻译过程中，原文的上下文看似需要拓展，实际上可能因为译语语言结构上的特点而需要做出减词处理，或者相反，为进一步明确上下文内容，需要加词处理。例如：*Шестеро человек были арестованы за участие в уличных беспорядках. Четверо из них были освобождены по недавней амнистии.* 这四个人是幸运还是倒霉？在翻译成英语时语法结构 *were released / had been released* 能给出具体的答案。而用俄语表达时则需要给出明确的时间状语之后才能明白上下文的真实意义：*вскоре после ареста* 或 *незадолго до нового ареста.*

　　同理，在师范专业的班级建议给出具有明显歧义的句子来让学生通过拓展上下文来消除歧义——这也是一种复杂的说明能力。例如，只有在解释上下文时才需要使用局部翻译法（以对外英语教学为例）：(Знай я) *his whereabouts, I'd have told you.*

　　Знай я 这个短语可以翻译成 *If I knew*（如果说话人在说话时刻不知道这件事）和 *If I had known*（如果说的是过去发生的事）。在这种情况下，对于翻译专业的学生要教会他们依据上下文，而且要依据上一句话的上下文来判断这句话的具体意思，因为这个句子明显具有口语化特征，而且一定是在口译的情景中才会出现。而对于师范专业的学生来说，则建议给出拓展上下文的练习（无所谓是这句话前面的上下文还是后面的上下文），目的是消除语句意思的不确定性，并使语句意思变得完整。例如：*If I knew his whereabouts, I'd have told you. But I have no idea where he can be!* 这样的练习既可以检测出学生对非现实条件下句法结构的掌握情况，也可以培养学生借助于上下文解释句法结构的能力。

反向翻译法无论是对于翻译专业还是对于师范专业的学生来说都是非常重要的。但对于翻译专业的学生来说，反向翻译可能是一种具体翻译方法或者是一种概括性翻译方法，但是，对于师范专业的学生来说，反向翻译可能是一种信息的解释或补充的方法。

无论对于哪个专业方向的学生来说，"翻译并接续表达"的练习形式都是有益的。对于师范专业的学生来说，这种练习能够巩固词汇-语法技能，发展想象力和在半准备条件下做出快速接续表达的能力。而对于翻译专业的学生来说，除了练习快速反应的能力之外，还能提高学生的语义预测能力，这一点对于提高口译能力来说是至关重要的。

在师范专业和翻译专业的课堂教学中采取的纠错策略也不尽相同。如果说翻译专业的学生犯错，老师也可以像对师范专业的学生一样，尽量给出暗示，让学生独立改正错误。但是对于翻译专业的学生来说，老师还要告诉学生为什么不能这样说，在其他情景中是否可以这样说。例如：*I want to eat* 对于 *Я хочу есть (Я голоден)* 这句话来说就是错误的翻译，因为英语中这句话表达的是说话人的言语意向：**Прежде всего** *я хочу / намереваюсь / собираюсь поесть.* 在面向全班同学时，教师要帮助学生回忆，这样的意思在源语和译语中还可以怎样表达。

在师范专业的班级，教师不仅要帮助学生改正错误，还要培养学生使用各种不需要直接提示正确答案就能排除错误的方法。除此之外，还要教会学生通过总结类似的用法发现不同语言系统中意义表达方式上的差异，例如：*Я хочу есть / пить / спать* 对应着英语中的 *I am hungry / thirsty / sleepy.* 也就是说，英语中用表达状态的词语来表达愿望。

特别重要的是教会学生预防错误。为了预防错误，首先要对导致错误的原因进行分类：口误、不掌握语法规则、言语技能训练不足等。对于师范专业的学生来说，最重要的是掌握纠正学生口语表达中语言错误的技巧，包括提示语言规则、运用手势、给出字面翻译、追加问题等技巧。而交际性错误是指话语表达与交际条件以及与交际对象特征不符的情况，包括无理由的信息冗余、不符合逻辑、偏离主题、话语结构的不连贯（即话语表达的语无伦次）、修辞手段与交际情景不符、句子结构或词汇单位歪曲句子的真实意思等。交际性错误还包括对某种文化行为规范的违反。这种错误远比语言或逻辑错误要严重得多。

对于翻译专业和师范专业的学生来说，需要完成的书面形式练习的数量是相同的，但是对于翻译专业来说，书面练习主要是指书面翻译，而对于师范专业来说，书面练习则主要是指完成各类主观创造性作业。对于翻译专业的学生来说，不需要太多写作文的练习，他们的创造性作业主要是写出课文的转述，也就是用译出语或译入语对课文内容进行独立的改写。翻译专业的学生也没有必要对改写的课文做出注释，除非课文中有影响理解的文化因素。而对于师范专业的学生来说，给课文做注释是一项非常重要的能力。

对于师范专业的学生来说，要教会他们利用各种表达思想形式（描写、叙述、说明和议论）和各种带有并列和主从关系以及复杂句法结构撰写短文的能力。例如，在对外俄语教学中要教会学生使用各种类型的从句（如使用 «*По мере того, как...*» «*Невзирая на то, что...*» 等复合连接词连接的从句）、使用现在时和过去式形式的形动词和副动词短语等。在对外英语教学中要教会学生使用书面语的省略结构、独立主格结构等（如 "*This done, they...*" "*Her face pale, her lips trembling, she...*"）。为了实现这一目标，在高年级阶段需要设计一些专门的把口语体转化为书面语体的练习，例如：«*Мы ждали час с лишним, а потом...*» 转变为 «*Прождав более часа, мы...*»。

对于师范专业的学生来说，非常重要的能力是划分课文段落的能力（段落是指超句子统一体或包括几个超句子统一体的言语单位）以及根据段落主题句和其在段落结构中的位置划分段落的能力。也就是说，师范专业的学生应该学会建立文章的结构图（为自己撰写表述提纲，也为未来的学生展示如何撰写提纲），类似于中学阶段教会学生用母语做复合句的结构图一样。而对于翻译专业的学生来说，在分析和写作时要严格遵照主题和述题的相互关系（包括句子层面和超句子统一体层面，因为句子的实际切分取决于句子在整个上下文中的位置和功能）。

对于师范专业的学生来说，还需要培养其逻辑能力、连贯表述能力、使用衔接手段的能力和情感表现能力。要教会学生撰写各类表达主观思想的作文——即各种类型的随笔。对于翻译专业的学生来说，不需要太多的积极写作训练，写作只是用于翻译活动中训练翻译输出能力的一种教学手段。

在翻译专业的培养方案之中应该对所有功能语体的篇章——包括文艺语体、科学语体、报刊政论语体、公文事务语体、广告语体等给予同等程度的重视。但是对于师范专业的学生来说则不需要这么多的语体类型，只需要三种语体类型的篇章：文艺语体（包括从诗歌到俚语的各种文学体裁）、报刊政论语体和科学语体（主要是科学语体和报刊语体相结合的科普类文章）。

对于翻译专业和师范专业来说，要采用不同的语篇分析方法。对于翻译专业来说，语篇分析分为三个阶段——译前分析、译中分析和译后分析（如果学生不是自己翻译，而只是对比原文和现成的译文，那么中间的译中分析就不需要了）。毫无疑问，翻译专业的学生也和师范专业的学生一样，都要深入分析文章的细节，包括对文化背景因素、作者意图和文章情感基调的分析。但是对于两个专业方向来说，语篇分析方法的区别在于，对于翻译专业来说，重要的是找出翻译上的具体难点，因为经常会发生句子每个词汇单位的意义很清楚，但句子整体翻译却很困难的情况。对于师范专业来说，重要的是不仅要分析词语和修辞手段的使用技巧，还要分析具有篇章建构功能的具体事件细节在语篇中的作用。

师范专业的学生应该学会独立选择情感表现力手段（包括恰当的比喻、隐喻、修饰语等）。但是不能错误地认为翻译专业的学生不需要这种能力，因为译者也需要对原文的情感表现力手段进行再创作。有时译者不得不把原文中的形象替换成其他的表现形式，这与每种语言的表达习惯相关。譬如，英语中的隐喻在翻译成俄语时不得不先转换为比喻。请看选自英国作家 G. 格林（G. Greene）的短篇小说《地下室》（*The basement room*）的片段：

***She was darkness** when the night-light went out in a draught; (...)*

she was the flowers gone bad and smelling in the little closet room...

俄语中不能说：*Она была темнотой.., она была испортившимися цветами...* 所以在把这段话翻译成俄语时就要把隐喻替换成比喻：*Она была **словно** ночная тьма.., **словно** тот забытый в чулане и давно провонявший букет...*

此外，译者有时不得不因为文化因素的差异而寻求不同的形象表达方式。但是师范专业的学生却经常要使用原文中的艺术形象比喻（即类似性对比）来达到文化阐释的目的，例如：*Оазис – это зеленый островок среди океана песков.* 因此，形象化手段的再创作技巧对于两个专业的学生来说几乎是同等重要的。这也涉及非形象化的情感表达手段的使用技巧，例如起加重语气作用的句子连接手段（*Туда-то мы и отправились*）或者情感表达手段（*И вдруг он как подскочит, как закричит!*）的使用。

此外，师范专业的学生还要学会利用语音手段来表达情感，即语音表现手段要与句法和词汇的情感表达内容相符。因此，对于师范专业的班级来说，要更注重声调、音域和声音变化的训练。而翻译专业的学生应该注重准确地再现原文的逻辑重音和情感表现色彩的技能训练，但是口译员只是一个信息的传达者，需要控制自己的个人情绪，所以他的音域、音高都要比发言人低一些。

因此，外语专业培养的两种主要职业——教师和翻译——具有很多共性。如果有足够的课堂教学时间，那么用于师范专业教学的大部分练习都对翻译人才的培养具有积极的促进作用。而对于师范专业来说，除了同步重复和训练精确信息记忆的练习（人名、数字、日期、准确官位和职务名称等）之外，几乎所有提高翻译能力的练习也都是有益的。但是在严格的课堂教学时间的限制下，还是要选择那些对于培养职业化能力最重要的课堂教学活动类型。

上述关于培养职业化翻译能力和教学能力途径的共性和差异的论述只是这一问题的几个方面。本章只阐述了教师职业技能培养的基本观点，教师可以在具体的教学实践中根据实际需要对这些观点进行补充和完善。

结　论

　　本著作是外语专业师范方向和翻译方向教学经验的总结。这是一种与很多认为应该"禁止母语通道"、排除其他已有外语学习经验影响的教学理念相区别的教学法。我们提出的认知交际教学法是以不同语言和文化的有意对比、确定语言学习难点及排除语言学习难点方法为基础的外语教学法。

　　在外语教学过程中，语言和交际是自然的、互为认知的辩证统一体，语言是认知交际规律的工具，而交际也是认知语言的工具。

　　鉴于本书作者都熟练掌握一门外语，在本书的撰写过程中作者自身的外语学习经验势必会成为检验本书所提出的外语教学方法和外语学习方法理论观点的有效工具。对外语教学和外语学习经验的反思促进了对本书教学法理论的概括，同时，教学法理论的概括也促进了对未来教学方法的预测。本书中使用的大量教学示例既可以作为个别的教学情景展示，也可以作为教学论总体发展进程的展示。读者应该从这个意义上对这些例证进行理解，读者也一定会对这些教学经验有自己的评价。因此，本书所探讨的教学经验既有内涵意义，也有外延意义。

　　交际语言和交际文化的多面性特点成为总结其他与语言文化教学相关经验的前提。这种经验就是文学作品翻译的经验，包括散文和诗歌的翻译经验。

　　本书的所有作者在从事教学法研究的同时又都从事文学翻译理论与实践研究，也希望能够进一步总结文学翻译的研究成果，并把它们应用于下一本新著——关于文学翻译教学问题的思考。

参考文献

1. Гальскова Н.Д., Гез Н.И. *Теория обучения иностранным языкам. Лингводидактика и методика.* М.: Academia, 2006.

2. *Глобальное образование: идеи, концепции, перспективы* [Сборник] / С.-Петерб. гос. ун-т пед. мастерства, С.-Петерб. фил. Центра педагогики мира; Авт.-сост. Алексашина. И.Ю. СПб.: Крисмас+, 1995.

3. Жинкин Н.И. *Речь как проводник информации.* М.: Наука, 1982.

4. Зимняя И.А. *Психологические аспекты обучения говорению на иностранном языке : книга для учителей.* Издание 2-е. М.: Просвещение, 1985.

5. Ильин И.В., Урсул А.Д. Эволюционный подход к глобальным исследованиям и образованию: теоретико-методологические проблемы // *Век глобализации.* Научно-теоретический журнал, 2(5), 2010.

6. Колкер Я.М. *Поэзия и проза художественного перевода.* М.: Гуманитарий, 2014.

7. Колкер Я.М., Лиферов А.П., Лысенко В.С., Устинова Е.С. и др. *Теория и практика глобального образования.* Коллективная монография. Рязань: изд-во РГПУ, 1994.

8. Колкер Я.М., Лиферов А.П., Устинова Е.С. Teaching with a Global Perspective: Basic Assumptions (p.7-157). In:. *A Global Perspective as a Vehicle for Education.* М.: ООО: Издательский центр «Азбуковник», 2005.

9. Колкер Я.М., Устинова Е.С. *Как сделать высказывание точным и выразительным.* М.: Научная книга, 2009.

10. Колкер Я.М., Устинова Е.С. Коммуникативный блок и сверхфразовое единство как инструменты выявления функций членения художественного текста на абзацы // *Иностранные языки в высшей школе.* – вып. 4, 2006.

11. Колкер Я.М., Устинова Е.С. Предпереводческие виды учебной деятельности на первом курсе специальных факультетов // *Научный журнал Urbi et Academiae.* СПб.: Алеф-Пресс, 2012.

12. Колкер Я.М., Устинова Е.С., Еналиева Т.М. *Практическая методика обучения иностранному языку:* учеб.пособие для студ. высш. пед. учеб. заведений. 3-ье изд., дополненное. Рязань: ЗАО «Приз», 2011.

13. Колкер Я.М., Устинова Е.С., Шеина. И.М. *Как использовать родной язык на разных ступенях изучения иностранного.* Рязань: Изд-во РГУ имени С.А. Есенина, 2007.

14. Лапидус Б.А. *Проблемы содержания обучения языку в языковом вузе.* М.: Высшая школа, 1986.

15. Леонтьев А.А. *Некоторые проблемы обучения русскому языку как ино-*

странному (Психолингвистические очерки). М.: Изд-во Моск. ун-та, 1970.

16. Леонтьев А.А. *Психолингвистические единицы и порождение речевого высказывания*. М.: Наука, 1969.

17. Леонтьев А.Н. Психологические вопросы сознательности учения // *Избранные психологоческие произведения* / под ред. Давыдова В.В., Зинченко В.П., Леонтьева А.А., Петровского А.В. М.: Педагогика, 1983. Т.1.

18. Марьяновская Е.Л. *Предпереводческий анализ как инструмент обучения художественному переводу*. СПб.: Алеф-Пресс, 2015.

19. Миролюбов А.А. *Методика обучения иностранным языкам: традиции и современность*. Обнинск: Титул, 2010.

20. Трубицина О.И. *Методика обучения иностранному языку. Учебник и практикум для академического бакалавриата*. М.: Юрайт, 2016.

21. Молчанова Л.В. Взаимовлияние родного и иностранных языков приобучении многоязычию в языковом вузе // Иностранные языки в высшей школе, № 3(18), 2011.

22. Плескач Ю.И. Русский язык как язык-посредник при обучении английскому языку студентов-билингвов [Текст] / Плескач Ю.И., Битнер М.А. // *Научные исследования: от теории к практике : материалы X Междунар. науч.-практ. конф.* (Чебоксары, 30 окт. 2016 г.). В 2 т. Т. 2 / редкол.: О. Н. Широков [и др.]. Чебоксары: ЦНС «Интерактив плюс», № 4 (10), 2016.

23. Подласый И.П. Педагогика. Том 2. Практическая педагогика. М.: Юрайт, 2018.

24. Сластенин В.А. *Педагогика*. Учеб. пособие для студ. высш. пед. учеб. заведений / Сластенин В.А., Исаев И.Ф., Е. Н. Шиянов; Под ред. Сластенина В.А. М.: Издательский центр «Академия», 2013. [Электронный ресурс]. URL: https://edu.tatar.ru/upload/images/files/slastenin_v_a_pedagogika.pdf

25. Соловова Е.Н. *Методика обучения иностранным языкам. Базовый курс лекций* Пособие для студентов пед. вузов и учителей. М.: Просвещение, 2002.

26. Устинова Е.С. Конвергенция дидактических целей в структуре задания как сочетание интегративности и доступности // *Иностранные языки в высшей школе*, № 4(27), 2013.

27. Устинова Е.С. Пересечение функций перевода и парафраза в лингводидактическом аспекте // *Иностранные языки в высшей школе*, № 3(34), 2015.

28. Ван Цзиньлин, Колкер Я.М., Устинова Е.С. Учебник китайского языка для русскоязычных взрослых. Начальный этап. СПб.: Алеф-Пресс, 2017.

29. Филиппов В.С. Факторы формирования индивидуальной речевой организации и некоторые принципы их координации // *Иностранные языки в высшей школе*, № 4, 2006.

30. Фильцова М.С. Использование языка-посредника в обучении русскому языку студентов English Media // *Образование: прошлое, настоящее ибудущее*: материалы II Междунар. науч. конф. (г. Краснодар, февр. 2017 г.). Краснодар: Новация, 2017. [Электронный ресурс]. URL: http://moluch.ru/conf/ped/archive/211/11712/

31. Фоломкина С.К. Обучение чтению на иностранном языке в неязыковом вузе : учебно-методическое пособие / Фоломкина С.К.; науч. ред. Гез. Н.И. - Изд. 2-е, испр. М.: Высшая школа, 2005.

32. Хенви, Р. *Достижимая глобальная перспектива*. Пер. с англ. Колкера Я.М., Устиновой Е.С., Долгинцевой С.А., Шеиной. И.М. Рязань: РГУ им. С.А. Есенина, 1994.

33. Шаклеин В.М. *Русская лингводидактика: история и современность:* Учеб. пособие. М.: РУДН, 2008.

34. Шервуд Андерсон. Рассказы. (пер. М. Колпакчи). Москва-Ленинград: ГИХЛ, 1959.

35. Becker, J.M. Goals for Global Education // *Theory into Practice*, 21 (3), 1982.

36. Boeckmann, K.-B., Aalto, E., Abel, A., et.al. *Promoting plurilingualism – Majority language in multilingual settings*. European Centre for Modern Languages. Council of Europe Publishing. Printed in Austria, 2011. [Internet Resource]. URL: https://www.researchgate.net/publication/259507522_Promoting_plurilingualism_-_Majority_language_in_multilingual_settings

37. Brown, H.D. *Teaching by Principles: An Interactive Approach to Language Pedagogy*. Upper Saddle River, New Jersey: Prentice Hall Regents, 1994.

38. Case, R. Key elements of a global perspective // *Social Education*, 57 (6), 1993.

39. Christensen, F. *Notes Towards a New Rhetoric: Six Essays for Teachers*. L.: Harper and Row, 1967.

40. Hill, L.A. *Note-Taking Practice*. L.: Longman, 1976.

41. ICF Consulting Services Ltd. *Language teaching and learning in multilingual classrooms*. Luxembourg: Publications Office of the European Union, 2015.

42. Kecskes, Istvan. *The effect of the second language on the first language: The dual language approach. New York*. [Internet Resource]. URL: http://www.albany.edu/faculty/ikecskes/files/babyloniaproofkecskes.pdf.

43. Kniep, W. *Next steps in global education: A handbook for curriculum development*. New York: Global Perspectives in Education, 1987.

44. Matei, G.S. When Student Teachers Become Researchers: a Never-Ending Story // *Innovations and Outcomes in English Language Teacher Education* / Edited by P.J. Melia. Conference papers. Lodz: The British Council, 1998.

45. Raffel, B. *The Art of Translating Poetry*. University Park & London: The

Pennsylvania State University, 1988.

46. Rivers, W.M. From Linguistic Competence to Communicative Competence // *TESOL Quarterly,* Vol.7, No 1, 1973.

47. Kirkwood-Tucker, T.-F. *Visions in Global Education.* New York: Peter Lang Publishing, Inc., 2009.